D1662955

novum premium

Elmar Osswald

Werde der du bist

Ein Lesebuch

novum premium

Bibliografische Information
der Deutschen Nationalbibliothek:

Die Deutsche Nationalbibliothek
verzeichnet diese Publikation in
der Deutschen Nationalbibliografie.
Detaillierte bibliografische Daten
sind im Internet über
http://www.d-nb.de abrufbar.

Gedruckt in der Europäischen Union
auf umweltfreundlichem, chlor- und
säurefrei gebleichtem Papier.

ISBN 978-3-99130-200-1
Lektorat: Mag. Carmen Reitinger
Umschlagfotos: Dariaren,
Arttrongphap8 | Dreamstime.com,
Elmar Osswald
Umschlaggestaltung, Layout & Satz:
novum Verlag
Innenabbildungen: Elmar Osswald,
Seite 33: Unbekannt,
Seite 219: Oliver Greuter

Die vom Autor zur Verfügung gestellten Abbildungen wurden in der
bestmöglichen Qualität gedruckt.

www.novumverlag.com

Grenzübertritt verboten

VORWORT

WOFÜR STEHE ICH EIGENTLICH? Ja, die Frage ist wichtig. Darüber habe ich schon vor 30 Jahren nachgedacht, als das Buch „In der Balance liegt die Chance“ in meinem Kopf entstand. Das war nach einer jahrelangen Auseinandersetzung mit meinen Gefühlen, mit meiner Angst, mit meiner Scham, mit meinen Schuldgefühlen und mit meinem Diabetes, der im Jahre 1979 bei einer Routinekontrolle entdeckt wurde und den ich erst im Jahre 2000 akzeptieren konnte.

Das alles ist, wie man so schön sagt, durchgestanden, durchgelitten, durchgearbeitet. Meine erste Schrift, die ich verfasst habe (ULEF: Führen, statt verwalten*) entstand im Jahre 1986. Sie ging weit über das hinaus, was sich ein normaler Beamter erlauben konnte. Ich habe sie bis heute nie publiziert. Allerdings blieb sie mir handlungsleitend für meine Tätigkeit als Vorsteher des ULEF.

Das Akzeptieren von Niederlagen, ja von Scheitern (Scheitern meines katholischen Glaubens, Scheitern einer möglichen militärischen Karriere, Scheitern einer möglichen politischen Karriere, Scheitern meiner ersten Ehe, Scheitern meiner Reformversuche als Didaktiklehrer am Lehrerseminar Liestal, Scheitern der Orientierungsschule Basel, OS) empfinde ich deshalb nicht als Schande, sondern als Notwendigkeiten in meinem Leben. Es hat mir eine glückliche Ehe mit Boubou (Ruth Obrist) beschert, mich freier gemacht, lebensfroher, lebenstüchtiger auch, und dies trotz all der aktuell lebensbedrohenden Ereignisse auf dieser Welt.

Ich stehe ein für mein Leben, das nicht nur auf den Verstand achtet, sondern gleichberechtigt den Gefühlen Raum gibt, für ein Leben also, das versucht, eine Balance zwischen Verstand und Gefühlen herzustellen, wenn eine ENTSCHEIDUNG ansteht, und mache dabei die Erfahrung, dass die flinkeren Gefühle oft richtiger liegen als der bedächtigere Verstand.

Meiner Meinung nach erkennt man lebenstüchtige Menschen an drei Eigenschaften: RESILIENZ – SORGFALT – EMPATHIE.

Diese sind ihnen nicht in die Wiege gelegt worden. Sie müssen in mühsamer Lebensarbeit erworben werden. Wer das wagt, erlebt etwas Wunderbares, den Frieden der Seele.

* ULEF: Führen, statt verwalten. In diesem Buch erstmals veröffentlicht. (ULEF: Institut für Unterrichtsfragen und Lehrer*innenfortbildung des Kantons Basel-Stadt)

Die ersten Schritte, 1937 ***

Die ersten Schritte, 1937

Das ist das erste Bild, das wahrscheinlich mein ganzes Leben nachhaltig bestimmte – der große Einfluss der Frauen auf meine Lebensweise. Auf der Rückseite ist zu lesen: „Im September 1937. Elmarli 10 Monate alt. Der lieben Mutter zum Andenken. Weihnachten 1937. Ida und Edi". Die gepflasterte Straße von Gossau nach Flawil ist leer. Wahrscheinlich ist Sonntag. Man ging damals in Sonntagstracht und Hut spazieren. Rechts werde ich von der Großmutter gehalten, links von meiner Mutter. Ganz offensichtlich fühle ich mich wohl und marschiere frohgemut auf den fotografierenden Vater zu.

Meine Großmutter war mir sehr nahe. Mir war wohl in ihrer Umgebung. Ich kann mich nicht erinnern, dass sie mich je mit harten Worten getadelt hätte. Wenn ich zu Besuch war, machte sie kein großes Theater um mich. Sie ging ihrer Arbeit nach, besorgte den Haushalt für sich und ihre Tochter Pia, meine Gotte, an der Wilerstraße in Gossau und strickte unentwegt irgendwelche Pullover, Handschuhe usw., die irgendjemand gut gebrauchen konnte. Großmutter und Gotte Pia schliefen im Schlafzimmer neben dem Wohnzimmer. Auf der anderen Seite gab es eine weitere Kammer, in der ich einquartiert wurde. Großmutter ging jeden Morgen zum Gottesdienst in die Kirche. Im Winter befeuerte sie von der Küche aus mit einem ‚Büscheli' den Kachelofen in der Stube. Das musste für den ganzen Tag reichen. Sie ging wohl einmal im Monat mit dem kleinen Leiterwagen in den Niederwiler Wald, um Holz zu sammeln. Wenn ich dabei war, gab es eine Tafel Schokolade und Brot zum Mittagessen. Der Wald war groß und dunkel und machte mir Angst. Allein die Anwesenheit meiner Großmutter sorgte dafür, dass ich nicht weglief. Voll beladen kehrten wir am späteren Nachmittag nach Hause zurück. Meine Großmutter wurde 90 Jahre alt. Sie starb am 22. Dezember 1962.

Als kleines Kind war ich oft krank, hatte wohl alle Kinderkrankheiten (Masern, Keuchhusten, Mumps, Röteln usw.), aber auch chronische Bronchitis und vor allem Diphtherie, die 1942 noch gefährlich ansteckend war und mir einen Aufenthalt im Absonderungshaus des Kantonsspitals in St. Gallen bescherte. Nach der Ausheilung meiner Diphterie durfte ich während etwa sechs Wochen bei der Großmutter bleiben, um meine Geschwister nicht zu gefährden. Das war die schönste Zeit meiner frühen Kindheit. Ich war glücklich, weil ich von ihr, aber auch von meiner Gotte Pia nicht erzogen wurde, sondern einfach mit ihnen leben durfte.

Heimat ist, wenn man abends als kleiner Bub im Bett liegt, den warmen Steinsack auf dem Bauch, die Augen offen, die Füße im Schüttstein in der Küche frisch gewaschen. Die Geräusche der Stube dringen in die holzgetäfelte Kammer. Vom Kasten her riecht er den Kampfer. Von weit weg ist ein Automotor auszumachen. Das Geräusch wird lauter, das Fahrzeug kommt näher. Das Licht der Scheinwerfer huscht einen Moment über die Zimmerdecke. Das Geräusch entfernt sich rasch. Dann ist Ruhe.

Vom Zimmer her sind zwei Frauenstimmen zu hören: eine alte, gebrechliche und eine junge, gleichmäßige. Ab und zu hört er das Rascheln einer Zeitung. ‚Jetzt blättert sie im „Fürstenländer"', denkt der kleine Bub. Die Uhr an der Wand zu seinem Schlafzimmer tickt. Er hört den einlullenden Takt deutlich. Nach einer Viertelstunde wieder das Geräusch eines Autos. Das Licht der Scheinwerfer huscht über die Decke. Dann wieder Ruhe und das unsäglich schöne Gefühl, geborgen und aufgehoben zu sein, im Bett mit schwerem Holzrahmen und ebensolcher Decke, den warmen Steinsack auf dem Bauch und im Nebenzimmer die Schutzengel.

Ja, so war das damals an der Wilerstraße in Gossau. Das war meine Heimat. Nach meiner Diphterie war ich nie mehr ernsthaft krank. Erst 40 Jahre später stellte ein Arzt fest, dass ich zuckerkrank geworden war. Und 2005 diagnostizierte man bei mir einen Prostatakrebs mit einem PSA über 40 (organübergreifend). Dieser wurde radioonkologisch behandelt. Nach zehnjähriger regelmäßiger Kontrolle der PSA-Werte wurde der Fall als geheilt abgeschlossen.

Geburt, 1936

Ich wollte nicht zur Welt kommen. Der Bauch der Mutter bot Schutz und Geborgenheit. Alles, was dann passierte, war eine radikale Zumutung, verbunden mit großer Angst. Zangengeburt. Noch nach mehr als 30 Jahren waren die Dellen hinter meinen Ohren, die von den Greifern der gynäkologischen Zange herrührten, gut sichtbar. Jahrelang rannte der kleine Elmar vor jedem weißen Kittel weg – beim Arzt, beim Zahnarzt, beim Coiffeur. Schon bei der Geburt prägte sich dem kleinen Erdenbürger ein Satz ein: *Die werden mir schaden!* Der erste Arzt, dem ich wirklich vertraute, war Prof. Willi Berger, ein Diabetesspezialist aus Basel. Da war ich schon mehr als 60 Jahre alt.

Rosmarie, meine erste Freundin, 1940

Wir konnten es nicht fassen! Rosmarie, die älteste Tochter des Fabrikbesitzers, und ich saßen in der Wiese hinter dem Maschendrahtzaun. Das Gras stand so hoch, dass es weit über uns hinaus wogte. Wir kamen auf die Idee, uns zu zeigen, wie wir unter dem Bauchnabel aussahen und kamen aus dem Staunen nicht mehr heraus. Sie hatte ein ‚Spältchen', und ich hatte einen ‚Bündtel'. Das fanden wir so unglaublich, dass wir uns den Unterschied immer wieder vor Augen führen mussten. Da rief mich plötzlich meine Mutter jenseits des Zauns. Wir erschraken. Ich kletterte über den Zaun und ging zu ihr. Vorwurfsvoll sagte sie: „Was macht ihr denn da?" Ich sagte: „Gar nichts. Wir sind einfach im hohen Gras gesessen." Es war das erste Mal in meinem Leben, dass ich mit dem *Geheimnis der Sexualität* Kontakt hatte, und ich wusste noch nicht, welch große Rolle diese unglaublich starke und unheimliche Kraft in meinem Leben spielen würde. Und sie begann mit einer Lüge.

SCHULDGEFÜHLE

Meine Sexualität

Schon einige Zeit vor der Pubertät merkte ich, dass bei mir etwas anders war als normalerweise bei Knaben in diesem Alter. Mein Glied versteifte sich bei allen möglichen Anlässen. Selbstbefriedigung brachte Entlastung, sie war allerdings nicht von langer Dauer. Der damals in der Ostschweiz praktizierte Katholizismus betrachtete das 6. Gebot des Dekalogs als speziell wichtig und bescherte mir auf dem Fuße tiefgehende Schuldgefühle. Mit jemandem darüber sprechen ließ ich aus Scham sein. Ich betrachtete meine Sexualität als abartig und hatte keine Ahnung, welch kreative Kraft sie ist und in meinem Fall hätte sein können. Mein Beichtvater wusste auch keinen hilfreichen Weg, riet mir, ich müsse halt beten, was ich wiederum nicht fertigbrachte.

Später dann hatte ich mit verschiedensten Frauen Außenbeziehungen. Das endete erst, als ich Boubou, meine große Liebe, kennenlernte und nach zehnjähriger Probe heiratete. Mit ihr verflüchtigten sich auch meine Schuldgefühle. Es muss 1985 gewesen sein, als ich eines Morgens die Vögel jubilieren hörte. Es war 5:00 Uhr. Ich hörte ihnen zu und merkte, dass sich bei mir etwas verändert hatte. Mir war ganz leicht zu Mute, eine schwere Last war weg. Meine Schuldgefühle waren wie weggewischt und sie blieben es auch. Diesen Feuerofen hatte ich nach vielen Jahren der Mühsal durchschritten, und die Kreativität nahm Platz in meinem Leben.

10. Mai 1940

Der kleine Bub stand mit seinem Dreirad am Straßenrand an der Straßengabel am Dorfausgang. Auf der anderen Seite der Straße waren die Häuser der Sticker wie Perlen an einer Schnur aufgereiht. Sie führte nach Norden und verlor sich beim Kinderheim in den Obstbäumen. Die Straße war menschenleer. Soldaten standen aufgeregt an der Straßenverzweigung, dahinter Frauen und Kinder der umliegenden Häuser. Die Soldaten hatten die Gewehre umgehängt. Die zusammengerollten Zeltbahnen bildeten mit den Gewehrriemen ein Andreaskreuz auf der Brust der Männer. Lederne Gürtel mit je vier Patronentaschen umspannten die Bäuche, links baumelten die Seitengewehre. Die Soldaten trugen Waffenröcke und Röhrenhosen aus schwerem Tuch. Die Nagelschuhe klirrten auf dem Asphalt. Die Stahlhelme blinkten in der Sonne.

Ein Offizier mit einem Stern auf dem grünen Kragenspiegel erteilte Befehle. Er trug einen Waffenrock aus feinem Stoff, Lederhandschuhe und Reitstiefel. An dünnen Tragriemen, die sich über seiner Brust kreuzten, waren Pistole und Kartentasche befestigt. Die Soldaten schauten zum Dorf hin. In einiger Entfernung war der Bauernhof von Forster zu sehen. „D'Schwobe chömed!“ („Die Deutschen kommen!“), sagte der Offizier. „Hier an der Straßengabel errichten wir eine Barrikade! Schnell, schnell!“ Die Soldaten rannten zum Bauernhof und rissen die schweren, eisenbereiften Heuwagen aus dem Tenn. Forster stand mit hängenden Armen vor dem Stall und schaute hinter seinen Heuwagen her, die die Soldaten im Eiltempo zur Gabelung schoben. Der kleine Bub schaute in Richtung Dorf. Links stand das Haus des Wagners, dahinter das des Schmieds. In einiger Entfernung war die rote Benzinzapfsäule der Autogarage „Casutt“ zu sehen. Ein großes, schwarzes Personenauto, die Scheinwerfer unter dem Grill der Kühlerhaube versteckt, stand daneben. Dahinter leuchtete das gelbe Haus des Bäckers Hauser, davor das Wohnhaus der Drahtwarenfabrik. Am Fenster der oberen Wohnung erkannte der kleine Bub seine Mutter. Sie schaute in Richtung Kinderheim, dorthin, wo die die Deutschen kommen würden. Dort, hinter dem Horizont, lag die Gefahr.

Mit vereinten Kräften kippten die Soldaten die schweren Heuwagen auf die Seite. Die Räder drehten sich in der Luft und kamen langsam zum Stehen. Die Soldaten zogen Eisenketten durch die Speichen der Räder und um die Achsen der Wagen. Die ganze Straße war jetzt verbarrikadiert.

Der Offizier befahl die Stellungsorte für die Soldaten. Sie nahmen die Gewehre vom Rücken und verschwanden hinter den Stickerhäusern. Eine Gruppe trug ein schweres Gerät, das auf einem Bock montiert war, zum Bauernhaus. „Das ist ein Maschinengewehr“, sagte ein Soldat zum kleinen Buben. Der kleine Bub sah, wie die Mündung des Maschinengewehrs aus dem Estrichfenster des spindeldürren Holzhauses direkt auf die Barrikade schaute. Der Offizier sagte zu den herumstehenden Frauen und Kindern, sie müssten jetzt in die Häuser gehen, die Deutschen würden jeden Augenblick kommen. Der kleine Bub rannte nach Hause. Er sah blinkende Stahlhleme über dem Hügel. Die Mündung des Maschinengewehrs sah drohend auf ihn nieder. Die Straßengabel war jetzt menschenleer. Es war 12:00 Uhr mittags.

Am 10. Mai 1940 überfiel die deutsche Wehrmacht Holland, Belgien, Luxemburg und Frankreich und eroberte diese Länder in kurzer Zeit. Als die Franzosen fünf Wochen später um Waffenstillstand baten, sahen die französischen Gefangenen zum ersten Mal die riesige Kriegsmaschine der Deutschen: das standardisierte und auf Krieg ausgerichtete Material, schwere Transportfahrzeuge, offene Geländewagen, Panzer bis an den Horizont, lange Radfahrerkolonnen, Lastwagen, Schlauchboote, Sturmboote mit großen Außenbordmotoren, Flieger, die gefürchteten Stukas, alles zweckmäßig und auf ein Ziel ausgerichtet: den Krieg zu gewinnen.(1) Sie verglichen diese geballte Zerstörungskraft mit ihren requirierten Fahrzeugen und mit ihren Pferden, die zu Tausenden umgekommen waren oder abgeschirrt auf den Weiden herumirrten. Sie erlebten einen wirklichen Schock. Ihre Generäle gingen massenweise in deutsche Kriegsgefangenschaft. Gegen 70 wurden allein im ‚Vogesen-Kessel' gefangen genommen. Sie wurden in der Festung Königstein an der Elbe interniert und 1945 von der 76. Amerikanischen Infanteriedivision befreit. (2)

(1) Der Juni 1940 ist als „Le mois maudit", als „Der verfluchte Monat" in die französische Geschichte eingegangen.

(2) Bruge, Roger, Les combattants du 18 juin, tome 5, La fin des généreaux, Paris, 1989.

Lederstrumpf, 1942

„In wesentlichen Eigentümlichkeiten aber widerstanden die Indianer dem europäischen Einfluss: ihre Moral, Vertragstreue, Wahrheitsliebe und Kindererziehung (welch letzte nur das gute Beispiel und das Lob, aber keinen Tadel und keine Strafe kannte) – dies alles gaben die Naturkinder nur sehr langsam dem verderblichen Einfluss der Weißen preis. Von ihrer Morallehre bewahrten sie die Grundzüge bis zu ihrem Untergang.“ (1)

(1) J. F. Cooper, LEDERSTRUMPF, für die schweizerische Schuljugend herausgegeben durch die Firma FRIEDRICH STEINFELS, SEIFENFABRIK, ZÜRICH (ca. 1940). Das Buch ist ein großformatiger Bildband mit Bildchen, die man sammeln und einkleben konnte. 1942 war ich sechs Jahre alt. Bei einem befreundeten Nachbarsbuben habe ich es fast täglich immer wieder fasziniert angeschaut, dann aus den Augen verloren und ca. 50 Jahre später für ca. CHF 300.- antiquarisch erstanden. Meine Erkenntnis: Von den Indianern können wir lernen, wie wir leben sollten.

Indianer Lederstrumpf

Realschule Wil, 1952

Es war im Sommer 1950. Franz G., der Sohn des Pfarrers, und ich, der Sohn des Arbeiters, waren die einzigen Lateinschüler an der Realschule Wil im Ostschweizer Fürstenland. Die Stunden erteilte ein katholischer Geistlicher, der als angestellter Lehrer auch noch Deutsch und Geschichte unterrichtete. Wir Schüler nannten ihn „John Habemus". Er war eine ungepflegte Erscheinung, oft nicht oder schlecht rasiert, die Zähne gelb vom Nikotin der Rösslistumpen, denen er im Übermaß zusprach. Die speckige Soutane, die ab und zu mit Speiseresten bekleckert war, spannte sich über seinem Bauch. Vor der Stunde und weit in die Stunde hinein schritt er regelmäßig vor dem Schulzimmer im dunklen, fensterlosen Gang auf und ab. 30 Schritte hin bis zur Querwand, eine kurze Pause, eine knarrende Drehbewegung, 30 Schritte zurück auf dem ächzenden Holzboden. Wir zwei saßen im Schulzimmer, untätig, unruhig hinhorchend, oft mit schlechtem Gewissen, weil wir häufig nicht gelernt hatten. Die Sonne fiel durch die Fenster des großen, kalten Schulzimmers und erfüllte es mit staubiger Wärme.

Zehn Minuten vor Schluss der Stunde verstummten die Schritte plötzlich. Wir wussten, jetzt drückt er den Rösslistumpen im Aschenbecher neben der Türe aus. Wir hörten das Aufreißen der Türe, dann das gewaltsame Zuschlagen. John Habemus stand vor uns mit hochgezogenen Schultern, den Stiernacken vorgeschoben, mit einem eigenartig gequälten, schuldvoll hämischen Lächeln auf den Lippen. Die Augen flackerten über die dunkle Brille hinweg.

Wir saßen da. In mir stieg ein konfuses Gemisch von Gefühlen der Scham, des Trotzes, der Schuld, der Abneigung, der Angst, des Ekels, der Verachtung und der Wut hoch. Er sagte: „G., wo sind wir stehen geblieben?"

Die Pausenglocke erlöste uns aus unserer Qual.

Lehrerseminar Rorschach, 1952-1956

Wenn ich an Rorschach denke, tauchen ungerufen Erinnerungen auf. An schönen Tagen gab es da einen unwahrscheinlichen Ausblick vom Lesezimmer des Lehrerseminars über den Bodensee hinweg bis hin zum im zarten Dunst liegenden deutschen Ufer, geheimnisvoll und fern. Dann waren da der kalte, dicht liegende Nebel im Winter und die nach faulen Eiern riechende Luftverpestung der Feldmühle, ein Geruch, der an manchen Tagen bis ins Refektorium drang.

Damals, 1952-1956, erlebte ich eine Lehrerbildungsstätte, die der Entfaltung und Entwicklung ihrer Insassen wenig Spielraum gewährte. Die Lehrer taten ihr Bestes und bemühten sich redlich, uns ‚Mittelschulinhalte' zu vermitteln. Einer aber war anders. Er wurde von den meisten Seminaristen gefürchtet, von manchen aber auch bewundert. An ihm schieden sich die Geister. Er hatte gläubige Anhänger und entschiedene Gegner. Er hatte vor allem eine Idee, die er kompromisslos vertrat. Sie stand in einem gewissen Gegensatz zum täglich erlebten Unterricht. Er hieß Karl St. und war Methodiklehrer des Abschlussklassen-Unterrichts. Mit seinem „Unterricht auf werktätiger Grundlage" entwickelte er eine Möglichkeit, mit den sogenannten *schwierigen* Schülern, *den „dummen*" Abschluss-Klässlern (6.-8. Klasse der Primarschule) umzugehen, und zwar so, dass sie durch konkrete Erfahrungen ihre Kräfte bilden und damit zu erfolgreichen und befriedigenden Schulerlebnissen kommen konnten. Manche Kapitel seines Buches „Unterricht auf werktätiger Grundlage"* wirken heute noch aktuell.

St. wurde in manchen Dingen mein Vorbild. Er erkannte, dass es in einer demokratischen Gesellschaft nicht nur eine Art des Lernens geben konnte. Allerdings, seine apodiktische Art – damals vielleicht nötig, weil sich die Gegenseite mit nobler Selbstverständlichkeit ebenfalls so verhielt – wäre heute nicht mehr vertretbar.

St. war ein Meister der Zielklarheit und ein Baby in Sachen Empathie.

* K. St., Unterricht auf werktätiger Grundlage, Verlag Otto Walter, Olten, 1951.

Silvia, 1955

Es gibt dieses schöne Foto aus dem Jahre 1955. Es zeigt Silvia mit mir zusammen auf der Seminarschulreise in Verona. Silvia trägt einen ihrer wunderschönen Röcke, die sie ganz selbstverständlich trug als Tochter von Eltern, die ein Uhren- und Schmuckgeschäft in R. führten – gehobener Mittelstand eben. Ich stehe daneben, genauso schlank, aber viel ärmer als sie. Ich trage einen Zweireiher, passend zu einem weißen Shirt und unpassenden Sandalen. Unsere Gesichter sind entspannt. Wir waren damals „DAS LIEBESPAAR" am Lehrerseminar Rorschach. Einmal bestellte mich der Direktor, Dr. C., in sein Büro. Das waren immer besondere Momente im Leben der Seminaristen und Seminaristinnen. „Osswald", sagte er, „man sieht Sie täglich mit Silvia in den Pausen im Kreuzgang stehen." Und dann mit etwas leiserer Stimme und sich mir entgegen über den Schreibtisch beugend: „Könnten Sie Ihre gemeinsamen Treffen nicht etwas zurückhaltender abhalten? Es gibt Neider", und zwinkerte mit dem linken Auge hinter dem aufgesetzten Zwicker.

Silvia war stolze Besitzerin eines Paddelbootes, geeignet für zwei Personen und eingelagert in einem Geräteschuppen in Staad, ein kleiner, Rorschach vorgelagerter Ort. Dieses Paddelboot erfüllte unser Bedürfnis, zusammen zu sein in fast idealer Weise. Beobachter*innen auf dem Großen Bodensee gab es keine. Die großen Schilfbestände an der Mündung des Alten Rheins in den Bodensee konnten bequem erreicht werden, und ungebetene

Gäste blieben fern. Silvia hörte an ihrem kleinen Kofferradio AFN (America Forces Network), den Soldatensender der amerikanischen Streitkräfte in Deutschland. Ich besorgte das Paddeln und ab und zu half sie mir dabei. Unsere Beziehung dauerte etwa zweieinhalbt Jahre. Ich glaube, ich hatte sie gerne. Es war meine erste Liebesbeziehung.

Im Jahre 1956 musste ich am 23. Juli in die Gren. RS. 214, Kp. I in Losone TI einrücken. Wir hatten keine Zeit mehr füreinander und lebten uns auseinander. Irgendwann im Oktober teilte sie mir mit, dass sie sich von mir trennen wolle. Eine Aussprache während eines Urlaubs bestätigte ihren Wunsch. Ich wusste nichts Gescheiteres zu tun, als mich sinnlos zu betrinken. Das war das einzige Mal in meinem Leben, dass ich das getan habe.

Lehrverhaltenstraining LVT am Lehrerseminar Liestal, 1973–1980

LVT war meine Erfindung am Lehrerseminar in Liestal. Nach ersten Entwicklungsschritten stellte sich der von Videoaufnahmen begleitete Unterricht in Kleingruppen als geeignetste Form heraus. Es ging darum, mit den Schülern und Schülerinnen über einen Unterrichtsgegenstand, z.B. eine Orange, ein Gespräch zu führen. Die Art und Weise, wie die Annährung an den Gegenstand gelang oder misslang, war dann im Seminarunterricht das Thema. Dabei war das Videomaterial das wichtigste Hilfsmittel. Bald wurde klar, dass es einer anderen Unterrichtsorganisation bedurft hätte, um LVT fruchtbringend einzusetzen. Anstelle des üblichen Stundenunterrichts wären Blockseminare geeigneter gewesen. Die Bilder zeugen von dieser Art des Unterrichts.

Lehrverhaltenstraining, Gersbach Schwarzwald,
Lehrerseminar Liestal, 1978.

Gersbach Schwarzwald

Hier hatte ich endlich die dem LVT angemessene Unterrichtsorganisation gefunden: Die Lerngruppe und ich dislozierten für eine Woche in ein Privathaus in Gersbach im Schwarzwald. Dies geschah mit dem Segen des Direktors des Lehrer*innen-Seminars Liestal, Dr. Robert S.

Der Unterricht dauerte von 10:00 bis 12:00 Uhr, dann von 16:00 bis 17:30 Uhr und schließlich von 19:00 bis 21:30 Uhr. Es wurde gelernt, gekocht, geputzt, gespielt, gelesen und gewandert. Eine ganze Woche lang, von Montag bis Freitag. Die Arbeit war für alle hochbefriedigend, die Motivation hoch. Problematisch waren der Materialtransport über die Grenze und dass das Vorhaben Neider hatte und Missgunst erzeugte. Das Pilotprojekt scheiterte am Stundenplan des Lehrerseminars Liestal.

Für mich wurde es Zeit, mich nach einem neuen Arbeitsfeld umzusehen.

Wahl zum ULEF-Vorsteher des Kantons Basel-Stadt, 1981

WAHL des Vorstehers des Instituts ULEF/2.
Bericht vom 30. März 1981.

Auszug:
„Herrn Osswalds Analyse und Konzeption hingegen (Beilage) hat, wie man zu sagen pflegt, ‚Hand und Fuß': Sie ist klar (während für Herrn M. seine mehrfache Verwendung des Wortes ‚diffus' bezeichnend ist), sie entspricht der Realität und übersteigt diese mit realisierbaren Ideen. Die situationsbedingte Zurückhaltung wurde von einzelnen Kommissionsmitgliedern zum Teil als Mangel an Ausstrahlung verallgemeinert, durch seine Vorgesetzten und Mitarbeiter aber korrigiert: Herr Osswald ist ein ausgezeichneter Praktiker und Praxisleiter am Seminar Liestal. Er hat die Konzeption der Praxiseinführung und des Verhaltenstrainings am Lehrerseminar Liestal in mehreren Anläufen geschaffen und weiterentwickelt. Alle Mitarbeiter kennen seine Ausstrahlung, seine Tatkraft und seine umgreifende Befähigung, im Bereich der Grundausbildung und Fortbildung höchst

anregend zu wirken. Obschon Promotor und Führer von Gruppen, ist er teamfähig. Herr Osswald ist zum Leiter der Sekundar-Reallehrerausbildung beider Basel ernannt worden. Mehrere Kommissionsmitglieder haben mit Herrn Osswald in diesem Bereich zusammengearbeitet und bestätigen, dass er qualifizierte Arbeit geleistet hat. Er hat sich überdies lange Jahre als Kursleiter in der Lehrerfortbildung beider Basel beteiligt.

Nach ausführlicher, in aller Offenheit und erschöpfend geführter Diskussion über die in der zweiten Runde zu beurteilenden Kandidaten ermittelte die Kommission in geheimer Abstimmung folgendes Ergebnis:

Stimmende: 18, leer: 2, für Osswald: 15, für M.: 1.

Wahlantrag: Die Kommission des ULEF beantragt Ihnen, Herrn Elmar Osswald, mit der Leitung des ULEF zu betrauen.

Im Auftrag der Kommission: Dr. H. P. M., Präsident."

Ramses, 1981

Es muss Ende der 60er-Jahre gewesen sein, als wir Ramses in unsere Familie holten. Er stand neben seinem Besitzer, wohl etwa zwei Jahre alt, aufgerichtet und neugierig. Ein stolzes Tier. Später merkten wir, dass er schussängstlich war, er sich also verkroch, wenn es knallte. Er war mein treuer Freund und Begleiter. Jahrelang lief er mit mir frei und ungebunden durch die Wälder. Ihm konnte es nicht schnell genug gehen.

Ramses

Etwa gegen Ende der 70er-Jahre stellte ich fest, dass sich sein Verhalten änderte. Er zog sich zurück und verlor seine Neugierde. Bei einem Menschen würde man sagen, dass er depressiv wurde. Sein Verhalten glich meiner Ehe mit Eva, wo uns beiden immer deutlicher wurde, dass wir uns trennen sollten, wir aber hundert Ausreden bereithielten, um den Schritt zu wagen. Wir lebten im Zeitgeist der 50er-Jahre, wie er im Osten der Schweiz gang und gäbe war, scheinheilig – heuchlerisch – kleinmütig. Ramses suchte sich seinen Platz unter dem Küchentisch, einem Ort, den er früher nie eingenommen hatte. Dort rieb er sich am Tischbein die Schnauze wund, war apathisch und ohne die für ihn ehemals typische Lebensfreude. Mir fehlte der Mut, die Familie, zu der er als wichtiges Familienmitglied gehörte, zu verlassen, obwohl ich wusste, dass das Zusammenbleiben nicht mehr die Lösung sein konnte. Eva und ich besuchten seit längerer Zeit eine Gruppentherapiegruppe, in der sich Ehepaare einfanden, die sich nicht mehr miteinander zurechtfanden. Als ich dort einmal nach längerer Ausbreitung unserer Schwierigkeiten plötzlich und spontan aussagte, „Ja bin ich denn einer Lebenslüge aufgesessen?“, in Blitzeseile die Antwort des Therapeuten erhielt: „Ja!“, war das unverhofft und unerwartet, weil der wortkarge Mann sonst kaum mal etwas sagte.

Ich ahnte, dass ich etwas tun musste, zunächst aber wollte ich Ramses, meinen treuen Begleiter, aus seiner Not befreien. Am anderen Morgen um 5:00 Uhr war noch Ruhe im Dorf. Ich ging mit Ramses auf die nahegelegene Schützenmatte, zog meine Militärpistole und zwei Patronen aus dem Hosensack und schoss ihm in den Kopf. Er war sofort tot. Mich schüttelte ein Weinkrampf. Ich zog den Leichnam zum Auto, versorgte ihn im Kofferraum und brachte ihn morgens um 8:00 Uhr in die Tierkadaverabgabestelle der Gemeinde. Dann reinigte ich die Pistole, versorgte sie im Offizierskoffer und schloss diesen ab. Dort ist sie immer noch. Ich habe nie mehr Gebrauch von ihr gemacht.

DIDACTA 1984, Kongress „Der Mensch zwischen Kommunikation und Mikroelektronik", Mustermesse Basel

Didacta 1984
'Der Mensch zwischen Kommunikation und Mikroelektronik'

INSTITUT FÜR UNTERRICHTSFRAGEN
UND LEHRERFORTBILDUNG (ULEF)
4058 Basel, Rebgasse 1, Tel. 061-25 50 72

VOLKSHOCHSCHULE UND ZENTRUM
FÜR ERWACHSENENBILDUNG
4001 Basel, Freie Strasse 39, Tel. 061-25 82 61

DIDACTA 1984

Kongress «Der Mensch zwischen Kommunikation und Mikroelektronik»

Die Mikroelektronik, inbegriffen die Mikrocomputer, revolutionieren heute Produkte und Arbeitsplätze. Revolutionen veränderten schon immer menschliches Leben und Zusammenleben, gesellschaftliche Ordnungen und Staatsgefüge. Aber noch nie in der Geschichte der Menschheit kam eine Revolution so auf leisen Sohlen wie die mikroelektronische Revolution der Gegenwart. Roboter übernehmen die Funktion von Arbeitern und verändern die Arbeitswelt. Computergesteuerte Datenbanken erwecken das gespenstische Bild von Orwells grossem Bruder.

Was bedeuten diese Geschehnisse für den Bürger einer westlichen Demokratie und was sollte er darüber wissen? Welche Fähigkeiten und Verhaltensweisen benötigt er, um in der neuen Realität menschenwürdig bestehen zu können? Und was heisst menschenwürdig leben in einem lebenswürdigen Staat?

Was bedeuten diese Fakten für den Lehrer und welche didaktischen und pädagogischen Konsequenzen hat er zu beachten, um junge Menschen auf ein menschenwürdiges Leben in einem lebenswürdigen Staat vorzubereiten?

Stimmt es, dass heute der Krisenfaktor Nummer 1 der Mensch selber ist? Und wenn das stimmt, wie müsste er dann mit sich, mit Mitmenschen und mit so grossen Herausforderungen wie jener der Mikroelektronik umgehen?

Didacta 1984
„Der Mensch zwischen Kommunikation und Mikroelektronik'

Anliegen

Unsere Anliegen sind

a) mit einer Einführungsveranstaltung die aktuelle Problematik fragenderweise aufzuwerfen

b) an (einem) exemplarischen Beispiel(en) aus dem Bereich der computergesteuerten Datenerfassung von einer Fachkraft zu hören, was wozu dort wie geschieht (inkl. Folgeerscheinungen)
dieser Auffassung die Ansicht eines Vertreters des Datenschutzes gegenüberzustellen

c) von einem Experten der Kommunikationsforschung zu erfahren, was eigentlich passiert, wenn Menschen kommunizieren und welche Verhaltensweisen humanes Verhalten begünstigen
dieser Auffassung die Ansicht von einer Zeugin unseres Jahrhunderts gegenüberzustellen und an ihrem eigenen, gelebten Beispiel erfahren, wie es möglich ist, ein «nüchterner Optimist» zu bleiben

d) an (einem) exemplarischen Beispiel(en) aus dem Bereich der Roboterentwicklung von einer Fachkraft aus dem Wirtschaftsbereich zu hören, was wozu dort wie geschieht (inkl. Folgeerscheinungen)
dieser Auffassung die Ansicht eines Vertreters der Gewerkschaften gegenüberzustellen

e) an (einem) exemplarischen Beispiel(en) aus dem Bereich der humanistischen Psychologie zu erfahren, wozu Menschen heute wie miteinander umgehen können
dieser Auffassung die Ansicht eines Pädagogen gegenüberzustellen

f) den Zuhörern die Möglichkeit zu geben, sämtliche Referate in kleineren Gruppen zu diskutieren
die Gesprächsgruppen durch geschulte Kräfte leiten zu lassen, die während der ganzen Woche zur Verfügung stehen.

Innovative Tätigkeiten am ULEF, 1985-1995

DIDACTA-Kongresse in der Mustermesse Basel, in Zusammenarbeit mit der Volkshochschule Basel (1. Kongress) und der LFBL (Lehrerfortbildung Baselland, ab 2. Kongress)
1984
‚Der Mensch zwischen Kommunikation und Mikroelektronik'
1988
‚Der Mensch in der Zeitenwende'
1990
‚Frauen und Männer im Aufbruch ins 3. Jahrtausend'

Diese Kongresse waren sehr gut besucht. Hier wurden die Wegmarken für *VOLENEA* (Vorbereitung der Lehrkräfte für die neue Aufgabe im Zusammenhang mit der Einführung der Orientierungsschule Basel) erarbeitet.

Didaktische Neuerungen
APT (Arbeitsplatzbezogenes Pädagogisches Trainingsprogramm)
APT beinhaltete *10 Module* von jeweils einer Woche Dauer, je 5 Module Arbeitszeit und Freizeit für Teilkollegien, inkl. Schulleitung zur Erlernung eines angstarmen Kommunikationsmusters in der eigenen Schule. Leitgedanke: *Wenn **LERNEN** zentral sein soll in Schulen, muss sich die **SCHULKULTUR** ändern.*

1. Medienkonzeption Projektunterricht
2. Kommunikation und Menschenkenntnis
3. Wahrnehmung
4. Gesprächsführung
5. Stressbewältigung
6. TZI–Methode
7. Krisen in Gruppen
8. Organisationsentwicklung I
9. Organisationsentwicklung II
10. Freithema

Dieses Programm wurde etwa von 450 Lehrern und Lehrerinnen des Kantons BS absolviert.

ALFB (Arbeitsplatzbezogene Lehrer*innenfortbildung)
ALFB war die Fokussierung der Fortbildung auf die einzelne Schule. Dieses Programm mutete damals revolutionär an, weil das ULEF den Schulen das nicht zu knapp bemessene Geld zur Verfügung stellte und diese ihre schulinterne Fortbildung selbst organisieren konnten. Die Erfahrung zeigte, dass die Benützung der gesprochenen Kredite weitestgehend von der jeweiligen Schulleitung abhing.

ELF (Erweiterte Lernformen)
ELF wurde von einer Kommission der NWEDK (Nordwestschweizerische Erziehungsdirektorenkonferenz) erfunden, der ich maßgebend angehörte. Es ging um

- Werkstattunterricht,
- Projektunterricht,
- Fallstudien,
- Schülerselbstbeurteilung,
- Entdeckendes Lernen,
- Innere Differenzierung,
- usw.

Die Schulen, die sich an diesem Projekt beteiligten, kamen aus den Kantonen BE(Bern), BS (Basel-Stadt), BL (Basel-Land), AG (Aargau), und SO (Solothurn). Sie bildeten ein Netzwerk zum Austausch neuer Lernmethoden im Unterricht. Zu diesem Zwecke fanden Tagungen unter der zentralen Leitung von *Ernst Ramseyer* statt. Die Schulen der Kantone standen unter der Leitung einer beauftragten und freigestellten Lehrperson, in BS war das *Adrian Müller.*

VOLENEA (Vorbereitung der Lehrkräfte auf die neue Aufgabe im Zusammenhang mit der Einführung der Orientierungsschule Basel). Es galt drei Schlüsselprobleme zu lösen:

1. Das Zusammenwachsen von Sekundar-, Real- und Gymnasiallehrerinnen und -lehrern zu arbeitsfähigen Gruppen und Schulhauskollegien der Orientierungsschule.
2. Die fachdidaktische Vorbereitung.
3. Die fachliche Nachqualifizierung der Sekundarlehrkräfte, delegiert an das PI Basel.

Ein Lehrerlebnis, 1984

Es war 1984, als mein Sohn Oliver und ich nach Turckheim fuhren. Turckheim ist ein kleiner Ort im Münstertal, das aus den Vogesen herausbricht und in der Oberrheinischen Tiefebene des Elsass endet. Dort unterrichtete Monique M. eine 3. Primarklasse nach der Methode von Célestin Freinet. Wir wollten eine Videoaufnahme vom Unterricht dieser über die Grenzen hinweg bekannten Pädagogin machen.

Die Kinder arbeiteten an *ihren* Texten. Das war der erste Unterschied zum sonst üblichen Klassenunterricht. Sie arbeiteten individuell an *ihrer* Sache. Es war nicht mäuschenstill, es war ein Kommen und Gehen, ein Miteinandersprechen, ein Zusammenarbeiten am Setzkasten, der Druckerei der Schule. Die Texte sollten ja veröffentlicht und zu diesem Zwecke gedruckt werden.

Wenn die Kinder nicht wussten, wie ein Wort, ein Satz, eine Wendung zu schreiben war, gingen sie zur Lehrerin hin. Sie baten sie gezielt, manche sehr differenziert, um Rat. Es waren *ihre* Texte, und sie wussten, was sie verbessern wollten. Das war der zweite Unterschied zum sonst üblichen Klassenunterricht.

Alle brachten einen Zettel mit, worauf die Lehrerin schreiben konnte, was sie begehrten. Den schriftlichen Rat kriegten manche sofort. Bei anderen sagte sie mit geradem Blick in die Kinderaugen: „Ich bin sicher, dass du das selber herausfinden kannst!“ Dieses auffallend direkte Kontaktnehmen mit den Kindern – Monique M. hatte die Fähigkeit, *inmitten vieler Ansprüche ganz für ein Kind da zu sein* – unter gleichzeitig schriftlicher Hilfestellung bzw. mündlicher Hilfeverweigerung, wirkte durchwegs anspornend und lernintensivierend. Die Lehrerin, ‚très française', d.h. sorgfältig gekleidet, auch wenn die rosa Seidenbluse etwas altmodisch wirkte, ging mit voller Konzentration und sehr sorgfältig im Umgang mit der Sprache auf die individuellen Bedürfnisse der Kinder ein. Die jeweilige Situation erfasste sie dabei blitzschnell und intuitiv. Das machte sie zur unbestrittenen Autorität in diesem veralteten und finster wirkenden Schulzimmer, ohne dass sie nur einmal hätte Zwang ausüben müssen. Die Kinder wollten ihren Text ganz machen, möglichst gut und fehlerfrei und ohne Wenn und Aber. Das war der dritte Unterschied zum sonst üblichen Klassenunterricht.

Mir wurde warm ums Herz und das Okular der Kamera wurde feucht vor Aufregung. Hier demonstrierte eine Angehörige unserer Zunft, was es heißt, hohe Leistung zu bringen in unserem Beruf: exakte Sprache, das Ringen um Wörter, Wortwahl und Satzstellungen *und* das gleichzeitig als Haltung zu vermitteln. Genauer: *Jungen, ja sehr jungen Menschen, die sich offensichtlich ernst genommen fühlten, nicht von oben herab gnädig und unecht, sondern symmetrisch-partnerschaftlich den Schatz der Muttersprache nahebringen und gleichzeitig die Leidenschaft des zurückhaltenden und wahrnehmungsorientierten Vermittelnwollens spüren lassen.* Das war mein Lehrerlebnis, das nicht nur bei den Kindern, sondern auch bei uns zwei Erwachsenen ein Resultat erzielte: Respekt *und* Zuneigung.

Das, was ich damals mitnahm für mein Leben, war, dass *Lehren mit Leidenschaft* zwar an den Kräften zehrt, aber zugleich Kräfte schafft und Zuneigung sichert. Gut lehren aber ist mehr, als unsere Wissenschaften zu vermitteln vermögen. Gut lehren ist aber auch mehr als Kunst. *Gut lehren fordert die ganze Person und ein Umfeld, das dies erlaubt.* Das aber ist nicht die Alltagserfahrung vieler Lehrerinnen und Lehrer. Was ihre alltägliche Erfahrung ist, hat keiner so gut wie Hartmut von Hentig beschrieben: „Das Gefühl, von der Behörde, den Kollegen, den Eltern kritisch beobachtet zu werden, die Wahrnehmung der eigenen Subalternität, das Bewusstsein von Mäßigkeit und Langeweile des Unterrichts, das ewige Beurteilen von fragwürdigen und jedenfalls nicht bleibenden Leistungen nach fragwürdigen Maßstäben, die Fernsehkonkurrenz, der Konservencharakter der eigenen Bildung, seine allzu große Ferne oder seine allzu große Nähe zu den Kindern – das sind die harten Themen. [...] Man kann noch so sehr fordern, dass das Selbstbewusstsein der Lehrer gehoben werde, solange seine Tätigkeit von Widerspruch, Erfolglosigkeit und Demütigung begleitet ist, kann ihm niemand und nichts dazu verhelfen: keine Weiterbildung, keine Gehaltserhöhung, kein Umfrageergebnis, keine Statusänderung." (1)

(1) Hartmut von Hentig, Aufwachsen in Vernunft, Klett-Cotta, Stuttgart, 1981.

Als mein Vater starb, 1959

Am 2.4.1959 absolvierte ich meine dritte Rekrutenschule in Losone. Der Tag war trüb, nass und kalt. Früh am Morgen richtete sich mein Zug im Schießstand der Kaserne zum 300-m-Schießen ein. Da stand plötzlich Fourier Heckendorn vor mir und meldete sich in Achtungsstellung an: „Herr Leutnant, Fourier Heckendorn." Ich erwiderte den Gruß und fragte, was der unerwartete Besuch bedeute. Er sagte: „Herr Leutnant, ich muss Ihnen mitteilen, dass Ihr Vater gestorben ist." Ich schaute ihn fragend an und dachte, dass das stimmen könnte. Mein zukünftiger Schwiegervater kämpfte seit längerer Zeit mit seiner Gesundheit. Er sagte: „Sie müssen mit mir kommen. Auf dem Kompaniebüro können Sie zu Hause anrufen." Ich sagte: „Was heißt zu Hause?" Er sagte: „In Wil." In mir brach eine Welt zusammen. Die Gedanken jagten sich in meinem Kopf: meine nur notdürftig aufrecht gehaltene Beziehung zu meinem Vater? Seine Briefe und meine Briefe? Dass wir uns nicht finden konnten? Die große Familie? Die kleinen Geschwister? Was geschieht jetzt mit der Mutter? Was muss ich jetzt tun?

Der Kompaniekommandant, Oblt. Doebeli, hatte bereits einen unbefristeten Urlaubspass unterschrieben. Ein Jeep mit Fahrer stand bereit, um mich zum Bahnhof Locarno zu fahren. Die Zugverbindungen hatte eine Büroordonnanz herausgeschrieben. In Blitzeseile zog ich mich um und fuhr weg.

Zu Hause war der Vater in einem Zimmer aufgebahrt. Es schien, als schlafe er. Meine Mutter wirkte gefasst. Sie sagte kaum ein Wort. Viele Blumen wurden ins Zimmer des Toten getragen. Zwei große Kränze mit rotweißen Schleifen wurden abgegeben, einer kam vom Schulkommando Grenadier Rekrutenschule Losone, der andere von den Offizieren der Gren RS 214, 1. Kompanie, meinen Kameraden.

Mein Vater starb an einem Herzinfarkt im Zug. Er wurde 52 Jahre alt.

Brief an meinen verstorbenen Vater, Januar 1983

Lieber Vater,

Seit 24 Jahren bist Du jetzt tot. Im Frühjahr 1959 bist Du gestorben, im Eisenbahnwagen. In Wil musstet ihr euch beeilen. Im Schnellschritt habt ihr gerade noch den Zug nach Gossau erreicht. Ihr habt euch hingesetzt, Du hast Dir eine Zigarette angezündet … in Uzwil haben sie Dich hinausgetragen. Edith, die bei und mit Dir war, hat alles Weitere veranlasst. Die schnell herbeigerufene Amtsperson konnte nur noch Deinen Tod bestätigen. Herzinfarkt mit 52 Jahren.

Mein Vater

Ich konnte mich nie bei Dir für jenes anmaßende Verhalten entschuldigen, das ich mir Dir gegenüber mit Trotz, verletztem Idealismus und lächerlicher Selbstgerechtigkeit erlaubt hatte. Beim Bahnhof Wil lauerte ich Dir und Deiner Freundin Alma R. auf, um Dir zu sagen, dass ich und auch Edith zu Hause ausziehen würden, solltest Du „diese Person" – mit dem Zeigfinger der rechten Hand habe ich auf sie gezeigt – noch einmal heimbringen. Euer Lachen gefror in den Gesichtern, zu unerwartet war meine Begrüßung. Ich drehte mich um und marschierte nach Hause. Später bist Du dann betrunken nach Hause gekommen, so, wie ich Dich eigentlich nie gekannt habe. Lallend standest Du an meiner verschlossenen Zimmertür, hinter die ich mich voller Angst und Trotz zurückgezogen hatte. Mit kraftlosen Armbewegungen hast Du gekratzt und geklopft. Du hast mich gerufen, und ich habe keine Antwort gegeben. Wir haben nie mehr darüber gesprochen. Vier Jahre später warst Du tot. Und ich verpasste so die Gelegenheit, mich bei Dir zu entschuldigen.

Lieber Vater, verzeih mir bitte. Nie habe ich Dich an Deinem Grab besucht, keine Blume, nichts. Auch das tut mir leid. Ich fühle mich schuldig, Dich daran gehindert zu haben, so zu leben und zu lieben, wie es wohl gut gewesen wäre für Dich. Und diese Schuldgefühle hindern mich jetzt daran, selbst so zu leben und zu lieben, wie es gut wäre und ist für mich. Ich sehe das Lebensalter 52 näher rücken, produziere Unregelmäßigkeiten bei Blutdruck, Blutzuckerspiegel und weißen Blutkörperchen und bilde mir ein, das sei der Preis für mein damaliges Verhalten.

Andererseits denke ich, dass ich jetzt vollende, was Dir damals verwehrt war. Ich liebe Ruth und erlaube mir erstmals in meinem Leben, diesem Gefühl Ausdruck zu geben. Ruth ist die einzige mir bekannte Frau, vor der ich keine Angst habe. Ich bin bei ihr, lebe mit ihr und bleibe bei ihr. Ich möchte mit ihr alt werden und fürchte mich vor Krankheiten. Ich bitte Dich, mir zu verzeihen und ahne, dass Du mir jetzt zuschaust. Gib mir bitte ein Zeichen, dass alles gut ist. Du hast meine Ideale zerstört. Das nehme ich Dir übel. Du warst ein gütiger Realist. Das merkte ich erst mit der Zeit. Ich habe Dich gern. Verzeih mir.

Dein Elmar

(Der Brief datiert vom 27. Januar 1981. Ich glaube, es war Frau J., eine Psychologin, die mir sehr geholfen hat und mir riet, von meinem Vater Abschied zu nehmen. Ich solle ihm schreiben. Diesen Rat habe ich befolgt. Damit begann der lange Weg zu mir selbst. Es gab zwar kein ‚Zeichen' meines Vaters. Aber nach fünf Jahren Durcharbeiten war **ich** meine Schuldgefühle los. Eines Morgens erwachte ich und fragte mich, was denn los sei. Der Tag war bewölkt, ich aber fühlte mich unglaublich leicht, hell und voller Energie. Erstmals erlebte ich, was LEBEN heißt.)

Brief des Vorstehers des Erziehungsdepartements Basel–Stadt, Regierungsrat Prof. Dr. H. R. Striebel, 9. November 1984

Herrn
Elmar Osswald
Vorsteher des Instituts für Unterrichtsfragen und Lehrerfortbildung ULEF
Rebgasse 1
4058 Basel

Basel, den 9. November 1984

Anzug P. Meier und Konsorten betreffend Überprüfung der Lehrpläne und Lehrinhalte unserer Schulen

Sehr geehrter Herr Osswald,
Wir haben im nächsten Jahr den genannten Anzug zu beantworten. Die Ergebnisse einer Vernehmlassung unter den Rektoren und unter den Lehrerkonferenzen liegen vor. Sie reichen, wie üblich, von Ablehnung bis zu Begeisterung.

Andererseits verspüren wir wenig Neigung, die gewünschte Fachkommission, der eine Superkompetenz zur Begutachtung sämtlicher Lehrpläne zugemutet wird, einzusetzen. Entweder wird die Kommission nach den Vorstellungen des Anzugstellers zusammengesetzt oder sie wird klein behalten. Bleibt sie klein, so kann sie nicht anders als zufällig zusammengesetzt werden, und viele Kreise fühlen sich mit Recht ausgeschlossen. Wird sie so zusammengesetzt, dass alle Richtungen und Schultypen vertreten sind, so ist sie schwerfällig und langwierig.

Wir zweifeln ferner an der Voraussetzung des Antragstellers, dass sich Fragen der Systeme einerseits und der Inhalte andererseits völlig getrennt voneinander diskutieren lassen. Die vom Anzugsteller aufgezählten Problemkreise hängen zum Teil auch mit System–Fragen zusammen. Die gegenwärtig von der

Großratskommission Schulreform durchgeführten Expertenbefragungen zeigen deutlich, dass auch System–Fragen immer wieder mit Fragen der Lerninhalte und Lernziele gekoppelt sind. Unter diesen Umständen würden wir es verwirrend und missverständlich halten, im Sinne des Anzugstellers ein neues Gremium mit übergreifendem Auftrag einzusetzen, das parallel zur Großratskommission und auch parallel zu den regulären Instanzen des Schulwesens (Lehrerkonferenzen, Fachkommissionen, Rektorenkonferenzen, Inspektionen, Erziehungsrat) sich mit wichtigen Fragen beschäftigen würde.

Wir haben indessen Verständnis für das Anliegen des Anzugstellers, eine Art geistige Generalinventur der Schule aus einer gewissen Distanz vornehmen zu lassen. Dabei denken wir nicht in erster Linie an einen Rektoren- oder Lehrerkonvent. Wir könnten uns eine Tagung vorstellen, an welcher vornehmlich die Abnehmer der Schule und die Schulbetroffenen teilnehmen. Hier könnten sich Vertreter der Wirtschaft, der Arbeitnehmer, der Kultur, der Universität, der Eltern treffen und sich mit Schulleuten aussprechen. Es wäre auch denkbar, einer solchen Tagung ein Dokument zugrunde zu legen, das den bestehenden Lehrplänen zusammengestellt werden könnte. Länger als zwei bis drei Tage könnte ein solches Treffen wohl nicht dauern, ein günstiger Zeitpunkt läge unseres Erachtens im Mai/Juni 1985.

Wir wären Ihnen sehr verbunden, wenn wir die Sache demnächst im Detail besprechen könnten.

Mit bestem Dank und freundlichen Grüßen,

ERZIEHUNGSDEPARTEMENT
Der Vorsteher:

H. R. Striebel

Unsere baselstädtischen Schulen: Generalinventur und eine Palette von Verbesserungsvorschlägen (Bericht und Kommentar im Basler Schulblatt Nr. 10, Oktober 1985, 46. Jahrgang)

Nun gibt es sie, sozusagen unverhofft: eine baselstädtische ‚Generalinventur der Schulen'. Und sie sollte und müsste endlich Ausgangspunkt einer Auseinandersetzung werden, die dann auch zu fundierten und begründeten Handlungen führen könnte. Auf was für Wege diese uns dann führen würden, das wären natürlich Entscheidungen, die abzuklären sind. Wir jedenfalls weigern uns anzunehmen, dass einmal mehr ein sogenanntes ‚Papier' zu niemandes Nutzen in irgendeiner Schublade verschwindet. Schön und gut wäre es fürs Erste, wenn zuhanden des Schulblattes und damit einer interessierten Öffentlichkeit Reaktionen einträfen – Stellungnahmen, die wir gerne abdrucken würden. Dürfen wir also, ohne der Schulmeisterei bezichtigt zu werden, diesen zentralen Artikel zur Pflichtlektüre erheben?

Vom 29. bis 31. Mai 1985 fand im „Hotel Bären" in Sigriswil BE im Auftrag des Vorstehers des Erziehungsdepartements BS, Regierungsrat H. R. Striebel, eine Tagung statt. Anlass war der im Großen Rat eingebrachte ‚Anzug P. Meier und Konsorten betreffend Überprüfung der Lehrpläne und Lehrinhalte unserer Schulen' vom 19. Oktober 1983.

Im Vorfeld der Tagung wurde bei den Teilnehmern eine Datenerhebung durchgeführt. 45 Beispiele wurden ausgewertet, wobei versucht wurde, die Aussagen auf je einen wesentlichen Punkt zu reduzieren (z.B. Stoff usw.) und einem der vielen Problemfelder (Schulzimmerprobleme, Schulprobleme, Probleme des Schulsystems, das System selbst) zuzuordnen.

- Im Zentrum des Interesses standen die Primarschulen und die Gymnasien. Erst weit abgeschlagen folgten Sekundar-, Real- und Berufsschulen und Kindergärten. Es scheint, dass die Teilnehmer doch jene Schulen im Auge hatten, die Chancen verteilen (Primar) bzw. am meisten berufliche Chancen eröffnen (Gymnasium).

- Die Teilnehmer sahen den Hauptkritikpunkt nicht in ungenügenden Lehrplänen und Inhalten, sondern im ungenügenden Methodenrepertoire bzw. in den mangelhaften methodischen Fähigkeiten der Lehrkräfte (vorwiegend der gymnasialen Stufe).
- Die Systemproblematik (Orientierungsstufe versus dreigliedrige Sekundarstufe I) spielte in der Eingangsbefragung keine Rolle.

In vier Arbeitsgruppen (Primarschule, Realschule, Gymnasium, Seminar) wurden folgende drei Fragen diskutiert:

- Wie lautet der Auftrag?
- Wo liegen die größten Diskrepanzen zwischen Auftrag und Istzustand?
- Welche Änderungen schlagen Sie vor?

Die nachfolgend abgedruckten Ergebnisse müssten eigentlich für jeden Basler Lehrer Pflichtlektüre sein. Wir möchten nicht vergessen zu erwähnen, dass die Auswertung und Zusammenstellung der Ergebnisse von Elmar Osswald besorgt wurde.

(Redaktion „Basler Schulblatt", Ruth Schneider, Paul Schorno)

Gruppe ‚Primarschule'

Die Gruppe stellt eine zunehmende Belastung der Primarschule fest. Sie nennt Eckpfeiler, die diese Belastung bewirken:

⇨ Zubringerfunktion der Primarschule
⇨ Erwartungen der Abnehmerschulen
⇨ Stofffülle
⇨ Lehrmittelangebot

  - Sie plädiert in erster Linie für eine (Neu-)Strukturierung der bestehenden Lehrpläne und nimmt damit ein Postulat von P. Meiers Anzug auf. Der Abbau der Stofffülle soll durch Schwerpunktsetzung erreicht werden. Soziales Lernen soll mehr Gewicht erhalten. Eine ausgeprägte

Verbindung zwischen Stofflernen und sozialem Lernen soll realisiert werden.

- Als zweite Anregung fordert die Gruppe, dass die Lehrerpersönlichkeit gestärkt werden solle. Sie sieht eine Professionalisierungsmaßnahme darin, dass ein vermehrter und verstärkter Austausch mit den Kollegen ermöglicht wird. Lehrerfortbildung soll ein verpflichtender Bestandteil der beruflichen Aufgabe werden, sowohl im Sachbereich als auch im Bereich der Persönlichkeitsschulung.
- Als dritte Anregung sieht die Gruppe die Stärkung der Autonomie und Handlungsfähigkeit der Lehrerkollegien. Schulhausbezogene Lösungen, die sich voneinander unterscheiden, sollen möglich werden.
- Als vierte Anregung plädiert die Gruppe für neue organisatorische Schulformen (Tagesschule, Blockunterricht, Aufgabenbetreuung) in den Quartierschulhäusern. Sie sollen neue Möglichkeiten der Zusammenarbeit zwischen Eltern und Lehrerkollegien schaffen.

Kommentar

Die Gruppe fordert, dass die Lehrerpersönlichkeit gestärkt werden solle. Ein verstärkter Austausch mit den Kollegien sei zu ermöglichen. Erfahrungen, die wir mit dem dreitägigen Suchtprophylaxe–Seminar für Schulhauskollegien machen, zeigen, dass das Miteinander von Lehrerkollegien an einem Thema und unter kundiger Leitung zur enormen Entlastung der einzelnen Lehrkraft führt. So wird denn in den Feedbacks gefordert, dass solche Zusammenarbeit im Lehrerkollegium immer wieder möglich sein sollte, weil Mitlehrer erstmals ganz anders erfahren würden als Menschen, und nicht als Rollenträger, was – wie könnte es anders sein – wesentlich zur guten Atmosphäre beitrüge.

Die Gruppe fordert Lehrerfortbildung als verpflichtenden und integrierten Bestandteil der Lehrertätigkeit. In der Tat ist die

Fortbildung bis anhin von eher marginaler Zufälligkeit. Das Problem kann so gelöst werden, dass die in der Lehrergrundausbildung feststellbare Verschulung zwar vermieden, das À-jour-Bleiben der Lehrkräfte aber trotzdem ermöglicht wird. Der Auftraggeber Staat wird auch hier mit dem Faktor Zeit konfrontiert. Es sind zeitliche Möglichkeiten (Zeitgefäße) für arbeitsplatzbezogene Fortbildung (Quartierschulhaus, Lehrerkollegium) und Rekurrenz zu schaffen, die die Voraussetzung für die geforderte Stärkung der Persönlichkeit des Lehrers und die Erhöhung der Autonomie der Quartierschulhauskollegien bilden. Ein Appell ohne Zeitgefäße verfehlt nicht nur seine Wirkung, er ist kontraproduktiv, weil er Forderungen stellt, die nicht erfüllbar sind und deshalb Schuldgefühle und Resignation hervorrufen können.

Von der an erster Stelle genannten Durchforstung der Lehrpläne und Lehrinhalte kann gesagt werden, dass eine tatsächliche Entlastung nötig ist. Nur: Dieses uralte Postulat (seit es die Schule gibt, wird es immer wieder formuliert) führte bis anhin nicht zu den gewünschten Ergebnissen. Die Inhalte wurden umgekehrt sogar vermehrt. Wichtiger scheint mir deshalb die Einsicht, dass es Aufgabe jeder Stufe (auch der Primarstufe) sein muss, die bestmögliche Förderung der Kinder zu erreichen und nicht die Vorbereitung auf die nächste Stufe des Systems. Es ist diese Vorbereitungsfunktion (verbunden mit dem Erwartungsdruck der Abnehmer), die zu jenem Leistungsstress führt, der dem (Primar)-Lehrer seine vermeintliche berufliche Identität zu sichern hilft: Wer quantitativ am meisten Schüler in die nächsthöhere Stufe bringt, ist der gute (erfolgreiche) Lehrer. Eine Wegnahme der Vorbereitungsfunktion könnte zu Entlastungen im Inhaltsbereich der Schule führen.

Gruppe ‚Realschule'

- Die Gruppe verlangt mit großer Mehrheit die Einführung der Orientierungsstufe. Sie stellt fest, dass das Basler Schulsystem nicht systemkonform gehandhabt, umgangen und unterlaufen wird. Der Selektionsentscheid muss zu früh von

Lehrkräften, die eigentlich nicht entscheiden möchten, und aufgrund von ungenügenden Kriterien gefällt werden. Das Produkt der Bemühungen des Systems, der Schulabgänger, enttäuscht die Abnehmer. Diese erwarten die Beherrschung gewisser Grundlagen (Kulturtechniken) und einen gewissen Habitus (teamfähig, problemlösefähig). Beide Erwartungen werden zu wenig erfüllt. Das System ist weder legitim, weil es nicht mehr echt getragen wird von der Bevölkerung, noch funktionstüchtig (Expansion im Gymnasialbereich, Rückgang im Sekundarbereich). Es ruft allerorts Unbehagen hervor und besteht eigentlich nur noch, weil es nicht gelungen ist, sich auf ein anderes zu einigen.

Die Hauptfragestellung der gegenwärtigen Schulen lautet: „Passt dieser Schüler in unsere Schule?" Diese Fragestellung ermöglicht es den Lehrkräften, sich von der eigenen Verantwortung zu distanzieren. Sie können so bleiben, wie sie sind. Sie können sich vom Dazulernen dispensieren, da der Fehler ja in der falschen Zuweisung der Schüler und in verschiedenen weiteren Umweltmängeln (wie Konzentrationsmangel, gestörte Familienverhältnisse usw.) liegt, die man zwar beklagen, aber nicht ändern kann.

Demgegenüber lautet die Hauptfragestellung der Orientierungsstufe: „Wie kann ich dir (Schüler) helfen, deinen zukünftigen Weg zu suchen und zu finden?" Diese Fragestellung impliziert die Lernbereitschaft des Lehrers. Er muss die Verantwortung für sein Tun übernehmen, neue methodische Verfahren wie Gesprächsführung, Projektunterricht, innere Differenzierung usw. kennen und praktizieren lernen, vom althergebrachten Stundenunterricht Abschied nehmen, neue Organisationsformen wie Block- und Epochenunterricht ausprobieren.

Die Orientierungsstufe verlangt einen neuen Lehrertypus, einen, der ‚in Fluss gerät', zu Veränderungen bereit ist. In Fluss geratene Lehrer sind nötig, wenn das System aus der Erstarrung befreit werden soll.

Neben diesen grundsätzlichen Überlegungen plädiert auch diese Gruppe für zwei Maßmahnen, die ihrer Meinung nach rasch verwirklicht werden könnten:

- Die erste Maßnahme wird mit ‚Lehrer in die Praxis' umschrieben. Zum einen soll so einer offenbar verbreiteten Lebensfremdheit von Schulleuten begegnet werden. Unter Lebensfremdheit wird fehlende Kenntnis und Erfahrung verstanden, wie und unter welchen Bedingungen andere Erwachsene ihre Arbeit zu verrichten haben. Zum anderen soll ein Beitrag zur Stärkung der beruflichen Identität der Lehrkräfte geleistet werden. Wenn ein Arbeitender (arbeitender Lehrer) erfährt, was die Abnehmer mit seinem Arbeitsergebnis (mit den Schulabgängern) anfangen können, welchen Sinn die eigenen Bemühungen für die Abnehmenden haben, wirkt das identitätsfördernd.
- Die zweite Maßnahme wird mit der Schlagzeile ‚Autonomie der Quartierschulhäuser erhöhen' umschrieben. Die Stellung des Schulhausvorstehers soll so verbessert werden, dass ihm eigentliche Führungsverantwortung zuwächst. Die Wichtigkeit des Schulhauskollegiums als Problemlöseeinheit wird gesehen und betont.

Kommentar

Der entscheidende Beitrag dieser Arbeitsgruppe liegt meiner Meinung nach darin, dass sie ihre Verbesserungsvorschläge nicht unabhängig vom System diskutiert und formuliert hat. Diese ganzheitliche, systemische Betrachtungsweise scheint denn auch das Gebot der Stunde zu sein. Nur eine wirksame Erneuerung des Systems selbst vermag die Kräfte der Systemangehörigen genügend herauszufordern. Es darf bezweifelt werden, dass Reformmaßnahmen innerhalb des bestehenden Schulsystems jene belebende Wirkung zeitigten, die es der Staatsschule ermöglichte, den sich abzeichnenden Konkurrenzkampf zwischen ihr und den privaten Bildungsveranstaltern (inklusive

Multimediasysteme) erfolgreich zu bestehen. Die vorgeschlagenen Sofortmaßnahmen ‚Lehrer in die Praxis' und ‚Autonomie der Quartierschulhäuser erhöhen' sind tatkräftig zu unterstützen, etwa dergestalt, dass im Fortbildungsbereich (ULEF) zusammen mit Rektoren und Schulhauskollegien praktikable Problemlösungen erarbeitet werden. Die Auffassung eines Gruppenmitgliedes, dass die Möglichkeiten des alten Systems bei weitem noch nicht ausgeschöpft seien, wurde von der Mehrheit dieser Gruppe aus den geschilderten Gründen nicht geteilt. Systemisches Denken beinhaltet eben auch, dass alles alles bedingt. Äußere Schulreform (strukturelle Maßnahmen) ohne innere Schulreform (u. a. Einstellungsänderung der Systemträger) ist zum Scheitern verurteilt. Der Satz ist umkehrbar und auch umgekehrt gültig. Eine wichtige Erkenntnis dieser Gruppe ist demzufolge, dass äußere und innere Maßnahmen nötig sind, um das System zu sanieren.

Gruppe ‚Gymnasium'

Die Gruppe betont, dass die beruflichen Fähigkeiten der Lehrkräfte durch die aktuelle Praxis einem starken Verschleiß unterliegen. Sie sollten deshalb im Abstand von einigen Jahren regeneriert werden können. Die Gruppe diagnostiziert drei unterschiedliche Defizite bei Lehrern:

- ⇨ Allgemeine Persönlichkeitsdefizite
- ⇨ Berufsspezifische Defizite, vor allem im Bereich der Psychologie und Methodik
- ⇨ Souveränitätsdefizite im Umgang mit Kollegen, Eltern und Schülern
  - Als erste Anregung sieht diese Gruppe deshalb eine Art Bildungsurlaub im Abstand von einigen Jahren, der vor allem dazu dienen soll, die persönlichen und beruflichen Fähigkeiten der Lehrkräfte zu sanieren. Daneben ist flankierend, eine systematische, permanente und möglichst schulinterne Schulung der Kommunikation und Kooperation mit Kollegen, Eltern und Schülern zu ermöglichen. Die Gruppe verspricht sich durch solche

Maßnahmen auch Beschäftigungsmöglichkeiten von zurzeit arbeitslosen Lehrern. In einem weiteren Annäherungsschritt stellt diese Gruppe fest, dass bei der Stoffvermittlung das Tradieren der kulturellen Werte zu sehr zur Vermittlung von beliebigem Wissensstoff geführt habe. Ein steigender Prozentsatz von Abiturienten würde sich nicht der Hochschule, sondern anderen Berufsausbildungen zuwenden.

- Als zweite Anregung formuliert diese Gruppe deshalb, dass die Gymnasien von ihrem Zulieferauftrag zur Hochschule „mindestens in der propädeutisch-stofflichen Dimension“ entbunden werden sollten. Der eigenständige Sinn des Gymnasiums muss stärker in den Mittelpunkt gestellt werden. Die Tradierung kultureller Werte ist in ihrer lebendigen Beziehung zum Menschen der Gegenwart zu sehen. Unabhängig davon, welche berufliche Laufbahn ein Absolvent eines Gymnasiums einschlägt, soll alles, was er lernt, seiner Fähigkeit dienen, zu erkennen, geistig zu wachsen, sich auszudrücken und verantwortlich zu handeln. Systemisches Denken wird gefordert.
- Als dritte Anregung fordert diese Gruppe deshalb, dass der Methodik vor der Wissensvermittlung Priorität zukommen müsse. Der Abiturient soll in der Lage sein, die Lösungen auch komplexer Problemsituationen allein und in Gruppen zu planen, zu finden und kritisch zu diskutieren. Demzufolge sei die Methodik des gymnasialen Unterrichts auf dieses Ziel auszurichten.

In einem letzten Annäherungsschritt beschäftigt sich diese Gruppe kritisch mit den Strukturen. Sie formuliert den Eindruck, dass das pädagogische Geschehen zu sehr von Vorschriften und Reglementen gehemmt werde. Die Koordination zwischen den Gymnasien darf nicht zum Hemmnis werden.

- Als vierte Anregung wünscht die Mehrheit dieser Gruppe die rasche Einführung der Orientierungsstufe. Andere Gruppenmitglieder befürworten nötige Strukturreformen im bestehenden System.

Ähnlich wie die Gruppe Primarschule kommt die Gruppe Gymnasium zum Schluss, dass den Lehrkräften eine eigentliche Sanierung ihrer beruflichen Fähigkeiten ermöglicht werden solle. Eine Art Bildungsurlaub und eine systematische, permanente und möglichst schulinterne Schulung der Kommunikation und Kooperation mit Kollegen, Eltern und Schülern seien zu ermöglichen. Diese Forderungen decken sich weitgehend mit zwei Eckpfeilern einer (noch nicht) ausgebauten Lehrerfortbildung, die ‚Rekurrenz' und ‚Arbeitsplatzbezogene Fortbildung' heißen.

Die zweite Anregung dürfte, wird sie realisiert, zu einem neuen Selbstverständnis der Gymnasien führen. Sie ist Ausdruck einer nüchternen Beurteilung der Realität. Die dritte Forderung schließt folgerichtig und nahtlos an, Methodik vor Wissensvermittlung heißt denn auch nichts anderes, als den ‚teamfähigen Problemlöser' und nicht mehr den ‚Gelehrten' als Bildungsziel vor Augen zu haben.

Auch diese Gruppe fordert in ihrer Mehrheit als Konsequenz die rasche Einführung der Orientierungsstufe. Eine Minderheit vertraut eher nötigen Strukturreformen im bestehenden System.

Gruppe Seminar

Diese Gruppe stellt keine ausformulierten Forderungen. Sie betont die Notwendigkeit, dass die Wertediskussion in Gang gebracht werde, damit eine Art Leitbild (Policy) als gemeinsamer Werthintergrund in Kollegien wirksam werden könne. Die Gruppe betont, dass die Schule und ihre Träger den ‚Elfenbeinturm' verlassen müssen. Kontakte mit der Wirtschaft seien nötig, um hautnah zu erfahren, welche Verfahren (auch Schulungsverfahren) dort angewendet werden.

Die Gruppe wünscht sich ein Menschenbild, das Teamfähigkeit, Tragfähigkeit, Kommunikation, Kreativität, Denk- und Kritikfähigkeit, Risikobereitschaft, Konfliktfähigkeit, Vertrauen usw. umfassen müsse und möglichst durch einen ‚umfassenden Philosophen' der Universität entworfen werden sollte.

Die Gruppe befürwortet eine Intensivfortbildung nach längerer Berufstätigkeit (circa zehn Jahre) von etwa 20 Wochen

Dauer, um den Lehrkräften zu ermöglichen, Distanz zu schaffen und Neues kennenzulernen.

Kommentar

Herausragende Ergebnisse dieser Gruppenarbeit sind:

- Der Leitbildgedanke (Policy) als gemeinsamer Wertehintergrund für Schulhauskollegien. Dieser Gedanke wird von Unternehmen ernst genommen und praktiziert.
- Die Einsicht, dass die Schulangehörigen den ‚Elfenbeinturm' verlassen müssen.
- Die Intensivfortbildung.

Ob es einem ‚umfassenden Philosophen' heute noch gelingen könnte, allgemein akzeptierte Aussagen zu einem Menschenbild zu formulieren, darf bezweifelt werden. Zum Verständnis des Menschen tragen seine Wirklichkeit und seine Möglichkeiten viel bei. Ein Menschenbild als Wunschvorstellung dürfte eher in jene Sackgasse führen, wo sich schon andere Idealvorstellungen des Menschen angesammelt haben.

Schlussfolgerungen

Stichwortartig seien hier die Anregungen der einzelnen Arbeitsgruppen als Postulate nebeneinandergestellt.

Gruppe Primar	Gruppe Real	Gruppe Gymnasium	Gruppe Seminar
Handlungsautonomie der Lehrerkollegien in den Quartierschulhäusern verstärken. Bestehende Lehrpläne überarbeiten. Lehrerpersönlichkeit stärken; vermehrten und verstärkten Austausch mit Kollegen ermöglichen; Lehrerfortbildung als verpflichtenden Bestandteil der beruflichen Aufgabe verwirklichen. Neue organisatorische Schulformen in den Quartierschulhäusern ermöglichen (Tagesschule, Blockunterricht usw.)	Handlungsautonomie der Lehrerkollegien in den Quartierschulhäusern verstärken. Lehrer in die Praxis (eine Art Bildungsurlaub). Orientierungsstufe einführen (Mehrheit).	Gymnasien von ihrem Zulieferauftrag zur Hochschule entbinden. Der Methodik des gymnasialen Unterrichts vor der Wissensvermittlung Priorität einräumen. Eine Art Bildungsurlaub ermöglichen. Systematische permanente und möglichst schulinterne Schulung der Kooperation und Kommunikation mit Kollegen, Eltern, und Schülern ermöglichen. Orientierungsstufe rasch einführen (Mehrheit), nötige Strukturreformen im bestehenden System vollziehen (Minderheit)	Eine Art Leitbild (Policy) als gemeinsamen Wertehintergrund in Schul(-haus-)kollegien erarbeiten. Intensivfortbildung (eine Art Bildungsurlaub). Den Kontakt zur Außenwelt (Wirtschaft) herstellen, den ‚Elfenbeinturm' verlassen.

Der von mir verfasste Bericht löste in Schulkreisen des Kantons Basel-Stadt eine lebendige Diskussion aus.

Ruth C. Cohn und Hartmut von Hentig. Was ist die gute Lehre?, 1984

Als sich Ruth Cohn und Hartmut von Hentig das erste Mal begegneten, stand ich daneben. Es war am 20. März 1984 in der Mustermesse Basel. Wir hatten einen fünftägigen Kongress mit dem Titel „Der Mensch zwischen Kommunikation und Mikroelektronik" organisiert, an dem mehrere hundert Menschen teilnahmen. Hentig sollte das Einführungsreferat halten, das er später in erweiterter Form als Buch publizierte. (1) Im Anschluss an die Referate sollten die Teilnehmer*innen die Möglichkeit haben, in kleinen geleiteten Gruppen zu diskutieren. Die Gruppenleiter*innen bildeten während des Kongresses sowohl für die Vorbereitung ihrer Arbeit als auch für die Nachbesprechung selbst eine Gruppe, die von Cohn geleitet wurde.

Cohn und Hentig trafen sich zufällig in der Wandelhalle vor dem Kongressraum. Ich machte sie bekannt, dann sagte Hentig zu Cohn: „Es freut mich sehr, Sie kennenzulernen und es tut mir unendlich leid, Ihnen heute Abend nicht zu Füßen sitzen zu können … " Cohn unterbrach ihn und sagte: „Weshalb wollen Sie mir zu Füßen sitzen? Sie brauchen mir nicht zu Füßen zu sitzen. Wir können uns gegenübersitzen!" Da ging ein Hauch von Verlegenheit über Hentigs Gesicht: „Ach, wissen Sie, das ist einfach so eine Redensart … " „Was, eine Redensart?", empörte sich die alte Frau. „Wir können ganz normal miteinander reden." Und dann, schon mehr zu sich selbst: „Zu Füßen sitzen …, zu Füßen sitzen … " Ich stand daneben, sah die alte Frau wie eine Urmutter auf den Stock gestützt und doch voller Kraft dastehen. Daneben Hartmut von Hentig, mit elegantem Cape über den Schultern, jugendlich wirkend und verlegen. Rundherum eine wogende Menge von schwatzenden, beobachtenden, herumgehenden und herumstehenden Menschen.

Das war die erste Begegnung zweier Persönlichkeiten, die beide in der Pädagogik Wichtiges geleistet haben. Sie misslang. Bei Cohn war mir klar, was sie umtrieb. Keine Hierarchien schaffen, wo es nicht unbedingt nötig ist, vor allem nicht untaugliche, verlogene Hierarchien. Im Gespräch sollen Menschen sich gleichberechtigt begegnen können. Durch Anteilnahme in überschaubaren Gruppen soll ‚Chairmanship' geübt werden. Die Losung „Entmenget die Menge" (2) soll nicht nur eine Losung bleiben, sie soll praktiziert werden. Kampf dem Massenverhalten! Vorträge vor großen Menschenmengen sind zwar nötig, weil sie orientierenden Sinn vermitteln können, zugleich sind sie auch problematisch, weil sie das Massenverhalten fördern. Sie brauchen deshalb als Gegengewicht die kleinen überschaubaren Gesprächsgruppen, damit sich Individuen als solche erfahren können. Deren Selbstvertrauen soll gestärkt werden. *Das, was ich sage ist wichtig. Meine Kraft ist gefragt und das, was Du sagst ist wichtig, Deine Kraft ist gefragt.* Deshalb ist die symmetrische Interaktion so wichtig wie die komplementäre Interaktion (3) Der Frieden zwischen Gruppen und innerhalb von Gruppen wird im Zeitalter der Demokratie nicht mehr dadurch sichergestellt, dass der eine das tut, was der andere sagt, sondern durch die Balancierung von sich scheinbar ausschließenden Gegensätzen, z. B. durch den Vortrag als Massenveranstaltung und durch Gesprächsgruppen, die die Persönlichkeit der Beteiligten fördern.

Diese sehr plausible Erkenntnis vertrat Ruth Cohn nicht nur in ihren Workshops, sie lebte sie auch im täglichen Leben, überall und radikal, sodass jemand, der mit landesüblichen Smalltalk erste Kontakte schaffen wollte, bei ihr allsogleich voll in den Fettnapf stampfte. Sie konnte sich diese Haltung erlauben, weil sie zeit ihres Lebens nie in irgendwelche Bürokratieabhängigkeiten großer Organisationen verstrickt war, wo ein Entgegenkommen durch ein anderes abgegolten, eine Verweigerung durch eine andere bestraft werden kann. Sie war ein autonomer Mensch und wirkte auf andere auch so, mit allen, auch finanziellen, Gefahren dieses Status. Sie war eine begnadete Gruppenleiterin und füllte jederzeit auch große Räume mit interessierten Menschen. Sie hatte ihr Publikum.

Hartmut von Hentig war ein begnadeter Verfasser von pädagogischen Werken und ein glänzender Referent. Als er 1988 in Basel zu den Themen WERTE und ERZIEHUNG referierte und die Korreferentin kurzfristig absagte, stand ihm die ganze Redezeit von zwei Stunden zur Verfügung. Er hatte gegen tausend Zuhörer/innen. Niemand verließ den Raum. Seine Ausführungen schlugen alle in ihren Bann. Auch er hatte sein Publikum.

Was ist die GUTE LEHRE? Zweifelsohne stehen Cohn und Hentig für verschiedene Lehrtypen. Während Cohn die Fähigkeit besaß, Vertrauen aufzubauen und den Gesprächspartnern mit Achtung, Respekt und menschlicher Wärme zu begegnen, lagen (und liegen) die Stärken von Hentig in der Fähigkeit, komplexe Zusammenhänge so darzustellen, dass man gebannt weiterliest bzw. zuhört. Für mich ist klar, dass beide Lehrtypen ihren Platz haben sollen in einer Schule, die eine GUTE Schule sein und werden will.

Sowohl Cohn als auch Hentig verfügten aber über zwei persönliche Eigenschaften, die sie zu Vorbildern für den GUTEN LEHRER/DIE GUTE LEHRERIN machen: LEIDENSCHAFT und DISZIPLIN. Ich meine damit das, was Daniel Barenboim für den Beruf des Musikers wie folgt formuliert hat: „Aber zum Beispiel die KOEXISTENZ von kontrapunktischen Elementen. **Leidenschaft** und **Disziplin**. Diese Gegensätze bestehen in der Musik nebeneinander. Man kann nicht nur mit einem von beiden leben. Der letzte Satz der ‚Appassionata', das ist so leidenschaftliche Musik, aber ohne Disziplin kann man das nicht spielen. Und nur mit Disziplin wird es langweilig." (4)

Diese plausible Erkenntnis trat wieder voll in mein Bewusstsein, als ich etwa 1995 mit ganzen Kollegien, zunächst vor allem mit Kollegien österreichischer Gymnasien, in die Schulentwicklungsarbeit einstieg. Da erfuhr ich nachhaltig, dass jedes Kollegium trotz des festen Glaubens der Kolleginnen und Kollegen, sie würden sich wie mündige Individuen verhalten, eine Masse darstellt und dass Serge Moscovici wohl recht hat, wenn er schreibt: „Es wäre falsch zu glauben, dass die gebildeten und höheren Schichten der Gesellschaft dem kollektiven Einfluss besser widerstünden als die ungebildeten oder unteren Schichten, und dass sich vierzig Akademiker anders verhielten als vierzig Haushälterinnen. […] Die Masse, das ist jedermann, Sie, ich, wir alle. Sobald sie zusammenkommen, bilden die Menschen unterschiedslos eine Masse. […] Meetings, Kongresse, Versammlungen, Umzüge, Aufmärsche, Stadien, Straßen, an diesen Örtlichkeiten gibt es einen breiten Raum für Suggestion und sehr wenig Raum für die Vernunft.“ (5)

(1) Hartmut von Hentig, Das allmähliche Verschwinden der Wirklichkeit, Ein Pädagoge ermutigt zum Nachdenken über die neuen Medien, Carl Hanser Verlag, München und Wien, 1984.

(2) Martin Buber, Worauf es ankommt, Schallplatte EL 12001, Ex Libris, Hrsg. Wolfgang Korruhn.

(3) Gregory Bateson, Ökologie des Geistes, Suhrkamp, Frankfurt am Main, 1983/6.

(4) Spiegel Gespräch „Wenn Monster weinen“, SPIEGEL Nr. 12, 17.3.14: S. 133.

(5) Serge Moscovici, Das Zeitalter der Massen, Carl Hanser Verlag, München und Wien, 1984.

An das FORUM der Basler Zeitung, 23.03.90

Sehr geehrter Herr Burkhardt,

Ich gestatte mir, Ihnen einen Beitrag zur Veröffentlichung zuzustellen. Es ist eine Antwort auf Markus Ks Forumsbeitrag vom 20.03.1990, die allerdings darüber hinausführt.

Mit freundlichen Grüßen,
Elmar Osswald

Basler Schulreform: Lasst uns neu beginnen
(Antwort auf den Beitrag von M. K. vom 26. März 1990)

Zwei Bemerkungen möchte ich vorausschicken. Ich bin Befürworter der Basler Schulreform, nehme aber erstmals öffentlich Stellung. Im Laufe meiner über dreißigjährigen Tätigkeit in den Diensten der Schule bin ich zu der Überzeugung gelangt, dass unser Schulwesen, vor allem in den letzten zehn bis fünfzehn Jahren, nicht nur in Basel, sondern auch andernorts vielen Lehrerinnen und Lehrern Schaden zufügt. Zu viele Lehrkräfte durchlaufen während ihres beruflichen Daseins den Weg von der anfänglichen Begeisterung über Stagnation hin zur (meist heimlichen) Frustration und Resignation. Wer wollte bezweifeln, dass verlorengegangene Arbeitszufriedenheit bei Lehrerinnen und Lehrern sich auf die Lernfreude von anvertrauten Kindern und Jugendlichen negativ auswirkt. Diese Zustände verändern zu helfen, ist mir ein tiefes Anliegen.

Das Zweite ist die Feststellung, dass der gefällte Volksentscheid verlangt, dass sich die Schulen und ihre Angehörigen der neuen Situation anpassen. Das ist keine Katastrophe, auch keine Sackgasse (Markus K.), das ist lediglich eine schwierige Herausforderung, die wir meistern werden.

Markus K. habe ich 1985 kennengelernt. Damals musste ich als Vorsteher des ULEF im Auftrag des Departement-Vorstehers eine „Generalinventur der Baselstädtischen Schulen" durchführen. Anlass war der im Großen Rat eingebrachte „Anzug P. Meier und Konsorten betreffend Überprüfung der Lehrpläne und –inhalte unserer Schulen" vom 19. Oktober 1983.

Ich bat Markus K. um seine Teilnahme an einem Seminar zur Lösung der obigen Aufgabe. Er distanzierte sich zunächst mit der Begründung, er wäre kein Schulmann und würde von schulischen Dingen nichts verstehen. Dass er schließlich doch teilgenommen hat, schrieb ich bis dato meinen Überredungskünsten zu. Wenn ich nun aber sehe, wie Markus K. seit dem Volksentscheid über die Einführung der neuen Schule in eben dieser Angelegenheit eine rege und wendige Feder führt, kommen mir Zweifel. Vielleicht ist der Mann doch ein Schulexperte, allerdings Experte eines Schulwesens, das von der Zeit überholt wurde und das deshalb selbst dringend überholungsbedürftig ist, falls es überleben will.

Bevor ich diesen Unterschied zwischen dem alten und dem neuen Schulwesen darzustellen versuche, sei mir gestattet, einer Gerüchtebildung Einhalt zu gebieten. Wenn Markus K. im Zusammenhang mit dem Konflikt, der zwischen dem *Projektleiter Schulreform* und der *Planungsgruppe Schulreform* besteht, schreibt: „Wir hören hintenherum, dass der für Tausende von Franken eingeflogene bundesdeutsche Gewährsmann den Konflikt nicht gelöst, sondern weiter verschärft hat", dann frage ich mich, was einer will, der solches schreibt.

Deshalb hier die Klarstellung: Prof. Dr. Wilfried S. aus Hamburg wurde gebeten, Projektleiter und Planungsgruppe in einer scheinbar ausweglosen Situation klärend beizustehen und zu helfen, einen allseits akzeptablen Ausweg zu finden. Wilfried S. ist Organisationsentwicklungsexperte im Schulbereich und gilt als international anerkannter Fachmann. Für diese äußerst schwierige eintägige Aufgabe wurden ein Honorar von CHF 960.– sowie die Reisespesen und ein Mittagessen vereinbart. Mir ist kein Unternehmensberater in der Schweiz bekannt, der zu diesem Ansatz arbeiten würde. Fachleute der Handelshochschule St. Gallen verlangen für eine Tagesarbeit in Nonprofitorganisationen ein Honorar von CHF 2000.–.

Das Ergebnis von S.' Krisenintervention war, dass sowohl der Projektleiter als auch die Planungsgruppe seinen bzw. ihren Auftrag an das Erziehungsdepartement zurückgaben. Damit war ein Ausweg gefunden, alle Beteiligten waren zufrieden. S. hat seinen Auftrag erfüllt und zugleich das Vertrauen der Teilnehmenden gewonnen. Wilfried S. gebührt Dank, auch für die Bereitschaft, die Aufgabe so kurzfristig übernommen zu haben. Soweit die Korrektur eines üblen Gerüchts.

Markus K. nun möchte zwar auch „vermehrte Teamarbeit unter Lehrkräften“, aber er möchte sie gerne unverordnet. Er möchte eine Teamarbeit, die sich im Rahmen der alten Strukturen in freiwilliger Übereinkunft einsichtiger Lehrkräfte ergibt. Wenn wir seinem Rate folgen würden, dann würde Teamarbeit nie Einzug halten in unseren Schulen. Das **nicht** deshalb, weil die unbeweglichen Schulmeister sowieso nicht wollen, sondern weil die bestehenden Strukturen des jetzigen Schulsystems Teamarbeit verunmöglichen.

Um diese Behauptung zu begründen, muss ich ein bisschen ausholen und die *alte* Schule der *neuen* (sowie deren jeweilige gesellschaftliche Hintergründe und wirtschaftliche Notwendigkeiten) gegenüberstellen. Damit möchte ich deutlich machen, dass wir heute nicht die „falsche Reform zur falschen Zeit“ (Markus K.) realisieren wollen, sondern dass es höchste Zeit ist, die in harten Auseinandersetzungen errungene mögliche Reform des Schulwesens von Basel-Stadt zu **realisieren**.

Im traditionellen staatlichen Schulwesen zeichnet sich heute ein Paradigmenwechsel ab, der z. B. in Holland schon weit fortgeschritten ist, aber auch bei uns vielerorts in Teilbereichen einsetzt und notwendigerweise zu tiefgreifenden Veränderungen des ganzen Schulwesens führen wird. Im Anschluss an Thomas S. Kuhn (Kuhn: 1976) wird Paradigmenwechsel als Modell definiert, das das Verhalten ganzer Gruppen lenkt. Im Fall der Staatsschulen ist dieses Modell bestimmt von der Moral, d. h. „der Gesamtheit der akzeptierten und durch Tradierung stabilisierten Verhaltensnormen einer Gesellschaft“ (Ritter, Gründer 1984) und der wirtschaftlichen Notwendigkeit.

Dieses Modell stelle ich im Folgenden dar. Zunächst werde ich die drei Grundpfeiler, auf denen es ruht, und dann das Modell selbst beschreiben.

- Das alte Paradigma der Staatsschulen bezog sich maßgerecht auf die Ideale der Industriegesellschaft: Uniformität, Kontrolle,

Zentralisierung in Betrieb und Management (Naisbitt/Aburdene: 1985). Ohne Bezugnahme auf diese Ideale wären die großen Leistungen der 1. und 2. Industriellen Revolution (Dampfmaschine, Benzinmotor, Elektrizität, Maschinen, Automation usw.) nicht zu realisieren gewesen.
- Das alte Paradigma der Staatsschulen bezog sich auf einen Sozialkontrakt der Geschlechter, der besagte, dass der Mann den Broterwerb und die Frau den Haushalt besorgt.
- Das alte Paradigma der Staatsschulen bezog sich schließlich auf eine Jugend, deren „Lernprobleme größer waren als die Lebensprobleme" (Hentig 1984), deren Verhaltensnormen sich kaum wesentlich von jenen der Erwachsenen unterschieden, und die angepasst, folgsam und lernwillig war.

Auf diesen drei Pfeilern ruhte ein Schulwesen, das vom Grundgedanken bis hin zu seinen Teilen stimmig funktionierte und deshalb sinnvoll war. Der Grundgedanke des Schulwesens hieß **Auslese**. Dazu passte ein Ordnungsschema, das die Einheitlichkeit der Schulen als Voraussetzung für Gerechtigkeit forderte und deshalb eine zentralisierte Schulverwaltung nach dem klassischen Bürokratiemodell schuf, mit

- dem Staat als zentraler Ordnungsgedanken,
- dem Recht als dessen normative Kategorie und
- dem Reglement als dessen organisatorischem Wirkungselement.

Dazu passte eine Schulphilosophie, die klar sagte, dass der Wissenserwerb in der Schule und die Erziehung zu Hause stattzufinden habe. Dazu passte ein Auftrag, der die Lehrer aufforderte, den Wissensrucksack der Schüler fürs Leben zu füllen und der von den Lehrern verlangte, dass sie im Besitze des Fachwissens seien. Dazu passten Verfahren, die in Konsequenz in Fächern rezeptiv und frontal zu erfolgen hatten. Dazu passte eine Autorität, die sich in der Lehrerpersönlichkeit begründete. Dazu passte eine berufliche Identität des Lehrers, die durch das Fachwissen legitimiert wurde. Dazu passten Verhaltensmuster gegenüber den Menschen und der Welt, die

- möglichst zeitsparend,
- möglichst reibungslos (kraftsparend) und
- möglichst direkt (wegsparend) zu sein hatten.

Und dazu passten auch Organisationsmuster, die entsprechend die 45-Minuten-Lektionen bevorzugten, den formalisierten Konferenzstil pflegten sowie dem Hörsaalmuster folgten.

Keine Frage, dieses Paradigma erfüllte seinen Auftrag, war sinnvoll und machte Sinn im Rahmen einer Industriegesellschaft, die es stützte, weil sie es brauchte. Es war richtig für die damalige Zeit. Ist es auch richtig für unsere heutige Zeit?

- Das neue Paradigma der Staatsschulen bezieht sich maßgerecht auf die Ideale der Informationsgesellschaft, die in den 70er- und 80er-Jahren dieses Jahrhunderts auf leisen Sohlen Einzug hielten. Sie heißen Individualität statt Uniformität, selbständiges Denken statt Kontrolle sowie Dezentralisierung in Betrieb und Management statt Zentralisierung (Naisbitt/Aburdene: 1985). Sie sind bedingt durch eine wirtschaftliche Entwicklung, die sich an zwei entscheidenden Entwicklungssträngen zeigt, die etwa mit den folgenden Stichworten umschrieben werden können:
  1. neue Kommunikationstechniken, Rechner, Datenbanken, Informatik.
  2. Halbleiter, integrierter Schaltkreis, Chips, Mikroelektronik.

  Erst das Zusammenkommen von Informatik und Mikroelektronik führte zu jener Brisanz, ausgelöst durch Preiszerfall auf dem Markt und exponentielle Leistungssteigerung, die wir heute alle erleben und die zum neuen Begriff der Informationsgesellschaft geführt hat.

- Das neue Paradigma der Staatsschulen bezieht sich auf einen Sozialkontrakt der Geschlechter, der die gelebte Partnerschaft fordert und den Frauen jenen gleichberechtigten Platz in der

Gesellschaft zuweist, der das Zusammenleben vor ganz neue Fragen, Probleme und Aufgaben stellt.

- Das neue Paradigma der Staatsschulen bezieht sich schließlich auf eine Jugend, deren Verhaltensnormen sich oft erheblich von jenen der Erwachsenen unterscheiden, die eigene, von Erwachsenen unabhängige Jugendkulturen als Orientierungsmuster zu benützen beginnt und deren Lebensprobleme mancherorts viel größer als deren Lernprobleme sind (Hentig: 1987).

Diese drei Grundpfeiler kann das Schulwesen nicht beeinflussen. Weil dem so ist, stellt sich uns in so eindringlicher Weise die **SINNFRAGE**. Deshalb benötigen wir ein neues Paradigma, das in Schulen neuen Sinn zu stiften vermag. Und deshalb genügt es nicht, nur einzelne Teile zu verbessern. Weil alles mit allem zusammenhängt, würden solche Bemühungen nur neue Frustrationen bescheren. Wenn die Grundlagen nicht verändert werden können, bleibt nur eines: Die Schulen müssen sich anpassen. Dazu passt ein Ordnungsschema des Schulwesens, das balancierend die Einheitlichkeit der Schulen als Voraussetzung für GERECHTIGKEIT und die Vielfalt der Schulen als Voraussetzung für die CHANCE der einzelnen Schule fordert. Erwünscht ist eine möglichst hohe Entscheidungskompetenz der einzelnen Schule. Wer das Profil der einzelnen Schule fördern will, benötigt „so viel Dezentralität wie möglich und so viel Zentralität wie nötig“ (Bericht: 8010).

Deshalb tritt

- als zentraler Ordnungsgedanke neben den Staat der Markt,
- als normative Kategorie neben das Recht die Chance der einzelnen Schule und
- als organisatorisches Wirkungselement neben das Reglement die Motivation der in der Schule arbeitenden Menschen.

Dazu passt eine Schulphilosophie, die die einzelne Schule (das einzelne Schulhaus) als „Lebens- und Erfahrungsraum“ (Hentig: 73) sieht und ihr entsprechend autonome Spielräume gewährt. Dazu passt ein Auftrag, der von den Lehrerinnen und Lehrern fordert, Wissen zu vermitteln, zum Denken in Zusammenhängen anzuleiten, auch mit anderen zusammen, die Schülerinnen und Schüler zu lehren, wie man lernt ein Leben lang, auch mit anderen zusammen, Schülerinnen und Schüler zur Kreativität anzuleiten, mit den jungen Menschen zusammen Suchende und Lernende zu sein und zu bleiben und ALFB (Arbeitsplatzbezogene Lehrerfortbildung) zur Daueraufgabe zu machen.

Dazu passen Verfahren, die in Konsequenz Rezeptives und Entdeckendes Lernen, Fächerunterricht und Projektunterricht, Interdisziplinären Unterricht und Selbstverantwortliches Lernen vorsehen.

Dazu passt eine Autorität, die durch das gemeinsame Engagement der in der Schule arbeitenden Menschen begründet ist. Dazu passt weiter eine berufliche Identität der Lehrerinnen und Lehrer, die sich durch die folgenden fünf Dimensionen erschließt:

- „Die Aufgabenvielfalt (d. h. Tätigkeiten, die auf gelernten Fähigkeiten und Fertigkeiten beruhen: Fachwissen, Methodenrepertoire usw.),
- die Aufgabenidentität (d. h., wenn man eine Aufgabe von Anfang bis Ende ganz tun kann),
- die Aufgabenbedeutung (d. h. eine Arbeit, die dem Wohle anderer dient),
- die Autonomie (d. h. Freiraum bezüglich Arbeitszeit und Arbeitsverfahren),
- die Rückmeldung (d. h. direkte und klare Informationen über die Effektivität der erbrachten Leistung)." (Müller: 81)

Dazu passen Verhaltensmuster gegenüber den Menschen und der Welt, die

- möglichst zeitnehmend,
- möglichst kontaktnehmend (kommunikativ und konfliktaustragend) und
- möglichst schonend sein sollen.

Dazu passen schließlich Organisationsmuster, die in Konsequenz zum bisher Gesagten

- Block- und Epochenunterricht ermöglichen,
- Lehrerkonferenzen nach erwachsenbildnerischen Grundsätzen erlauben sowie
- individuelle Lerngelegenheiten schaffen, wo jeder und jede gemäß dem eigenen Lerntempo vorwärtskommen darf.

Manches von dem, was hier im Kontext des neuen Paradigmas der Staatsschulen dargestellt wird, versuchte man schon früher zu realisieren. Aber es blieb Stückwerk, weil eben das Insgesamte verändert werden muss, wenn Wirkung erzielt werden soll. Dass die Zeit dafür reif ist, steht bei nüchterner Betrachtungsweise außer Frage. Dass dies eine Herausforderung an die betroffene Lehrerschaft darstellt und hohe Anforderungen an ihren Willen, ihre Ausdauer und ihren Mut stellen wird, steht ebenfalls fest. Dass deshalb jede erdenkliche Hilfe von außen gewährt werden muss, ist die logische Konsequenz.

Wenn nun Markus K. unablässig den Geist der alten Schule beschwört, mag das sein gutes Recht sein. Ich bin für die neue Schule, weil sie die (noch) rechtzeitige Antwort auf den gesellschaftlichen Wandel und wirtschaftliche Notwendigkeiten ist. Sie bringt den Lehrerinnen und Lehrern jene Herausforderungen, auf die sie schon lange gewartet haben. Wir werden sie zum Wohle der anvertrauten Kinder und der eigenen Arbeitszufriedenheit gemeinsam zu meistern wissen, auch wenn der Weg schwer sein wird und keine schnurgerade Autobahn zum Ziel führt.

Literatur

- John Naisbitt, Patricia Aburdene, Megatrends des Arbeitsplatzes, Hestia, Bayreuth, 1986.
- Thomas S. Kuhn, Die Strukturen der wissenschaftlichen Revolution, Suhrkamp Taschenbuch Wissenschaft, Frankfurt a. Rh., 1976/2.

- Joachim Ritter und Karlfried Gründer (Hrsg.), Historisches Wörterbuch der Philosophie, Bd. 6, Schwabe u. Co. AG, Basel/Stuttgart, 1984.
- Hartmut von Hentig, ‚Humanisierung', eine verschämte Rückkehr zur Pädagogik? Klett-Cotta, Stuttgart, 1987.
- 8010 – Bericht der Großratskommission Schulreform, Den Mitgliedern des Großen Rates des Kantons Basel-Stadt zugestellt am 19. November 1987.
- Hartmut von Hentig, Schule als Erfahrungsraum, Klett, Stuttgart, 1973.
- Werner R. Müller, Führung und Identität, Haupt, Bern und Stuttgart, 1981.

(Der Bericht wurde von der Basler Zeitung vollumfänglich publiziert.)

Auslöser von Innovationen für die Schule
Porträts von Chefbeamten: Elmar Osswald

Einen Dienstleistungsbetrieb für die Schulen bildet das Institut für Unterrichtsfragen und Lehrerfortbildung, das Elmar Osswald seit 15 Jahren leitet. Vor zehn Jahren hat er die Reformarbeit eingeleitet, heute findet ein großer Teil der Fortbildung in den Lehrkräftekollegien statt. Elmar Osswald: „Ich habe das Wichtige außerhalb von Institutionen gelernt."

‚Gemeinsam statt einsam' heißt ein wichtiges Motto der Basler Lehrerinnen- und Lehrerfortbildung, und ein wichtiger Tätigkeitsbereich ist die arbeitsplatzbezogene Lehrerfortbildung (ALFB), die also nicht eine Lehrkraft allein, sondern eine Gruppe, etwa das Kollegium eines Schulhauses, absolviert. In diesem Bereich konnte eine 300-prozentige Steigerung der Teilnehmenden erzielt werden, sie umfasst 60 Prozent der Teilnehmerinnen und Teilnehmer des Instituts für Unterrichtsfragen und Lehrefortbildung mit dem Kürzel ULEF.

Die Aufgabe des ULEF–Leiters sei es, die Augen und Ohren offenzuhalten für neue Tendenzen, ein ‚Innovationsauslöser' muss er sein, sagt Osswald, die Schulen unterstützen, sie auf Wunsch beraten, und nicht zuletzt herausfinden, wer die geeignete Leitungsperson für ein bestimmtes Problem sein könnte.

Elmar Osswald (59) wirkte selbst mit einem Diplom des Lehrerseminars Rorschach, zuerst an der Sekundarschule Muttenz, gehörte dann 1966 zum Gründungsteam des Lehrerseminars Liestal mit Robert S. und unterrichtete dort bis 1980 Allgemeine Didaktik. „Das Wichtige habe ich nicht in formellen Bildungsinstitutionen gelernt", sagt er, „sondern bei der Psychologin Ruth Cohn (Themenzentrierte Interaktion) und im Umkreis des Pädagogik-Professors Hartmut von Hentig." Vier Jahre, nachdem er die ULEF–Leitung übernommen hatte, 1984, habe die Reformarbeit begonnen, als auf Veranlassung des neuen Vorstehers des Erziehungsdepartements, Hans-Rudolf Striebel, eine Generalüberprüfung des Basler Schulwesens vorgenommen worden sei.

„Damals begann die innere Reform der Schule", die eine Voraussetzung der Strukturreform darstelle. „In einem gewissen Moment haben sich die beiden Stränge vereinigt." Die Lehrkräfte, die sich für die neue Orientierungsschule gemeldet haben, absolvieren eine ausführliche Fortbildung innerhalb der *Jahrgangscrews*, wie sie genannt werden. Die dritte beginnt in diesem Sommer, ein Jahr vor der Übernahme des dritten Schüler*innen-Jahrgangs im August 1996.

Diese VOLENEA, eben „Vorbereitung der Lehrerinnen und Lehrer auf die neue Aufgabe", umfasst 240 Stunden Fachkurse und 200 Stunden arbeitsplatzbezogene Fortbildung, die das Zusammenwachsen der Lehrkräfte zu arbeitsfähigen Kollegien ermöglichen soll. „An der Orientierungsschule wird viel mehr im Team gearbeitet", kann Osswald heute bestätigen.

Eine Klasse im Kleinbasel

Den Stilwandel des Unterrichts veranschaulicht er an einer Orientierungsschulklasse im Kleinbasel. Von 23 Schülern sind fünf Schweizer und 18 Fremdsprachige, von denen die Hälfte große Probleme mit der deutschen Sprache hat. Dennoch sei eine hohe Arbeitsbereitschaft festzustellen: „Die Klasse arbeitet in der Werkstatt ‚Längenmaße'. Verschiedene Messaufgaben sind allein, zu zweit oder in der Gruppe zu lösen." In der Werkstatt müssten die Aufgaben dem unterschiedlichen Niveau der Einzelnen entsprechen, eine Mindestanforderung werde gesetzt, der Weg ist den Kindern freigestellt. Dazu müsse die Lehrperson selbst lernfähig sein, Zeit haben für die Kinder und ihre Probleme und zu ‚Chairmanship' fähig sein. Das beruhe auf einem Menschenbild, das einem anderen Menschen zutraue, JA und NEIN sagen zu können und Verantwortung für sein Verhalten zu übernehmen.

Leistung und Solidarität

Osswald will eine Botschaft vermitteln, die heißt: „Selbstbefreiung durch Wachstum". Als wirkungsvollstes Curriculum hält er die Organisation selbst, die Frage nach dem gegenseitigen Umgang der Menschen, der Führung, des Erbringens der Leistung innerhalb einer Schule. Die Ziele stellt er gerne grafisch und mit einprägsamen Slogans dar, so etwa den „Handlungsrahmen einer effizienten und humanen Organisation". Da heißt es „Gestalten statt Verwalten", „Unterstützen statt Verhindern", „Fördern statt Auslesen", Osswald ist überzeugt, dass Leistung und Solidarität sich bedingen, dass Wettbewerb und Kooperation sich nicht ausschließen.

Neue Kommunikation

Soeben hat Elmar Osswald auch eine Sammlung von Aufsätzen als Buch herausgegeben, das den Weg zur Schulreform aufzeigt: „Stilwandel – Weg zur Schule der Zukunft" (Verlag Brunner, Kriens). „Neue Schule ist neue Kommunikation", schreibt er. Es gehe darum, Abschied zu nehmen von einer Haltung, dass alles machbar sei, aber auch von der Ohnmacht. Bis ein neuer Kommunikationsstil sich durchgesetzt habe, dauere es lange, unter Umständen Jahrzehnte.

Das ULEF hat seine Räume seit einigen Jahren in einem niederen Neubau am Claragraben, da sind sowohl die kleine Administration mit einem Chefsekretär und drei Mitarbeiterinnen wie auch Kursräume, die in einen Garten führen. In diesem Jahr stehen dem Institut 3,8 Millionen Franken zur Verfügung. Insgesamt 4422 Personen haben im vergangenen Jahr an Kursen des ULEF teilgenommen, davon 2649 an solchen im Rahmen der ALFB, beim freiwilligen Kursangebot stammten 566 aus Basel-Stadt und 646 aus Baselland.

Nicht allzu weit entfernt gibt es das Pädagogische Institut, das ehemalige Lehrerseminar, das die berufswissenschaftliche Ausbildung der Lehrkräfte aller Stufen durchführt. Weshalb sind dies zwei getrennte Institutionen? „Das Seminar verleiht Berechtigungen zum Unterricht an verschiedenen Stufen, das muss anders geregelt sein als die Fortbildung, die auf Eigenmotivation beruht.“

(Urs Rist, Auslöser von Innovationen für die Schule, Basler Zeitung Nr. 145: Samstag, 24. Juni 1995)

Never forget where you came from, 1991

Es muss im Januar 1991 gewesen sein, als eine Konferenz in Weinfelden stattfand, an der ich als Vorsteher ULEF (Erziehungsdepartement Basel-Stadt) teilnahm. Es ging um „Innovation in der Schule“, wo sich die erziehungswissenschaftlichen Experten der Kantonalen Erziehungsdirektionen trafen, um sich eloquent darüber zu unterhalten, wie das System Schule verbessert werden könnte. Ich hörte mir die schönen Worte an und merkte bald, dass es hier nicht um die Verbesserung, schon gar nicht um die Neuorientierung unseres Schulwesens, sondern um die Selbstdarstellung der Redner ging. Gegen Mittag war mir klar, dass ich diese langweilige Veranstaltung frühzeitig verlassen wollte. Meine innere Stimme sagte: „Verlass‘ diesen Ort und geh‘ zu deiner Mutter!“ Ich hatte schon einige Erfahrung mit meinem ‚Daimonion‘ und befolgte den Ratschlag. Ich fuhr nach Wil.

Meine Mutter war sehr überrascht und fragte mich, ob ich denn schon zu Mittag gegessen hätte. Das war nicht der Fall. Sie bereitete mir meine Leibspeise, Rösti mit Bratwurst, so wie sie es immer getan hat, wenn ich bei ihr auftauchte.

Und dann erzählte sie mir ihre Lebensgeschichte. Es war ein Leben geprägt von Verzicht, Not und Lebenswillen. Ich war überrascht, denn nie zuvor hatte sie mit mir darüber gesprochen. Sie berichtete von den schwierigen Lebensbedingungen, nachdem ihr Vater mit 36 Jahren – wie man damals vermutete an Auszehrung – gestorben war. (Heute wissen wir, dass er alle Symptome eines entgleisten Diabetes hatte.) Sie konnte keinen Beruf lernen, sondern musste zum Lebensunterhalt der Familie ihren Beitrag leisten. Sie wählte einen Mann, den sie nicht liebte, zu ihrem Ehegatten und konnte ihre künstlerische Begabung nie zur Entfaltung bringen. Ihre schönste Lebenszeit waren die letzten zehn Jahre ihres Lebens.

Ich hörte ihr zu, wohl zwei Stunden lang. Wir saßen lange da und hielten uns an den Händen. Es war die letzte Begegnung mit meiner Mutter. Drei Monate später starb sie im Spital in St. Gallen. Am späten Abend des 5. Mai 1991 kam ein Telefonanruf meiner Schwester Ruth, die Ärzte würden es als nötig erachten, ihr ein Bein zu amputieren. Ich untersagte diesen Eingriff. Am Morgen der gleichen Nacht ein weiterer Anruf von Ruth: „Unsere Mutter ist friedlich eingeschlafen."

Liebe Mutter,
Erinnerst Du Dich an jene Jahre im Watt in Gossau? Wir Kinder spielten auf der Wiese neben der Fabrik. Du hattest Waschtag und warst in den Wasserdampfschwaden der Waschküche kaum zu sehen. Aber wir wussten, dass Du da warst. Das Wäscheseil lief über lange Holzstangen. Die weißen Leintücher flatterten im Wind. Du halfst uns, ein Zelt zu bauen, indem Du ein Bündel Stangen oben zusammenbandest, die Stangen in ein Rund stelltest und ein Leintuch mit Wäscheklammern darumlegtest. In diesem Indianerzelt roch es nach Gras, Erde, Sonne und Sommerwärme.

Liebe Mutter,
Erinnerst Du Dich an jene Nacht, als der Himmel über Gossau voller langer Lichtstrahlen war, die aus Deutschland herüberzuckten, sich ab und zu bündelten und manchmal ein Flugzeug wie ein zappelndes Insekt im Spinnennetz glitzernd erfassten? Erinnerst Du Dich an das Dröhnen ganzer Bomberschwärme, die über uns hinweg zogen? Erinnerst Du Dich an die dumpfen, wie durch Watte und weit weg aufberstenden Explosionen? Du standest am Fenster, im Nachthemd, leicht fröstelnd und barfuß. Und dann sagtest Du zu uns Kindern: „Da müssen jetzt viele Menschen sterben."*

Liebe Mutter,
Erinnerst Du Dich an die Sonntagsspaziergänge damals in den Hügeln des Fürstenlandes? Die Straßen staubten in der Sommersonne und wir Kinder, beinahe jedes Jahr eines mehr, waren Dein ganzer Stolz. Du hattest alle unsere Kleider selbst geschneidert oder gestrickt: kurze Hosen, Röcke, Mäntel, Kappen, Pullover, Hemden, Kniesocken, Strümpfe. Wir waren immer gut angezogen, und auch das erfüllte Dich mit Stolz.

Liebe Mutter,
Erinnerst Du Dich an die langen Abende damals in Wil? Du und Vater verrichtetet bis weit in die Nacht hinein Heimarbeit, um das schmale Gehalt aufzubessern. Ihr kontrolliertet unter dem Binokular Nähmaschinennadeln auf ihre Tauglichkeit und wir saßen im selben Raum auf dem abgewetzten Kanapee und auf alten Stühlen. Im Radio lief „Polizischt Wäckerli". Man hörte nur die Geräusche und Stimmen aus dem Radio und die kontrollierten Nadeln, die in eine Schachtel fielen.

Liebe Mutter,
Ich danke Dir für Dein tätiges Tun, das Du ein Leben lang praktiziert hast. Ich sehe, wie Du Dich für Deine Kinder aufgeopfert hast damals in Gossau und später in Wil, unter weiß Gott schwierigsten Bedingungen und Verhältnissen. Du hast Dich mit einem unbändigen Lebenswillen allen Anforderungen

gestellt und ich merke erst allmählich, in welch hohem Maße diese Deine Haltung mein Leben bestimmt hat.

* Luftangriffe auf Friedrichshafen

Am 28. April 1944 bombardierten die Alliierten zum ersten Mal gezielt ein Wohngebiet in Friedrichshafen. Der Angriff dauerte von 2:00 bis 2:50 Uhr. Innerhalb dieser fünfzig Minuten wurden 185.000 Brandbomben, 580 Sprengbomben und 170 Luftminen abgeworfen. 136 Menschen starben. Die Krankenhäuser und Notfallstationen registrierten nach dem Angriff 375 verwundete Personen.

LERNERLEBNIS 1: IM MILITÄRDIENST, 1959

Als ich erstmals merkte, was ‚Chairmanship' bedeutet – Ein lebensprägendes Lernerlebnis

Damals, als wir Ende der 50er-Jahre in der Magadinoebene lagen und die Sonne jeden Morgen den Nachtfrost aus den Feldern und Auen sog, hatte ich ein lebensbestimmendes Lernerlebnis. Als junger Milizleutnant kommandierte ich einen Zug von 30 Grenadieren. Wir waren in der sogenannten Stegbauverlegung und übten tagelang den Einbau eines einfachen Klappsteges über den Ticino. Die Klappstegelemente waren kunstvoll angefertigte Brückenteile aus Holz, die vier Männer gerade zu tragen vermochten, gleichzeitig, aber genügend Gewicht hatten, um gegen die Flussströmung Stand halten zu können. Es war Frühling. Am frühen Morgen war der Fluss zahm und friedlich. Gegen Mittag aber, wenn die Sonne ihre Wirkung im schneebedeckten Gotthardmassiv getan hatte, verwandelte er sich in ein heimtückisches Ungeheuer.

Stegbau über den Ticino

Mein Grenadierzug war Teil einer Ausbildungskompanie der Schweizer Armee. Es gab drei weitere, etwa gleich große Züge, die alle von jungen und ehrgeizigen Leutnants kommandiert wurden. Der Kompaniechef hatte das Stegbautraining zum Wettbewerb zwischen den Zügen erklärt und für jenen Zug, der in kürzester Zeit einen gehtauglichen Steg über den Fluss legen konnte, einen Preis ausgesetzt. Die Grenadiere waren eine Elitetruppe und immer zu haben für solche Spiele. Sie waren Feuer und Flamme und der Siegeswille der Führer trug das Seine dazu bei.

Mit 11 Minuten und 30 Sekunden schufen Leutnant A. und seine Männer eine erste Richtzeit. Sie war nicht besonders gut, glaubten doch die Experten, ein Stegeinbau über den Frühlings-Ticino sei unter zehn Minuten zu schaffen. Am anderen Morgen sollte mein Zug zuerst antreten. Ich bereitete alles minutiös vor. Ich sah die Hauptschwierigkeiten im reibungslosen Ablauf der Tätigkeiten, im zeitgerechten Heranschaffen der Einbauelemente aus der letzten Deckung zur Einbaustelle, im Hereintragen der Elemente auf den schmalen Laufbrettern des langsam in den Fluss wachsenden Stegs. Ich entschloss mich deshalb, den ganzen Ablauf zu kontrollieren. Von einer zentralen Stelle aus wollte ich mit der Trillerpfeife die Einsatzbefehle erteilen.

Am Morgen traten wir zum Wettkampf an. Der ganze Zug lag mit den Einbauelementen hinter den Büschen in letzter Deckung. Ich eilte zum Fluss und griff zur Pfeife. Auf den ersten Pfiff rannte der Einbautrupp in langen Gummistiefeln zum Flussufer. Auf Doppelpfiff folgten die Trupps mit den einzelnen Klappstegen. Langsam wuchs der Steg in den allmählich ansteigenden Ticino. Wir kamen passabel voran. Alles lief gesittet und in Ruhe ab. Nur meine Trillerpfeife übertönte in schöner Regelmäßigkeit das Schnaufen der schwer arbeitenden Männer. Schließlich stand der Steg. Aber die Einbauzeit war enttäuschend. Mit 11 Minuten hatten wird den Zug Aeschlimann nur knapp geschlagen.

Etwa um 11:00 Uhr war der Zug G. an der Reihe. Walter G. war mein Zimmerkamerad, ein Hüne von Mann, ein prima Kamerad und ein vorzüglicher Sportler. Später war er Olympiasieger im 4er-Bob. Jetzt aber war er ein wilder Draufgänger und Raufbold, der schon ab und zu einem Einheimischen in einer Bar von Ascona eine saftige Ohrfeige verpasste.

Das einzige Kommando, das Leutnant G. an seine Leute weitergab, war ein laut gebrülltes „Los!“ Dann war nichts mehr als ein wildes, aber gänzlich zielgerichtetes Durcheinander von Menschen, Stegbauelementen, Hanfseilen, Gummistiefeln und Ticino. Dieser zeigte sich mittlerweile von seiner bösen Seite. Das war aber diesem Krafthaufen von 30 Männern scheißegal. Sie wollten siegen.

Sie schafften den Steg in acht Minuten und einigen zerquetschten Sekunden. Wir waren alle baff, aber die Fakten waren klar. G. hatte mit seinen Männern uns andere in die Schranken gewiesen. Wir alle hatten etwas falsch gemacht.

Das, was ich damals schon merkte und für mein Leben lernte, war, dass Menschen keine Maschinen sind, dass sie sich zwar in Ausnahmesituationen dressieren lassen, dass sie aber nur dann zur kollektiven Topleistung fähig sind, WENN MAN IHNEN GESTATTET, IHREN EIGENEN KOPF ZU BENÜTZEN. Erst sehr viel später las ich, dass die Chaos- und Systemforschung drei Arten von Systemen unterscheidet: „1. Einfache Systeme folgen einem einfachen Ursache-Wirkung-Zusammenhang. 2. Komplizierte Systeme bestehen aus einer Vielzahl von Bestandteilen, deren Zusammenspiel berechen- und organisierbar ist. 3. Komplexe Systeme sind nicht zerlegbar, nicht berechenbar und auch nicht organisierbar. Dafür sind sie in der Lage, sich unter bestimmten Bedingungen selbst zu organisieren und so eine höhere Form von Ordnung und/oder Effizienz zu erreichen." (1)

Genau diese dritte Form praktizierten Graf und seine Leute. Sie schauten aufeinander und arbeiteten sich in die Hand. Da waren nicht 30 Marionetten, die taten, was ihnen befohlen wurde, da waren 30 wache Köpfe, die sahen und hörten, die dachten und fühlten und die ein Ziel hatten. Sie wollten den Steg in der kürzesten Zeit über den Ticino bauen. Die jeweiligen Verhaltensanpassungen erfolgten während der Aktion blitzschnell, situationsgerecht und ohne Kommando. Auf diese Art und Weise hatte der Zug Graf uns alle deklassiert, weil wir nicht im Traum daran gedacht hatten, dass wir es hier mit einem Vorgang der komplexen Art zu tun hatten.

(1) Helmut Fend, Qualität im Bildungswesen, Juventa, Weinheim und München, 1998.

LERNERLEBNIS 2: IM MILITÄRDIENST, 1969
Die Brücke

Sie standen auf dem geteerten Bahnhofsplatz zwischen dem Güterschuppen und dem Bahnhofsgebäude. Es war 17:00 Uhr nachmittags. Sie hatten Zeitungen verbrannt und sich die Asche in die Gesichter gestrichen. Die Kampfanzüge rochen nach Schweiß, Leder und Gewehrfett. Die Sturmgewehre lagen zugweise im Biwak. Zwischen den Vorderstützen glänzten die Stahlhelme. Der Hauptmann schaute auf die Uhr. Um 18:00 Uhr wollte er die Befehlsausgabe machen. Das Abendessen war noch nicht eingetroffen. Immerhin waren die Lastwagen, auch jene mit den sperrigen Booten und Stegtafeln, in Fliegerdeckung gefahren und auch gegen Erdsicht getarnt worden. Der Hauptmann wusste, dass er die Brücke mit der ganzen Grenadierkompanie um 19:00 Uhr passiert haben musste, um im angrenzenden Wald den ‚Bereitstellungsraum' jenseits des Flusses zu erreichen. Nachher galt die Brücke als gesprengt. Übungsbestimmung.

Die Bataillonsübung war einfach. Ein Bataillon sollte sich in einer Absetzaktion über den Fluss zurückziehen. Zu diesem Zweck hatte die Grenadierkompanie einen Infanteriesteg zu bauen, den Übergang des Bataillons zu sichern und anschließend den Steg wieder auszubauen. Der Steg durfte auf keinen Fall in Feindeshand fallen und musste deshalb von dem Feind abgewandten Ufer eingebaut werden. Er öffnete den Reißverschluss des Kampfanzuges und schob die Pistole am Gurt hinter die Gesäßtasche. Er spürte die Anspannung in sich hochsteigen und schaute auf die Uhr. Zwei Zugführer standen bei ihm. Sie schauten am Bahnhofsgebäude vorbei, entlang der Bahngleise, wo vorne bei der Apotheke der Verpflegungs-LKW des Feldwebels auftauchen musste.

Einige Männer hatten sich bei der Rampe des Güterbahnhofs auf den Boden gesetzt. Das Essgeschirr klapperte leise. Der erste Zug stand bei seinem Chef, der leise auf die Männer einsprach. Einige rauchten. Der Hauptmann wandte sich dem Jeep zu und breitete die Landkarte auf der Kühlerhaube aus. Er suchte den Bahnhof und dann die Flussbrücke auf der Karte. Er hörte das Geräusch als Erster. Er hob den Kopf. Sie schauten jetzt alle Richtung Apotheke. Der Hauptmann blickte auf die Uhr. Es war 17:30 Uhr. Das schwirrende Getriebe des Saurer-Lastwagens war jetzt deutlich auszumachen. Der Hauptmann rief: „Zum Essenfassen bereitmachen." Die Zugführer sammelten ihre Leute. Vorne am Gleis tauchte der Lastwagen des Feldwebels auf. Er bahnte sich einen Weg durch die Soldaten und hielt vor dem Jeep des Hauptmanns. Der Feldwebel sprang vom Beifahrersitz und machte Meldung. „Verspätung!", sagte der Hauptmann, und „Rasch, das Essen verteilen!" Ein Teekessel und zwei Speiseträger wurden pro Zug in eine Reihe gestellt. Die Züge bildeten Einerkolonnen hinter den Fassgeschirren. Die Fassmannschaft öffnete die Teekessel und Speiseträger und stellte sich mit Schöpfkellen zur Essensausgabe bereit. Es gab Tee, Nudeln, Bratwurst und Salat. Hinten wurden in Plastiksäcke abgepackte Essportionen für die Nacht verteilt.

Die Leute aßen stehend und sitzend, während es schnell dunkel wurde. Sie wussten, sie hatten nicht lange Zeit. Um 18:00 Uhr rief der Hauptmann die Offiziere zur Befehlsausgabe. Er war plötzlich ganz aufgekratzt und guter Stimmung. Dass vor allem er heute geprüft werden sollte, dass es vor allem darum ging, ob er den Vorschlag zur Generalstabsausbildung erhalten würde, war nicht mehr so wichtig. Es ging los. Er wollte sein Bestes geben.

Die ganze Kompanie sollte sich mit ihren fünf Lastwagen und Anhängern in den Bereitschaftsraum verschieben. Der Hauptmann gab das Marschziel und die Wegstrecke zur Flussbrücke bekannt. Die Spitze der Kolonne würde er im Jeep übernehmen. Dann sollten die Lastwagen samt Anhänger folgen, zuerst die drei aufgesessenen Züge, dann die zwei Camions mit dem Stegmaterial, alle mit einem jeweiligen Abstand von 300 Metern. Am Marschziel sollten sie im Wald in Deckung fahren und Sicherungsaufgaben übernehmen. Dort würde dann der Befehl zum Brückenbau erfolgen.

„Noch Fragen?" – Keine! „Also verladen und Abfahrtbereitschaft melden." Der Hauptmann schaute auf die Uhr. Es war jetzt 18:20

Uhr. Er faltete seine Landkarte auf der Kühlerhaube des Jeeps zusammen und setzte sich neben den Fahrer. Er war bereit. Die Zugführer signalisierten Abfahrtbereitschaft. Der Hauptmann sage: „Abfahren!" Der Jeepfahrer drehte den Zündschlüssel und legte den ersten Gang ein. Im Hintergrund hörten sie die vertrauten Startgeräusche der schweren Saurer-Lastwagen. Der Hauptmann breitete die Landkarte auf den Knien aus und wies den Fahrer des Jeeps auf die Straße Richtung Fluss. Er drehte sich auf seinem Sitz um und stellte beruhigt fest, dass ihm das erste Fahrzeug im befohlenen Abstand folgte. Er blickte wieder nach vorne. Die Straße senkte sich jetzt zur Niederung. Das weiß schimmernde Band des Flusses war durch die Bäume zu erkennen. Die Eisenkonstruktion der Brücke tauchte auf. Der Hauptmann schaute auf die Uhr. Es war jetzt 18:40 Uhr. Der Jeep überquerte die Brücke. Der Hauptmann ließ anhalten und stieg aus. Er starrte gespannt auf die andere Seite der Brücke, wo das erste Fahrzeug auftauchte.

Oben an der Kurve hörte man, wie der Fahrer des zweiten Fahrzeuges einen kleineren Gang einlegte. Der Hauptmann schaute auf die Uhr. Es verblieben noch 15 Minuten. Dann war die Zeit, in der er mit seiner Kompanie diese Brücke benutzen durfte, abgelaufen. Er hörte den dritten Lastwagen in die Niederung einbiegen und trat von der Häuserecke zur Brücke. „Wo bleiben die beiden Lastwagen mit dem Brückenmaterial?", rief er dem Zugführer des zweiten Zuges zu. „Keine Ahnung, ich habe mich nur um meine Leute gekümmert." Der dritte Lastwagen rumpelte über die Brücke. Der Hauptmann machte ein Haltezeichen und trat auf das Trittbrett des Beifahrersitzes. „Wo sind die Stegbau-Lastwagen?" „Keine Ahnung", sagte der Leutnant des dritten Zuges. „Ich glaube, ich hörte sie hinter mir herfahren! Die Marschgeschwindigkeit war zu hoch. Wir konnten das Tempo nicht halten." „Weiterfahren!", sagte der Hauptmann. Er lehnte den Kopf an die Mauer des Hauses und schloss die Augen. Was war hier schiefgelaufen? Die Fahrer der Stegbau-Lastwagen waren nicht bei der Befehlsausgabe, und er war zu schnell gefahren mit dem Jeep. Die anderen hatten den Anschluss verpasst, und jetzt fehlte das ganze Stegmaterial.

Der Hauptmann schaute auf die Uhr. Es war fünf Minuten vor 19:00 Uhr. Fünf armselige, müde Minuten entschieden darüber, ob die Übung, bevor sie begann, zu Ende war. Ohne Boote und Stegtafeln kein Steg, ohne Steg keine Absetzbewegung des Bataillons, ohne Absetzbewegung des Bataillons keine Übung und ohne Übung kein Vorschlag zur Generalstabsausbildung. Seine militärische Karriere stand auf dem Spiel. Da tauchte oben jenseits des Flusses ein Lastwagen mit Anhänger auf, beladen mit 20 Booten und 21 Stegtafeln sowie Geländerpfosten, Abspannpfählen, Fährseilzubehör, Fährseilwinde, Fährseilverankerungsmaterial, Seilwerk, einem Schlauchboot M6 und zwei Säcken mit je zwölf Schwimmwesten. Eine Minute vor 19:00 Uhr passierte das Gespann die Brücke. Der Fahrer sagte, er wäre einfach dem Lastwagen des dritten Zuges nachgefahren und hätte Mühe gehabt mitzukommen. Er wisse nicht, wo sich der andere und letzte Lastwagen befinde.

Stegbau über den Ticino

Der Hauptmann wusste, dass er die Hälfte des Materials hatte, um wenigstens einen Steg über den Fluss bauen zu können. Er wies dem Lastwagenfahrer den Weg zum Bereitstellungsraum im Wald und rief den Jeepfahrer zu sich. Langsam folgten sie dem schweren Gefährt. Die Nacht fiel in die Niederung und Nebelschwaden stiegen vom Fluss hoch. Die Übersetzstelle hatte der Hauptmann vor Tagen persönlich rekognosziert. Die Stelle war nicht allzu breit. Es ließen sich dort gut zwei Stege nebeneinander errichten. Dieses ehrgeizige Ziel konnte nun nicht verwirklicht werden. Man musste froh sein, einen Steg in nützlicher Frist fertig zu kriegen. Vorne an der Übersetzstelle ließ der Hauptmann anhalten. Er sprang aus dem Jeep. Dieser fuhr schnell in Deckung. Der Hauptmann musterte die Übersetzstelle. Er kniff die Augen zusammen und starrte auf das Wasser. Die Strömung war stark, viel stärker, als er sie in Erinnerung hatte.

Er trat unter die Bäume, öffnete den Gurt, schlüpfte aus der Kampfanzugsjacke und zog den Pullover aus. Dann zog er sich die Jacke wieder über, legte die Pistole um und ließ sich eine Schwimmweste reichen. Er rief die Offiziere zur Befehlsausgabe. Der erste Zug sollte das Fährseil über den Fluss spannen und die Sicherung des feindlichen Ufers sowie den Rettungsdienst übernehmen, der zweite sollte die Boote mit den Stegelementen verbinden, jedes Boot mittels Leine und Karabinerhaken am Fährseil befestigen und derart den Steg einbauen. Der dritte Zug sollte zunächst Sicherungsaufgaben übernehmen und nach vollendetem Stegbau die Sicherung des ersten Zuges verstärken sowie Einweisungsaufgaben für das Bataillon übernehmen. Der Steg sollte bis 20:00 Uhr fertig sein, damit das Bataillon ab 20:15 Uhr passieren konnte. „Irgendwelche Fragen?“ „Dürfen Taschenlampen benützt werden? Ich frage, weil wir nachts nie geübt haben!“, sagte der lange Leutnant des ersten Zuges. „Nein, alle Lichtquellen sind verboten!“, sagte der Hauptmann. Er ärgerte sich über die Frage. Tatsächlich hatte er den vorgesehenen Stegeinbau bei Nacht immer wieder verschoben und schließlich ganz abgesetzt. Das könnte sich jetzt rächen. Nebelfetzen krochen aus der Niederung des Flusses und verfingen sich im Geäst der Tannen. Das Rauschen des Flusses klang bedrohlich. Der Hauptmann wandte den Kopf in Flussrichtung und sagte: „Na, dann viel Glück!“ Der Zugführer des 1. Zuges ließ das Schlauchboot aufpumpen und die Fährseilwinde mit Verankerungsmaterial vom Lastwagen laden. Wortfetzen und Flüche drangen aus der Dunkelheit.

Das Schlauchboot wurde von sechs Grenadieren zum Fluss getragen. Sie legten die Sturmgewehre ins Boot, ließen das Boot über die Böschung in die Strömung gleiten und warfen sich fast gleichzeitig hinein. Der hinterste Mann hielt einen Metallstab in beiden Händen, um den sich eine Haspel drehte. Von der Haspel lief ein dünnes Metallkabel, das mit einem Karabinerhaken an der Fährseilwinde befestigt war. An diesem Metallkabel sollte später das Fährseil über den Fluss gezogen werden. Das Boot wurde von der Strömung erfasst und mit beängstigender Geschwindigkeit flussabwärts getrieben. Etwa 200 Meter weiter unten gelang es der Bootequipe, das andere Ufer zu erreichen. Lautes Rufen klang über den Fluss. Sie hatten Schwierigkeiten, das Metallkabel aus dem reißenden Wasser zu ziehen, und große Probleme, das Kabel entlang am buschbesetzten Ufer 200 Meter flussaufwärts zu schleppen, damit das Fährseil am anderen Ufer auf gleicher Höhe befestigt werden konnte.

Der Hauptmann stand in der Dunkelheit bei der Fährseilwinde. Er biss sich auf die Unterlippe und spürte den Schweiß auf dem Rücken. Seine Gedanken schossen ungeordnet durch den Kopf. Er wusste, dass das Metallkabel zunächst von der Last des Wassers befreit werden musste, damit überhaupt die Möglichkeit bestand, es auf gleiche Höhe zu bringen. Er wusste, dass es jetzt darauf ankam, ruhig Blut zu bewahren, um panikartige Reaktionen zu verhindern. Er wusste, dass eine ungeübte Truppe panikanfällig ist. Er wusste, dass seine Kompanie den Stegbau nie nachts geübt hatte und nie unter so extremen Bedingungen. Er spürte, wie die Angst von ihm Besitz ergriff und klares Denken behinderte. Die Nacht lastete wie ein lauter Vorwurf über allem.

Irgendwie gelang es dem ersten Zug, das Kabel hochzukriegen. Das Fährseil wurde daran befestigt und die sechs Männer am anderen Ufer begannen, es hinüberzuziehen. Nach kurzer Zeit wurde es von der Strömung erfasst und mit großer Geschwindigkeit flussabwärts gerissen. Der Mann an der Bremse der Fährseilwinde geriet mit dem rechten Zeigefinger zwischen das rasch ablaufende Seil und die Metallunterlage. Blitzschnell war die Fingerbeere abgetrennt. Der Mann schrie laut auf. „Sanitäter! Sanitäter!“ Der Hauptmann stand wie gelähmt. Plötzlich schrien überall die Leute. Taschenlampen blitzten auf. Der Wald war belebt von geisterhaft durcheinander rennenden Figuren. Der Hauptmann rief den anwesenden Arzt, der sich des Verletzten annahm. Das Seil musste gespannt werden. Überall brüllten die Leute. Die Strömung dröhnte. Jenseits des Flusses leuchteten Lampen auf. Lichtkegel irrten hüpfend über das tosende Wasser. Die sechs Grenadiere drüben riefen, was los sei. Der Hauptmann blickte auf die Uhr. Zwei Stunden waren vergangen und noch nicht einmal das Fährseil war gespannt. Er stand wie ein Fels in der Brandung, aber seine Gedanken drehten sich ungeordnet im Kreise. Er fühlte sich hilflos und wie gelähmt.

Irgendwie gelang es den Männern an der Fährseilwinde, das Fährseil dem Fluss zu entreißen. Es spannte sich und sprang surrend aus dem Wasser. Der zweite Zug begann mit dem Einbau der Stegbauelemente. Fluchend tappten die Männer durch die Nacht. Klatschend glitten die Boote ins Wasser. Langsam wuchs die Brücke. Die Karabinerhaken wurden am Fährseil eingeklinkt, das sich bald unter der Last der Boote durchbog. Ab und zu huschte der Lichtkegel einer Taschenlampe über die Rücken der verbissen arbeitenden Männer. „Licht aus!“, brüllte der Hauptmann. Schließlich stand der Steg. Die Geländerpfosten wurden eingesetzt und mit Abspannseilen verbunden. „Zug übersetzen!“, befahl der Hauptmann. Er schaute auf die Uhr. Es war 21:30 Uhr. Der dritte Zug raste in dichter Folge über den Steg, voraus der Leutnant, nach ihm in Einerkolonne und mit geschulterten Sturmgewehren die Grenadiere. Außer Atem lagen die Männer des zweiten Zuges am Flussbord, durchnässt und erschöpft. Sie hatten es geschafft. Die Brücke stand. Einer zündete sich eine Zigarette an. Sein Gesicht leuchtete rot in der Nacht.

Plötzlich stand ein Grenadier neben dem Hauptmann. Er brachte die Meldung, der Hauptmann müsse sofort zum Oberst, der jenseits des Flusses warte. Der Hauptmann machte sich auf den Weg, sein Meldeläufer hinter ihm her. Er betrat den Steg. Er spürte die Gewalt des Wassers unter den Booten und wunderte sich, dass die Fährseilverankerung diesen Kräften standhielt. Mitten auf der Brücke sah er, wie ihm der dritte Zug im Laufschritt entgegenstürmte. Er trat zur Seite und erwischte den Leutnant, der als Letzter zurückeilte, am Ärmel. „Was zum Teufel macht ihr da?", fragte er atemlos. Der Leutnant sagte, er habe den Befehl erhalten, mit dem ganzen Zug zurückzugehen. „Wer hat diesen Befehl erteilt?" Der Leutnant wusste es nicht. Er habe auf einen Mann seines Zuges gehört, der das gesagt habe. „Sofort zurück und den alten Befehl ausführen!", sagte der Hauptmann mit gepresster Stimme.

Er wandte sich ab und ließ den Leutnant stehen. Rasch schritten er und sein Melder zum Ufer. Dort stand der Oberst. Der Hauptmann sah nur sein weißes Gesicht. Den schwarzen Ledermantel verschluckte die Nacht. Der Oberst sagte: „Das Bataillon wartet jetzt seit zwei Stunden und Sie veranstalten hier ein Affentheater." In diesem Moment rannte der dritte Zug wieder über die Brücke. Der Oberst blickte kurz hin und seine Stimme überschlug sich. Da irrten wilde Horden führungs- und ziellos durch die Gegend, dauernd werde Licht gemacht, obwohl das ausdrücklich verboten sei und überall herrsche ein wildes Rufen und Geschrei. Wer da überhaupt befehle? „Sie bringen diesen Sauhaufen jetzt augenblicklich in Ordnung!" „Jawohl, Herr Oberst!", sagte der Hauptmann. Er wusste, dass das Folgen haben würde. Im vorhergehenden Wiederholungskurs war ein Kamerad bei der Übungsbesprechung wegen Führungsfehlern während einer Bataillonsübung seines Kommandos enthoben worden. Er wusste, dass damit sein Traum, die Generalstabsausbildung zu absolvieren, ausgeträumt war. Er sah das weiße, wutverzerrte Gesicht des

Obersten vor sich, und er war unfähig, einen klaren Gedanken zu fassen. Das Bataillon hatte sich mittlerweile eingefädelt und überschritt in langgezogener Einerkolonne den Fluss. Die Mitrailleure und Minenwerfer-Kanoniere schleppten ihr schweres Gerät. Der Bataillonsstab folgt zwischen der ersten und zweiten Kompanie. Der Hauptmann stand bei der Brücke und schaute ins Leere. Es war 22:30 Uhr, mehr als zwei Stunden zu spät.

Eine Woche später musste sich der Hauptmann in der Stadt auf dem Divisionskommando melden. Das überraschte ihn nicht. Der Divisionskommandant und er mochten sich. Die Chemie stimmte. Der Divisionskommandant stand in seinem Arbeitszimmer und musterte ihn mit hellen und wachen Augen. „Da ist offenbar etwas schiefgegangen, aber ich kenne Ihre Qualitäten. Der Weg in den Generalstab steht Ihnen nach wie vor offen. Ich habe nur eine Bedingung: Sie müssen wollen!". „Herr Divisionär, ich möchte nicht mehr. Ich glaube, das wäre für mich der falsche Weg", sagte der Hauptmann. Der Divisionär schaute ihn ungläubig an und fragte nach. Der Hauptmann fand keine schlüssige Erklärung, aber er blieb bei seiner Meinung.

In den nachfolgenden Diensten hat der Divisionskommandant mit dem Hauptmann nie mehr ein Wort gewechselt.

Eine militärische Karriere

wird möglich bei Einhaltung der folgenden Kriterien:

- Disziplin
- Gehorsam
- Unterordnung
- Pflichtbewusstsein
- Pünktlichkeit
- Opfergeist

Hoppla! Ist das mein Weg? NEIN!

Anstelle eines üblichen Lebenslaufes einige Stationen in meinem Leben, die für mich zentral bedeutsam waren

Geburt, 1936, 1. November 1999	Geburt, Zangengeburt. Der Landarzt holte mich mit der Geburtszange in diese Welt. Noch im Alter von sechs Jahren rannte ich vor dem Coiffeur davon, weil er einen weißen Mantel trug. Erst mit 54 Jahren fasste ich zu einem Arzt Vertrauen. Es war der Medizinprofessor Willi B., Diabetesspezialist am Universitätsspital Basel (der ‚Zuckerwilli'), der mich dazu brachte, meinen Diabetes erst zu nehmen und nunmehr zu spritzen.
Lehrer werden, 1943	Ich besuchte den katholischen Kindergarten in Gossau, St. Gallen. Schwester Anastasia war meine Kindergärtnerin. Ich mochte sie. Sie fand meine Art zu zeichnen und zu malen bemerkenswert. Ich aber wusste schon damals, dass ich Lehrer werden wollte. Von 1952-1956 absolvierte ich das Lehrerseminar Rorschach. Anlässlich meiner Pensionierung im Jahre 2001 titelte eine Zeitung: „Elmar Osswald – Lehrer aus Leidenschaft".
Sexualität, 1946	Ich war das Älteste von sieben Geschwistern. Unsere Familie war arm. Ich konnte bei einem bekannten Bauern in die Ferien gehen und hütete dort die Kühe. Das Schlafzimmer teilte ich mit dem ledigen und liebenswürdigen Mann, der mich dazu benützte, seinen sexuellen Trieb zu befriedigen. Ich nässte ins Bett und wollte meine Ferien nicht mehr dort verbringen. Weil ich ihn mochte und ihn nicht verraten wollte, habe ich zu Hause nie etwas davon erzählt. Ich ging nicht mehr hin und basta!

Konvertit, 1958	Als Junglehrer konvertierte ich in Azmoos zum protestantischen Glauben, weil ich die damalige katholische Sexualmoral als heuchlerisch und verlogen empfand, die nicht zu meiner Lebensauffassung passte. Ich wusste jedoch nicht, dass mir dieser ‚Abfall' vom katholischen Glauben jahrelang qualvolle Schuldgefühle bescheren würde. Allerdings wusste ich auch nicht, welch große Kraft meine Sexualität darstellte. Sie ermöglichte mir überdurchschnittliche Leistungen (Neues Lehrerfortbildungskonzept, drei publizierte Bücher, gute malerische und fotografische Arbeiten). Ein hier publizierter Aufsatz, „ULEF – Führen, statt verwalten", war meine wichtigste kreative Leistung, weil ich fast alles, was dort steht, verwirklichen konnte.
Militär, 1959	Im Jahr 1959 wurde ich in der Wasserkirche in Zürich zum Leutnant der Grenadiere befördert. Die vorhergehenden Dienste als Rekrut und als Unteroffizier in Losone (TI) erlebte ich als befreiend, sodass ich mich mit dem Gedanken beschäftigte, einmal Berufsoffizier zu werden. In der Offiziersschule erlebte ich das erste Mal das stark ausgeprägte Hierarchiedenken dieser Berufsgattung, gekoppelt an das Uniformmachen der Persönlichkeiten. Der Schulkommandant der Offiziersschule, der einmal eine Turnstunde unseres Aspirantenzuges inspizierte, sagte zu mir vor versammelter Mannschaft: „Sie wirken auf mich wie ein rotes Tuch." Ich war der Einzige, der mit einem roten Trainingsanzug eingerückt war. Dass dieser schwarz sein müsste, hatte ich ‚übersehen', weil mir das Geld fehlte, einen solchen zusätzlich zu meinem Roten zu kaufen. Dort dachte ich erstmals, dass ich in der Schweizer Armee nur Hauptmann werden wollte.

1969	Im WK der Gren. Kp. 34 (Grenadierkompanie 34, Appenzeller) war ich Hauptmann und Kommandant dieser Kompanie. Es ging darum, ob ich zur Generalstabsausbildung vorgeschlagen werden sollte. Dazu musste ich mich als letzte Prüfung in einer Bataillonsübung bewähren. Mit meiner Kompanie hatte ich in der Nacht einen Infanteriesteg über die Thur zu bauen, der einem Bataillon nach Erstellung den Übergang ermöglichen sollte. Das gelang erst nach sehr großen Schwierigkeiten und Problemen. Anderntags stellte mich der Regimentskommandant vor allen anderen anwesenden Offizieren öffentlich bloß. Damit schien der Vorschlag zur Generalstabsausbildung gestorben. Am Ende des WK musste ich mich beim Divisionskommandanten, der von mir überzeugt war, melden. Er sagte mir, er sehe mich als Generalstabsoffizier unter der Voraussetzung, dass ich wirklich wolle. Ich antwortete ihm, dass eine militärische Karriere für mich falsch sei, was sich später als goldrichtig herausgestellt hat. Die Art und Weise, wie ich mich verweigert habe, habe ich im Abschnitt ‚Die Brücke' beschrieben.
Wirkungsbereich, 1956-1981	Ich arbeitete als Oberstufenlehrer in Fontnas, einem kleinen Ort der Gemeinde Wartau im St. Galler Rheintal. Mir wurde es zu eng, nicht nur in dieser Gemeinde, sondern auch im Kanton St. Gallen, den ich in seiner damaligen Mentalität als zu selbstgerecht, zu spießig erlebte. Ich wollte weg, nicht irgendwo hin, nein, ich wollte in die Region Basel. Mir schwebte der Kanton Basel-Landschaft vor, weil ich ‚wusste', dass dieser Kanton bald einmal ein eigenes Lehrerseminar brauchen würde. An diesem Lehrerseminar wollte ich Methodiklehrer werden, um das praktikable Gedankengut von Werner H., begnadeter Lehrer in St. Gallen -St. Georgen, in dieser Gegend wirksam werden zu lassen.

	Im Jahr 1960 zog ich mit meiner ersten Frau nach Muttenz. Im Jahr 1967 verpflichtete mich Robert S., der erste Direktor des Lehrerseminars Liestal, auf Empfehlung des zuständigen Schulinspektors tatsächlich als ‚Methodiklehrer Oberstufe'. Dieser Lehrauftrag wurde 1973 in ein Hauptamt als ‚Lehrer für Allgemeine Didaktik und Lehrverhaltenstraining' umgewandelt. Im Jahre 1981 wurde ich zum ‚Vorsteher des Instituts für Unterrichtsfragen und Lehrerfortbildung des Kantons Basel-Stadt' gewählt. Da fand ich den mich inspirierenden Arbeitsplatz, der mir in einem sehr liberalen Umfeld kreatives Arbeiten erlaubte. Basel-Stadt wurde für mich der Kanton der Schweiz, wo ein Lehrerleben in Freiheit möglich war. Mit Disziplin und Leidenschaft schuf ich eine neue Lehrerfortbildung. Deshalb blieb ich in diesem Kanton nach meiner Pensionierung ansässig.
Meine erste Ehe mit Eva S. Die 70er-Jahre, der STEINIGE Weg zu mir selbst 1970-1980	Eva S. und ich heirateten im Januar 1960. Das gehörte sich so in der Ostschweiz, wenn ein Kind unterwegs war. Eva und ich liebten einander nicht. Noch am Vortag rannte sie im Elternhaus ins Schlafzimmer und schrie verzweifelt: „Ich will nicht." Ihr Vater beschwichtigte sie und ich glaubte, wir würden das schon irgendwie hinkriegen. In der Folge gebar sie unsere drei gesunden Kinder Oliver (1960), Adrian (1963) und Bettina (1967). Aber eine glückliche Ehe wurde es nie. 1981 trennten wir uns. Die Ehe wurde 1985 geschieden. Anfang der 70er-Jahre fragte mich meine Kollegin Helen, eine gesetzte, allseits beliebte Psychologielehrerin am Lehrerseminar Liestal, ob ich bereit sei, bei ihr einen ‚Rorschach-Test' zu machen. Auf meine Frage, wie sie auf diese Idee komme, antwortete sie: „Du bist eine interessante Erscheinung."

Damals war ich 34 Jahre alt. Wer ist in diesem Alter für eine solche Bemerkung nicht empfänglich? Ich sagte zu. Ich kannte den Rorschach-Test nicht, wusste auch nicht, wie gut Helen war in Testpsychologie. Einige Zeit nach der Durchführung kamen wir wieder zusammen und sie eröffnete mir Folgendes: „Du bist intellektuell weit überdurchschnittlich, siehst nicht nur das Detail, sondern auch die großen Zusammenhänge. Diese Begabung ist selten. Von den zehn Antworten sind neun sogenannte Originalantworten. Alles gut, wenn da nicht noch die Gefühle wären. Da sieht es anders aus. Farben machen dir offensichtlich Angst. Du neigst dazu, sie zu vermeiden. Meine Empfehlung ist, dass du dich in eine Gruppenpsychotherapie begibst, wo du diese wichtige Seite der menschlichen Existenz zur Entfaltung bringen kannst. Da gibt es in Basel Dr. med. Konrad W., einen Pionier auf diesem Gebiet."

Frau vor Spiegel

Mir leuchtete ein, dass das mit den Farben stimmen könnte. Bei mir war alles schwarz-weiß. Es gab keine farbigen Bilder bei uns zu Hause. Die Lithografien an den Wänden waren zwar schön, aber sie waren schwarz-weiß. Ich erinnerte mich auch, dass ich nach jeweils fulminantem Start in den militärischen Wiederholungskursen regelmäßig in Führungsschwierigkeiten geriet. Mein Ruf war nicht so gut. Ich wollte immer alles möglichst schnell hinter mich bringen und hatte wenig Sinn für Pausen. Am Abend ging ich lieber ins Bett. Andere pflegten die Kameradschaft. ‚Tüpflischießer', ‚Perfektionist', ‚kein Humor' usw. Die Männer, alles Appenzeller, lehnten sich gegen mich auf. Ich war jedes Mal froh, wenn ich wieder nach Hause konnte, weg aus diesen angespannten und mich bis zur Beinahe-Erschöpfung treibenden Wochen. Ich merkte, dass mit mir etwas Grundlegendes nicht stimmte.

Nach dem Rorschach-Test war meine Welt nicht mehr dieselbe für mich. Helene hatte mir den Floh ins Ohr gesetzt, dass es vielleicht gut sein könnte, mein mir unbekanntes Innenleben genauer kennenzulernen. Allein, mir fehlte vorerst der Mut. Es vergingen zwei Jahre, bis ich wagte, Dr. Konrad W. zu kontaktieren. Ich erzählte ihm, was für einen großartigen Job ich am Lehrerseminar mache. Von meiner angespannten Familiensituation, aber auch von jener im Militär erzählte ich nichts. Er hörte mich an, sagte fast nichts und bemerkte dann, dass es vielleicht einen Platz gebe in einer seiner Selbsterfahrungsgruppen. Bald erhielt ich Bescheid, dass ich am Dienstagabend um 18:00 Uhr zu ihm in die Praxis an der Birsigstraße in Basel kommen solle. In neugieriger Erwartung fand ich mich dort ein. Da saßen schon fünf oder sechs Frauen und drei Männer im Kreis in einem dunkel getäfelten Raum, den ich bedrükkend fand.

	Wolff stellte mich kurz vor. Dann war Schweigen in der Runde. Das hielt ich wie üblich nicht lange aus, ergriff wie üblich das Wort, um derart zu versuchen, Kontakt zu schaffen. Dann redete und redete ich, schilderte mich in den positivsten Farben und wurde unvermittelt von einer jüngeren Frau, die mir gegenübersaß, unterbrochen. Sie sagte: „Halten Sie endlich den Mund. Das ist unerträglich. Sie haben keine Ahnung, was hier läuft, kommen her und spielen gleich den großen Zampano!“ Ihre Stimme war laut, erregt und voller Ablehnung. Ich fiel buchstäblich aus allen Wolken. So einen Empfang hatte ich noch nie erlebt. Wie vom Hammer getroffen, verstummte ich. Vom Rest der Sitzung weiß ich nichts mehr. In der Folge schlich ich wohl über einen Monat immer am Dienstagabend die Birsigstraße hinauf, saß in der Gruppe und sagte nichts. Eines Tages hat mich Wolff beiläufig aufgefordert, doch am Gespräch teilzunehmen. Was ich dann auch tat. Ich hatte meine ersten Schritte in Richtung ‚Zuhörenlernen‘ getan und merkte, wie wichtig diese für mich waren. Ich lernte allmählich das ABC einer Gesprächskultur, in der die Gefühle eine zentrale Rolle spielten, dass man sie frei äußern konnte, ohne gleich ins Gebot der Hochanständigkeit zu verfallen. Ich erkannte, wie ungewohnt und schwierig das war für mich. Mit zunehmender Übung wurde ich authentischer, erlebte mich selbst und andere als schwach, weinte, und lernte, dass in der Schwäche eine große Stärke verborgen ist. Ich lernte so über mehrere Jahre den Zugang zu mir selbst. Ganz allmählich wurde ich zu einem wichtigen Gruppenmitglied, weil ich mich veränderte. Ich lernte, Konventionen als nützlich, auch hilfreich zu sehen und über sie hinauszuwachsen. „Werde, der du bist“ war und ist meine Losung seit jenen Jahren.

Kurz zusammengefasst: Ich lernte JA sagen, wo ich früher NEIN sagte, und NEIN sagen, wo ich früher JA sagte. Nach ca. sieben Jahren habe ich die Gruppe auf eigenen Wunsch und mit dem ‚Segen' der anderen verlassen. Konrad W., zurückhaltend und direktiv, war ein Mensch, den wir alle bewunderten. Er wusste sehr viel, auch und besonders, dass man sein Wissen in den Hintergrund stellen muss, wenn man im Gespräch mit einem Mitmenschen hilfreich sein will. Ownership eben!

Der große Traum
Es muss im Jahre 1979 gewesen sein, als ich nicht mehr ein noch aus wusste. Mir schien, ich sei sowohl am Arbeitsplatz als auch in der Familie gescheitert. Mich plagten Schuldgefühle. Ich war verunsichert bis aufs Mark. Da hatte ich einen Traum. Ich trat in ein großes Zimmer, das sparsam möbliert war. Ein großer Tisch stand in der Mitte des Raums. Keine Bilder an der Wand. Keine Fenster. Am oberen Ende des Tisches stand ein großer, uralter Mann. Er war weiß gekleidet wie ein Dominikanermönch, hatte einen weißen, langen Bart und weiße Haare. Mein Eindruck war, dass die Gestalt von innen heraus leuchtete. Am unteren Ende des Tisches saß eine weibliche Figur. Sie war ihrer Haltung nach ebenfalls alt und trug einen braunen Umhang, aus dem nur der Kopf mit ausgeprägter Nase und wild ergrautem Haarwuchs herausschaute. Die weiße Gestalt ergriff die vor ihr liegende Pergamentrolle, entrollte sie und sagte, zu mir gewandt: „Wir haben dir eine Botschaft mitzuteilen. Du wirst produktiv werden!" Ich erwachte und war wie erschlagen vor Glück.

	Als ich den Traum in der Selbsterfahrungsgruppe mit bewegter Stimme erzählte, herrschte eine lange Zeit Schweigen. Dann sagte Konrad W. ruhig und sachlich: „Das ist ein großer Traum!“ Etwa ab 1985 hat er sich verwirklicht.

Die Austreibung aus dem ‚Paradies', 1981

Liebe Mama,
Ich habe die schmerzliche Pflicht, Dir mitzuteilen, dass Eva und ich uns im gegenseitigen Einvernehmen getrennt haben. Sie wollte nicht mehr länger mit einem Mann zusammenleben, der eine Außenbeziehung hat. Eva und ich mögen uns immer noch, aber wir hatten unsägliche Schwierigkeiten all die Jahre hindurch, einander zärtlich zu begegnen.

Alle drei Kinder, mit denen wir darüber gesprochen haben, waren unabhängig voneinander der Auffassung, dass eine Trennung besser sei als so weiterzumachen. So versuchen wir denn, jetzt getrennt zu leben, auf dass wir uns getrennt besser achten können. Die Finanzen konnten wir regeln.

Liebe Mama,
Ich bin traurig und voller Selbstzweifel, aber auch zuversichtlich und gelassen. Ich wollte Dir das schriftlich mitteilen, damit Du es von mir erfährst. Am Telefon vermochte ich nicht darüber zu sprechen, hoffe aber, dass Du auch weiterhin mit mir verkehren willst. Ich würde jedenfalls am 28. August 1981 gerne vorbeikommen, um dann mit Dir, Felix und Pia die abgemachte Reise zu machen. Gib mir bitte Bescheid.

Gruß,
Dein Elmar

(Brief an meine Mutter nach dem Verlassen meiner Familie, Basel, 1. August 1981)

Antwort meiner Mutter:

Mein lieber Elmar!
Mit großer Traurigkeit habe ich Deinen Brief erhalten. Ich kann es fast nicht fassen. Ich frage mich immer, was ich für Kinder habe. Aber ich weiß, dass Du Dir nichts sagen lässt. Was kann ich machen?

Denk an Deine drei Kinder. Denk an die Affäre mit unserem Vater. Was haben wir durchgemacht. Ich konnte auch nicht davonlaufen. Was wäre sonst aus euch geworden?

Was macht mein großer Sohn für Sachen. Immer hast Du andere Frauen gehabt. Das musste einmal so kommen. Sehr schade um Deine Familie. Überlege es Dir sehr gut, was Du machst. Ich weiß wirklich nicht, was zwischen euch alles vorgefallen ist. Mir geht es gar nicht gut. Ich sage mir immer, das kann doch nicht wahr sein. Ich hatte immer so Freude und Stolz an Deiner Familie und jetzt soll alles vorbei sein. Ich hoffe auf Gott, dass er das alles wieder gutmacht. Ich habe Evi und Dich sehr gerne gehabt und weiß nicht, wo die größeren Fehler liegen, bei Dir oder bei Evi.

Ich bin trotzdem immer für Dich da und möchte auch nicht auf den Ausflug verzichten. Es war immer so schön. Pia kommt auch gerne. Das wird sicher mein erster und letzter Brief an Dich sein. Ich musste mir etwas Luft machen. Ich musste Dir einfach schreiben. Es hat mir keine Ruhe gelassen.

Mit lieben Grüßen,
Deine sehr betrübte Mutter

[Brief meiner Mutter, Ida Osswald (73), die nach dem frühen Tod meines Vaters (1959) sieben Kinder allein großgezogen hat, Wil, 10. August 1981.]

ULEF: Führen, statt verwalten, Führungsverständnis einer staatlichen Dienstleistungsstelle, 1. Dezember 1986

1. Worauf es ankommt: die Würde des Menschen und das Berufsethos des Lehrers
2. Die 6 gesellschaftlichen Funktionen des Bildungswesens
3. Die klassische Verwaltungsbürokratie, Garant und Behinderer des Bildungswesens
4. Zwischenbilanz
5. Wann ist Lehrerfortbildung gut?
6. Der Auftrag und die Rahmenbedingungen des ULEF und was davon zu halten ist
7. Die Unternehmensphilosophie des ULEF
8. Die Zielsetzungen
9. Gedanken zur persönlichen Arbeitsweise
10. Schluss

Literatur

1a. Worauf es ankommt: die Würde des Menschen und das Berufsethos des Lehrers

Was bestimmt eigentlich im Kern meine Arbeit als Lehrerfortbildner? Welches ist die treibende Kraft, das Hauptmotiv meines Tuns? Ich glaube, es ist die Würde des Menschen und das Berufsethos des Lehrers, genauer: das Pflichtbewusstsein dieses Berufsstandes, den es zu schützen, zu fördern, zu bewahren gilt.

Das bedarf der Erklärung. Zunächst: Würdigsein ist dem Menschen vorbehalten. Er als einziges Lebewesen schafft es, jenen Bewusstseinsstand zu erreichen, der zur Würde gehört. Er allein ist in der Lage, jene Seinsweise, die Carl Zuckmayer mit „menschlichem Adel" umschrieben hat, zu verwirklichen. Würde scheint mit der simplen Tatsache verknüpft, dass es dem Menschen aufgetragen ist, Dinge zu ändern, die er ändern kann, Dinge hinzunehmen, die er nicht ändern kann, und das eine vom anderen zu unterscheiden. (1a) „Von den Dingen stehen die einen in unserer Gewalt, die anderen nicht. In unserer Gewalt steht unser Denken, unser Tun, unser Begehren, unsere Abneigung, kurz: alles, was von uns selbst kommt.

Nicht in unserer Gewalt steht unser Leib, unsere Habe, unser Ansehen, unsere äußere Stellung – mit einem Wort, alles, was nicht von uns selbst kommt." (2)

Diese stoische Auffassung Epiktets trifft sehr nahe das, was ich mit ‚Würde des Menschen' meine: Abstand nehmen können, sich entscheiden können, tun können, hinnehmen können, sich bescheiden können. Der lange Weg dahin führt wohl über Grenzsituationen (3), zum Beispiel über jene der Schuld. „Wenn die Menschen nur wüssten, was für einen Gewinn es bedeutet, seine eigene Schuld gefunden zu haben, was für eine Würde und seelische Rangerhöhung." (4)

Ein Mensch, der Würde ausstrahlt, lässt andere Menschen nicht unberührt. Es gibt keine Würde ohne Akzeptanz. Menschlicher Würde kann man in allen Lebenssituationen begegnen. Würdigsein hat nichts zu tun mit dem Rollenspiel irgendwelcher Amtsausübung. Würdigsein ist primär dem Menschen und nicht dem Rollenträger vorbehalten und letztlich geheimnisvoll.

Was ist das Berufsethos des Lehrers? Zunächst gilt all das, was oben zur Würde des Menschen ausgeführt wurde, auch für den Lehrer als menschliches Wesen. Dann aber scheint es in der Gesellschaft doch Berufe zu geben, die aus anderen herausragen, nicht, weil ihr Wirken als unentbehrlich zur Fortentwicklung und Erhaltung einer gesitteten menschlichen Gesellschaft betrachtet wird. „Die Lern- und Erziehungsbedürftigkeit des Menschen und seine ungeheure Lernfähigkeit sind Grundtatsachen des menschlichen Lebens, auf die jede Gesellschaft mit einer entsprechenden Erziehungsbereitschaft reagieren muss, um ihre Erhaltung zu sichern und sich weiterentwickeln zu können." (5)

Die gesellschaftliche Bedeutung des Lehrers, besser des Lehrerstandes, liegt darin, der nachwachsenden Generation die kulturellen und gesellschaftlichen Anforderungen zu vermitteln und diese durchzusetzen. Der Lehrerstand steht dabei zwischen den Generationen, zwischen der nachwachsenden Jugend und der (heutzutage dauernd weiterlernenden) Erwachsenenwelt. Die ungeheure Entwicklung moderner Industriegesellschaften nach dem Zweiten Weltkrieg hat die meisten Menschen zu einem enormen Lernzwang geführt, der die Würde des Lehrers als Menschen und das Pflichtbewusstsein des Lehrerstandes in nie gekannter Weise herausfordert und gefährdet.

Was ist das Berufsethos des Lehrers?

- Dass er seine besondere gesellschaftliche Stellung zwischen den Generationen kennt und sich deshalb regelmäßig mit der Jugend verbünden muss, wenn er der anderen Seite zu erliegen droht.
- Dass er es aushält, beiden Seinsweisen verpflichtet zu sein, dem Kindsein und dem Erwachsensein, und deshalb Gefahr läuft, sowohl von Kindern als auch von Erwachsenen nicht ernst genommen zu werden, und den Vorzug hat, im günstigen Fall von beiden anerkannt zu werden.
- Dass er um sein Mehr an Alter, Einsicht, Liebe, Selbstsicherheit und Akzeptanz weiß, sich deshalb weder anbiedert noch abschottet, weder um die Gunst der Kinder buhlt noch sie beleidigt zurückweist, die Grenzen sieht und akzeptiert.
- Dass er weiß, dass kein Mensch zum Lernen gezwungen werden kann und trotzdem nicht aufhört zu lehren.
- Dass er von der ‚Allmachtsphantasie des Alleskönners und dem Ohnmachtsgefühl des Versagens' (6) Abstand nimmt und akzeptiert, dass heute der Schule und den Lehrern die Erfüllung ihres Auftrags nur noch gelingen kann, wenn sowohl Erfolge wie berufliche Sorgen und Nöte mit den Kollegen geteilt werden.
- Dass er bei der Erfüllung seines Auftrages weder die Pädagogik noch seinen Lehrauftrag vergisst, beides sieht, junge

Menschen mit Sachen zusammenbringen und das Weise in der Sache an junge Menschen herantragen will.

- Dass er nicht „sein will, was er zu tun hat, nicht lehrerhaft, kein Be-Lehrer, kein Nur-Lehrer; er sollte seinen Beruf ausüben, wie das heute von jedem anderen erwartet wird: spezialisiert, nämlich in der Vermittlung von definierbaren und kontrollierbaren Fertigkeiten und Kenntnissen; veränderlich, das heißt hinzulernend, umlernend, offen; politisch, das heißt, sich nicht in der Kunstwelt seines Faches und seines Berufes abschließend;
  aber anders als die meisten andern Berufe: individuell, das heißt, bereit in seiner Funktion auch Person zu sein, Freund, Feind, Herausforderer, Verführer, Verweigerer, Zauberer …" (7)

Die Frage ist, ob dies genügt. Läuft bei solcher Betrachtungsweise der Lehrer nicht Gefahr, erneut, wie zur Zeit der Reformpädagogik, in eine Rolle gedrängt zu werden, die Superqualität verlangt von ihm, und die er nicht erfüllen kann?

So möchte ich das oben Ausgeführte nicht verstanden wissen. Die Würde des Lehrers ist Kompass und nicht Qualifikation. Ich weiß, dass es nötig ist, die Bedingungsfelder genauer zu klären, unter denen ein Lehrer im staatlichen Bildungswesen arbeiten muss, bevor handlungsleitende Schlüsse gezogen werden können, was Lehrerfortbildung jetzt und in Zukunft soll und wie sie zu gestalten und zu führen ist.

Zunächst scheint mir unabdingbar aufzuzeigen, dass das staatliche Bildungswesen wichtige gesellschaftliche Funktionen zu erfüllen hat, die manchmal im Widerstreit zu pädagogischen Absichten stehen. Dann möchte ich darauf hinweisen, dass Lehrer ihre Arbeit in Organisationen zu erbringen haben, die sich am klassischen_Bürokratiemodell orientieren, was ihre Arbeit nachweislich erschwert. Da ich auf beides keinen Einfluss habe, wird es im Weiteren darum gehen, aufzuzeigen, was ich an meinem Arbeitsplatz tun kann und tue, um meine Arbeitsbedingungen und jene meiner Mitarbeiter so zu gestalten, dass das

‚Unternehmen‘ ULEF blüht, Arbeitszufriedenheit vorherrscht und produktive Leistungsfähigkeit die Regel ist. Da das ULEF Dienstleistungen anbietet und verkauft, können Lehrer davon profitieren. Ich hoffe natürlich, dass es wirkungsvolle Hilfen sind, die sowohl die Arbeitsbedingungen verbessern helfen als auch die Arbeitszufriedenheit der Lehrer zu fördern vermögen. Dass dies nicht ohne Folgen für die Schüler bleibt, ist der Sinn aller Bemühungen.

2. Die 6 gesellschaftlichen Funktionen des Bildungswesens

Karl Weber hat aufgezeigt (9), dass das staatliche Bildungswesen 6 gesellschaftliche Funktionen zu erfüllen hat, die untereinander „in einem wechselseitigen Stützungs- und Stärkungsverhältnis stehen:

- Statusverteilende und statusrechtfertigende Funktion,
- Qualifikationsfunktion,
- Integrationsfunktion,
- Substitutionsfunktion,
- Sozialstaatfunktion,
- Kulturelle Funktion.“

Drei Funktionen bezeichnet er als besonders wichtig, „weil sie auf die Sozialstruktur unserer Gesellschaft und ihre Reproduktion („Erneuerung“) bezogen sind“: (10)

a) Die statusverteilende und statusrechtfertigende Funktion

Es gibt keine moderne Gesellschaft, die nicht hierarchisch strukturiert wäre. Sie stellt gewissermaßen ein „hierarchisch gegliedertes Gefüge von Positionen („Stellen“) dar, die mit Macht-, Einkommens-, Berufs- und Prestigechancen verbunden sind.“ Hoch platzierte Positionen gelten als statushoch, niedrig platzierte Positionen gelten als statusniedrig. Da nun im Unterschied zu feudalen

Gesellschaftsordnungen die Positionen nicht vergeben, sondern erworben werden müssen, es also „vom Einzelnen abhängt, auf welche Position er gelangt", ist naheliegend, dass dem Bildungswesen – gewollt oder ungewollt – eine statusverteilende und statusrechtfertigende Funktion zuwächst. Es gilt das Motto: Je höher die Schulbildung, desto größere Positionschancen. Ein aktuelles Problem des Basler Bildungswesens ist denn auch, dass der Verteilmechanismus nach der 4-jährigen Primarschule derart unterlaufen wird, dass die prozentual stärkste Gruppe in die Gymnasien drängt, weil dies am ehesten Macht-, Einkommens-, Berufs- und Prestigechancen verheißt, jedenfalls den Weg in höhere Positionen des Gesellschaftsgefüges eröffnet. Das schwächste Glied der Troika, die Sekundarschule, kämpft mit Schülerrückgangsproblemen oder alimentiert seine Bestände mit ausländischen Kindern, die manchmal kaum Deutsch verstehen, geschweige denn fehlerfrei sprechen und schreiben können.

b) Die Qualifikationsfunktion

Jede gesellschaftliche Position ist mit dem Vollzug von Arbeit verbunden. Jene, die die gleiche Arbeit verrichten, schließen sich in Berufsverbänden zusammen. Die Berufsverbände geben ihren Mitgliedern einen gewissen Schutz und sie fördern ihre berufliche Identität durch Abverlangen gewisser Standards an Fähigkeiten, Fertigkeiten und Kenntnissen. Es ist nun so, dass das Bildungswesen dazu Vorleistungen zu erbringen hat: Grundoperationen im Rechnen beherrschen, Sicherheit in der Rechtschreibung, selbständiges Problemlösen usw.

Es versucht, dies mit einem ausgeklügelten Qualifizierungssystem, der Notengebung, sicherzustellen, die ihrerseits durchaus mehreren Zwecken dienen kann: der statusverteilenden und statusrechtfertigenden Selektion, der extrinsischen Motivation des Schülers [Bedürfnis nach

Strafvermeidung, Bedürfnis nach Geltung und Anerkennung, Bedürfnis nach Abhängigkeit von Erwachsenen, Bedürfnis nach Zustimmung, Bedürfnis nach Identifikation mit Vorbildern (11), dem Bedürfnis des Lehrers nach nachweisbarer und rekursresistenter Leistung usw.] Dass sich dieses Qualifizierungssystem vermehrt als kontraproduktiv erweist, weil es fast automatisch in den Wirrwarr von Zielkonflikten gerät und damit seinen ursprünglichen Zweck, die simple und legitime Qualifikation, verfehlt, ist leider eine Tatsache. Sie äußert sich im Schulalltag so, dass ab einer gewissen Stufe vorwiegend für ‚die Note' gelernt wird, dass individuelle Buchhaltungen geführt werden, welche Note man sich in einer schriftlichen Arbeit noch leisten kann, dass notenlose Fächer als irrelevant betrachtet werden, dass die Lernfreude schwindet und – last but not least – dass das System Vorleistungen nicht mehr zufriedenstellend zu erbringen vermag.

c) Die Integrationsfunktion

Eine pluralistische Gesellschaft wird durch Interessensgegensätze und Widersprüche herausgefordert. Da sie an ihrer Weiterexistenz interessiert ist, ist sie auf einen alle verbindenden Wertehimmel angewiesen. Dem Bildungswesen scheint dabei regulierende Funktion zuzuwachsen. „Im Bildungswesen werden jene Werte, Normen, Verhaltenspositionen und Einstellungen vermittelt, die ein adäquates Verhalten in den gegebenen gesellschaftlichen Verhältnissen – am Arbeitsplatz, in der Politik, in der Freizeit etc. – unterstützen." (10) Die Vertreter des Beschäftigungssystems z.B. erwarten bei Schulabgängern Einstellungen und Verhaltensmuster wie teamfähige Problemlöser, genaue und leistungsfähige Mitarbeiter, zuverlässige Arbeiter, Identifikation mit den Zielen der Arbeitsorganisation, Realitätsbezug usw. Die Vertreter des Bildungssystems, die Lehrer, haben diese Einstellungen und Verhaltensmuster zu fördern.

Meine Vermutung ist, dass die drei geschilderten gesellschaftlichen Funktionen des Bildungswesens vor allem der Gesellschaft dienen. Legt man diese auf die Waagschale und auf die Waagschale der anderen Seite die pädagogische Förderung des jungen Menschen, so dürfte erstere gewichtig am Boden aufschlagen, der junge Mensch samt der unterbewerteten Pädagogik jedoch in einsamer Höhe zappeln. Die Unbalanciertheit des Zustandes ist es denn auch, die kritisiert werden muss.

3. Die klassische Verwaltungsbürokratie, Garant und Behinderer des Bildungswesens

Wenn in Wirtschaftskreisen gelegentlich die Funktionstüchtigkeit eines staatlichen Subsystems, etwa des Bildungswesens, diskutiert wird, sind wenig schmeichelhafte Äußerungen zu hören. Es gilt als schwerfällig, träge, kaum zu bewegen, Neuerungen abhold, unbeweglich, ohne formulierte Zielvorstellungen, ohne organisatorische Umsetzungen zur Verbesserung von Arbeitsbedingungen und ohne ausreichende Kontrolle der Effizienz der geleisteten Arbeit. In der Tat, Vertretern von

(Groß-)Unternehmen, die ohne einschneidende und zum Teil für die Betroffenen sehr schmerzhafte Veränderungen des Organisationssystems ihre Existenz aufs Spiel gesetzt hätten, muss ein staatliches Subsystem archaisch anmuten, einem Dinosaurier vergleichbar, der zwar noch lebt, aber dahindarbt, an Atemnot, Lethargie und Interesselosigkeit leidet. Solche Äußerungen werden in der Regel von Angehörigen des Subsystems als überheblich und irrelevant, weil nicht vergleichbar, zurückgewiesen. Es wird auf die tägliche treue Pflichterfüllung von Beamten und Lehrern verwiesen, die trotz Widerwärtigkeiten und ohne die äußeren Anreize des Beschäftigungssystems (Lohn, Karriere usw.) still und bescheiden ihre Pflicht erfüllen würden. Das Problem wird generalisiert, die Schuldabwehrkanone in Stellung gebracht.

Die Kritik meint aber weniger Personen als das Organisationssystem als Ganzes und die Funktionsträger innerhalb desselben sowie deren Kompetenzen und Kompetenzverteilung.

Im Folgenden versuche ich darzulegen,

- welches bürokratische Denkmodell dem staatlichen Schulsystem zugrunde liegt,
- weshalb das Bildungswesen organisatorisch so ist, wie es ist, und
- was getan werden müsste, um es flott zu kriegen, d.h. die Arbeitsfreude und -initiative der Beteiligten zu verbessern.

Peter Fürstenau hat in seinem viel beachteten organisationssoziologischen Beitrag „Neuere Entwicklungen der Bürokratieforschung und das Schulwesen" (13) dargelegt, dass das Bildungswesen „eine der Erziehung und Bildung dienende Bürokratie" sei. Ihr liege „die Organisationsform der Verwaltungsbürokratie zu Grunde, ein System von hierarchisch einander übergeordneten Ämtern mit jeweils bestimmten, fest umrissenen Befugnissen, wobei die oberen Instanzen in besonderem Maße entscheiden, anordnen und kontrollieren, während die unteren überwiegend Anordnungen ausführen und nach oben darüber berichten" würden. In Bezug auf die Leistungsfähigkeit dieser Form bürokratischer Verwaltung in Großsystemen habe man sich lange Zeit auf Max Weber berufen, der dargelegt habe, dass die rein bürokratische Verwaltung „nach allen Erfahrungen die an Präzision, Stetigkeit, Disziplin, Straffheit und Verlässlichkeit ... formal rationalste Form der Herrschaftsausübung" (14) sei. Hört man Angehörigen des Bildungssystems, etwa Rektoren, aufmerksam zu, so kann man feststellen, dass diese Kriterien weitgehend internalisiert sind, als wertvoll gelten, und alles, was sie stört oder in Frage stellt, als wertbedrohend empfunden wird.

So wird etwa darauf hingewiesen, dass nach einer langen Zeit unergiebiger Schulreformen endlich wieder Ruhe einkehren müsse im Schulbetrieb, wobei unklar bleibt, welche Ruhe gemeint ist, jene in den Schulzimmern, die heute ein besonderes Problem darstellt und mit Appellen allein nicht mehr zu sichern ist, oder jene in der Verwaltung, die ein kontinuierliches Arbeiten ohne Aufregung und unvorhergesehene Situationen ermöglichen würde. Lehrerfortbildung während der regulären

Arbeitszeit wird etwa mit dem Hinweis auf die wichtige Kontinuität des Schulbetriebs in Frage gestellt oder abgelehnt.

Was ist davon zu halten?
Zunächst: Diese Organisationsform unseres Bildungswesens hat bewirkt, dass

- die Kontinuität gewahrt wird. Schulen verschwinden nicht wie Firmen plötzlich von der Bildfläche. Sie sind ein Eckpfeiler und Garant sowohl gesellschaftlicher als auch staatlicher Kontinuität;
- ein junger Mensch eine gesetzlich zwar verordnete, aber auch gesicherte und geregelte Ausbildung erhält, die ausreichend sicherstellt, dass er sich als Erwachsener in der Industriewelt zurechtfinden kann;
- es bis jetzt gelang, den vielfältigen gesellschaftlichen Interessengruppen jene Schulabgänger zuzuführen, die diese nötig haben, um die eigene Existenz zu sichern.

Dann aber muss doch darauf hingewiesen werden, dass

- es dem Subsystem offenbar nicht mehr gelingt, einen akzeptablen Verteilmechanismus nach der vierjährigen Primarschule sicherzustellen;
- das Subsystem Mühe bekundet, die verlangte Qualifikationsfunktion zu erfüllen;
- das Subsystem wenig flexibel auf die heute in verstärktem Maße auftretenden und durch vielerlei Umstände bedingten zwischenmenschlichen Konflikte und Probleme reagiert und dadurch gerade eher frustrierend und lähmend statt problemlösend wirkt;
- die Subsystemangehörigen unter außerordentlich starken Druck geraten sind. Es scheint, dass es vor allem sie sind, die die Zeche zu bezahlen haben. Vorwiegend ältere Lehrkräfte scheinen den Belastungen in erhöhtem Maße zu erliegen. Druckmilderung erhofft man sich deshalb im Zusammenhang mit Arbeitszeitverkürzungsmaßnahmen durch

eine Altersentlastung ab dem 50. Lebensjahr. Ob das die Lösung sein kann?

Betrachten wir den Sachverhalt einmal anders. Das Subsystem ist in Schwierigkeiten geraten, weil das klassische Bürokratiemodell, auf das sich das Bildungswesen bezieht, eben nur dann die effektivste Organisationsform darstellt, wenn es sich bei den zu erbringenden Arbeiten um „uniforme (wiederkehrende) Arbeitsverrichtungen handelt, die zudem mit einem sachbezogenen Fachwissen, wie z. B. traditionellen handwerklichen Kenntnissen oder Gesetzes- und Verwaltungswissen bewältigt werden kann". (15)

Die Bürokratieforschung hat herausgefunden, dass das klassische Bürokratiemodell nicht anwendbar ist

- bei Großorganisationen, deren Betriebszweck Arbeiten sind, die soziale Fähigkeiten und Geschicklichkeiten erfordern,
- bei Großorganisationen, die zur Erreichung ihres Betriebszwecks von den Mitarbeitern erwarten, dass sie sich dauernd an neue Arbeitsbedingungen anzupassen vermögen.

Es liegt auf der Hand, dass das Bildungswesen in den letzten 20 Jahren, bedingt durch

- den industriell-technologischen Wandel,
- die soziale Umstrukturierung der Bevölkerung,
- den sozialen Wandel auf allen Lebensgebieten und
- die Konkurrenz zwischen althergebrachten materiellen Werthaltungen und den stetig steigenden Lebenswerten

unter außerordentlich starken Druck geraten sind. Die anstehenden Probleme in den Schulen zeigen denn auch deutlich, dass sie auf klassisch-bürokratischem Weg kaum mehr gelöst werden können. Im Bildungswesen sind nicht in erster Linie handwerkliche Dienstleistungen oder fixes Gesetzes- und Verwaltungswissen verbunden mit Entscheidungsbefugnis, die es ermöglichen, rasch zu unbürokratischen und situationsbezogenen Lösungen zu kommen, sondern in aller Regel soziale Fähigkeiten und Geschicklichkeiten gefragt.

Was ist zu tun?
Fürstenau nennt eine Anzahl von Punkten, die hier, vermischt mit eigenen Überlegungen, angeführt werden:

- den Unternehmenszweck der Schule zusammen mit dem Lebenskompass der Menschenwürde formulieren, statt der für das klassische Modell charakteristischen Orientierung an vorweg geregelten Prozeduren zu vertrauen;
- Verlagerung wesentlicher Anteile der Entscheidungsfunktion in die untere Ebene des hierarchischen Rollensystems; die Schulen und Quartierschulhäuser müssten wesentlich autonomer werden, kleinen und mittleren Unternehmen vergleichbar, mit formuliertem Wertehimmel, Eigenverantwortung der Schulleitungen und Lehrerkollegien, Nutzung der produktiven Kräfte zur Verwirklichung der Ziele (Unternehmensziele und persönliche Entwicklungsziele) anstelle von sogenannt reibungslosem Funktionieren und Gleichbehandlung aller;
- situationsbezogene und selbstverantwortete Kooperation der Lehrer anstelle der Ausgerichtetheit auf den eigenen Arbeitsplatz und auf den direkten Vorgesetzten im klassischen Modell; diese Ausgerichtetheit scheint mir denn auch der eigentliche Grund der oft fehlenden Zusammenarbeit zwischen Lehrern am Arbeitsplatz zu sein; innerhalb unseres Schulwesens ist die Einsicht in die Notwendigkeit verstärkter Kommunikation und Kooperation der Lehrer untereinander durchaus vorhanden; trotzdem gelten beratende Fallbesprechungen, wie sie von anderen Berufen (z. B. Ärzten, Psychologen) professionell betrieben werden, in Lehrerkreisen noch immer eher als Veranstaltungen, die psychisch Angeschlagene nötig haben; „Hospitationswünsche und Kooperationsvorschläge einzelner Lehrer stoßen häufig auf Unverständnis und ängstlich-unsichere, wenn nicht gereizte Ablehnung." (16); weil die Organisationsstruktur des

Schulwesens sich noch weitgehend am klassischen Bürokratiemodell orientiert, sind sowohl Unverständnis als auch Ablehnung naheliegend;

- die Organisationsstrukturen und Zeitgefäße des Unterrichts den veränderten Bedingungen anpassen:
  - ➡ Block-/Epochenunterricht einführen,
  - ➡ fächerübergreifendes, problemorientiertes Lernen einführen,
  - ➡ von Reformschulen und Reformbewegungen (wie Kurt Hahns Schule in Salem, Rudolf-Steiner-Schule Basel, Ecole d'Humanité Goldern, Laborschule Bielefeld, Peter Petersens Jenaplan) lernen und schauen, welche Organisationsformen übernommen werden könnten,
  - ➡ neue methodische Ansätze, wie z. B. TZI (Themenzentrierte Interaktion) beachten.

Wird eine Verwaltungsbürokratie derart fortentwickelt, gerät das ‚Middle Management', das die Umsetzung der politischen Entscheidungen in Arbeitsbedingungen, Arbeitsziele, Arbeitsinhalte, Arbeitsmethoden und Arbeitsmedien sowie die Kontrolle der Effizienz sicherzustellen hat, fast automatisch in einen Identitätskonflikt.

Wenn Entscheidungsfunktionen nach unten abgegeben werden, wenn z. B. das Kollegium eines Quartierschulhauses seine Semesterpensen selbst zusammenstellt und verantwortet, dann kann und wird das nur geschehen, wenn dem ‚Middle Management' aus anderer Tätigkeit vergleichbare Befriedigung zuwächst. Fürstenau weist darauf hin, dass das ‚Middle Management' nicht mehr so sehr die Rolle des Anordners und Überwachers, sondern jene des Helfers und Beraters einnehmen sollte, wenn das klassische Bürokratiemodell zugunsten des den jetzigen Gegebenheiten besser entsprechenden Human-Relations–Bürokratiemodells ersetzt werden sollte.

Dass damit die Rolle des Schulleiters konfliktfreier würde, ist nicht anzunehmen, wird er doch die sekundären Zwecke seiner Schule (Funktionstüchtigkeit, begrenzte personelle, finanzielle und sachliche Mittel, über die er verfügen kann) gegen den primären Zweck (pädagogische Zielsetzung, didaktische Leitideen, vertreten durch Teile der Lehrerschaft) immer wieder in Schutz nehmen müssen.

Trotzdem: Es ist bereits manchenorts so etwas wie eine Umkehr erfolgt:

- Wesentliche Entscheide fallen unten statt oben und müssen dort verantwortet werden.
- Die Rolle des Schulleiters wird, bedingt durch den Rollenwechsel, formell konfliktreicher, informell konfliktärmer und befriedigender.
- Das Engagement der Beteiligten wächst.
- Organisationsstrukturen können nicht zuletzt deshalb verändert werden.
- Lernen kann so lebendiger und effizienter werden, die berufliche Identität wächst, die Arbeitsfreude aller Beteiligten nimmt zu.

Kurz
Die eigene Schule erhält ein eigenes Gesicht, engagiert und doch locker, fordernd und doch menschlich, leistungsfähig und doch fröhlich, lebendig und doch geordnet, spontan und doch kontinuierlich, fortschreitend und doch traditionell, grenzüberschreitend und doch heimatlich.

4. Zwischenbilanz

Ich habe versucht aufzuzeigen, was die menschliche Würde des Lehrers, insbesondere das Berufsethos der Lehrerschaft heißen kann. Beide scheinen durch zwei Mächte bedroht, die oft wenig beachtet ein recht ansehnliches Schattendasein führen. Die Beschreibung von drei gesellschaftlichen Funktionen des Bildungswesens sollte verdeutlichen, dass gewisse Tendenzen in unserer modernen, hochtechnisierten und meritokratischen westlichen Welt pädagogischen Grundwerten zuwiderlaufen. Die klassische Verwaltungsbürokratie wurde als Garant und Behinderer unseres

Bildungswesens beschrieben, das klassische Bürokratiemodell als wenig geeignet bezeichnet, anstehende Probleme der Angehörigen des Bildungssystems effizient und befriedigend lösen zu helfen.

Was soll, kann, darf, muss, will Lehrerfortbildung unter solchen Bedingungen tun? Diese Frage versuche ich im 2. Teil dieses Aufsatzes zu beantworten. Zunächst werde ich darlegen, wann Lehrerfortbildung meiner Meinung nach als gut zu bezeichnen ist. Dann werde ich den Auftrag des ULEF erläutern und schließlich mit Überlegungen zur persönlichen Arbeitsweise, wie ich mein Institut zu führen versuche, abschließen.

5. Wann ist Lehrerfortbildung gut?

Seit Ende der 60er-Jahre hat sich die Lehrerfortbildung in den meisten Kantonen der Schweiz aus oft bescheidenen Anfängen zur Institutionalisierung fortentwickelt. Zu diesem Zwecke wurden kantonale Dienststellen geschaffen, die mit einigen ortshauptamtlichen Leitern den wachsenden Anforderungen einer sich rasch wandelnden Gesellschaft gerecht zu werden versuchen.

Lehrerorganisationen haben durch Initiativen, Mitarbeit, Vorschläge u. a. m. wesentlich zur Entwicklung der Lehrerfortbildung beigetragen. Die kantonalen Kursprogramme zeugen von einem meist vielfältigen Fortbildungsangebot und -willen der Lehrerschaft. Die angebotenen Kurse werden dabei in der Tendenz immer zahlreicher, was manchenorts auch zur Kritik Anlass gibt. So wird etwa gesagt, dass

- die angebotenen Kurse zufällig und konzeptionslos aneinandergereiht würden,
- das Angebot Warenhauscharakter hätte, weil wenig gezielt Einfluss genommen werde,
- sich die Kurse an überlieferten Ordnungsrastern wie Fächern und Fachgebieten festmachen würden, was innovative Absichten von vorne herein verunmöglichen würde,

- das Angebot insgesamt wenig Wirkung zeitigte; trotz regelmäßigem Fortbildungsprogramm habe sich die Unterrichtswirklichkeit kaum bis nicht verändert. Unterricht bleibe „erfahrungsgemäß ineffizient". Trotz stetig anwachsenden Kosten im Bildungswesen sei „der Erfolg, gemessen an dem noch einer langen Schulzeit noch verfügbaren Wissen, wie die Rekrutenprüfungen und ähnliche Untersuchungen" gezeigt hätten, „überaus bescheiden" (17),
- es in der Lehrerfortbildung nicht gelungen sei, wirksame Hilfe zur Lösung der eigentlichen Probleme von Lehrern bereitzustellen, die Jugendliche zu unterrichten hätten.

Ihre existenziellen Probleme in einer Zeit der weltweiten Bedrohungslage, der veränderten Einstellungen zu Arbeit und Freizeit und der scheinbar allseits gelösten und geregelten Verhältnisse in unserem Land lassen sich in vier Fragen fassen:

➡ „Wer bin ich eigentlich?
➡ Was soll ich tun?
➡ Was kann ich tun?
➡ Was will ich tun?" (18)

Ein existenzielles Lehrerproblem ist denn auch der Umgang mit den sehr „ambivalenten Gefühlen" junger Menschen gegenüber organisiertem Lernen: „Langeweile, Überdruss, Aggressivität, Abneigung gegen jedes weitere Lernen." (19)

Wann ist die Lehrerfortbildung gut?
Die erste Antwort, die mir einfällt, tönt einfach: Lehrerfortbildung ist dann gut, wenn sie den Lehrern hilft, ihren Beruf so auszuüben, dass Arbeitszufriedenheit und Arbeitseffizienz erhalten bleiben bzw. resultieren. Mit Arbeitszufriedenheit meine ich den auf eigenen Möglichkeiten beruhenden und nicht durch äußere Anreize wie Belohnung u. Ä. geschaffenen grundlegenden und tragenden positiven Affekt." (20)

So verstandene Arbeitszufriedenheit lässt sich in fünf Fragen fassen:

- „Wie gut kann ich meine Fähigkeiten und Neigungen zum Ausdruck bringen?
- Wie sind die Möglichkeiten persönlicher Weiterentwicklung einzuschätzen?
- Wie stark befriedigt mich meine Arbeit?
- Wie viel Eigeninitiative kann ich entwickeln?" (21)
- Wie kann ich die Bedürfnisse von Schülern wahrnehmen, deren
  Identität fördern und entwickeln?

So verstandene Arbeitszufriedenheit beruht auf einem Menschenbild, das Menschen zutraut, Einfluss zu nehmen auf die Beschaffenheit seiner Arbeitswelt, „in welcher er sich als ‚Ursache' und nicht als ‚Wirkung' erlebt". (22) Der Mensch ist ein Identitätssucher (Müller). Die entscheidende Frage lautet: „Wie findet und bewahrt der Mensch seine Identität im sozialen Umfeld und insbesondere im Führungs- und Organisationszusammenhang?" (23)

Die entscheidende Aufgabe sinnvoller Lehrerfortbildung ist deshalb, Strukturen zu schaffen, die die Identitätssuche erleichtern, ermöglichen, erlebbar und durchschaubar machen.

Deshalb geben mir die fünf nachfolgenden handlungsleitenden Ideen orientierenden Sinn zur Gestaltung der in diesem Aufsatz später formulierten Unternehmensphilosophie des ULEF. Der fünfte Punkt ist dabei die „Quinta Essentia", das heißt „die Zusammenfassung der Vier zu einem zentralen Einheitspunkt, also zu etwa besonders Wichtigem". (24)

1. Lehrerfortbildung ist gut, wenn sie geistiges Wachstum, d. h. Steigerung der Leistungsfähigkeit bewirkt.
2. Lehrerfortbildung ist gut, wenn sie „die Menschen stärken und die Sachen klären" (25) hilft.
3. Lehrerfortbildung ist gut, wenn sie akzeptiert, dass Menschen verschieden sind.
4. Lehrerfortbildung ist gut, wenn sie orientierend wirken darf und wirkt.

5. Lehrerfortbildung ist gut, wenn sie die Initiative von Lehrern fördert, wo sie anzutreffen ist.

Die fünf Punkte bedürfen zusätzlicher Erläuterung:
ad 1) „Unter Leistung verstehe ich den Maßstab für vom Lehrer bewirkte und gestaltete Ereignisse und Ergebnisse im Arbeitszusammenhang, als deren Ursache er sich sieht." (26) Die Steigerung der Leistungsfähigkeit meint die Steigerung

- ➡ der sozialen Fähigkeiten und Geschicklichkeiten, die heute, gemessen an den Standards anderer sozialer Berufe, als semi-professionell eingestuft werden müssen;
- ➡ der Sensibilität für Organisationsentwicklungsaufgaben, d.h. Mitarbeit an der Entwicklung flexiblerer interner Organisationsstrukturen der eigenen Schule, sofern diese Schule Wert darauflegt, angesichts der „Herausforderungen lebensfähig und anerkannt zu bleiben" (27);
- ➡ der didaktischen Gewandtheit und Flexibilität, die die Selbstverantwortung der Schüler herausfordert, verteidigt und stärkt;
- ➡ des sachlichen Durchblicks, der die Querbezüge zu anderen Disziplinen einschließt und sich nicht in fein verästelte Baumkronen versteigt.

ad 2) „Die Menschen stärken heißt, niemandem etwas beibringen zu wollen, das er nicht will, aber alles daran setzen, seine Lernbemühungen zu unterstützen. Den Menschen stärken heißt, ihn Wirkungsfelder erfahren zu lassen, die verändert werden können dank

- ➡ dem Erlebnis, dass eigenes Gestalten Wirkung zeitigt;
- ➡ dem Gefühl, nicht nur von einem Ereignisstrom bewegt zu werden, sondern Ereignisse zu bewirken oder auszulösen und Zeichen zu setzen." (28)

Die Sachen klären heißt, den Sachen auf den Grund zu gehen. „Jede Sache, sei sie nun Natur- oder Kulturprodukt, enthält ein Potenzial entweder an göttlicher Weisheit oder menschlicher Intelligenz und oft auch Gemütsstärke, die, gelingt es, sie aufzuschlüsseln, Menschen aufmerksam macht, in ihren Bann schlägt. Ich vermute, dass dieses Überspringen des ‚Weisen' von einer Sache auf Menschen, die sich um sie bemühen, wachstumsfreundliche und heilende Tendenzen auslöst." (29)

ad 3) Menschen sind verschieden. Sie sind erst gleich, wenn sie verschieden (gestorben) sind. Diese lapidare Einsicht zu akzeptieren, heißt, ein ungeahntes Potenzial an menschlicher Energie freizusetzen. Wenn es gelingt, die Stärken verschiedenster Menschen für eine gemeinsame Sache herauszufordern, gedeiht das Geschäft. In unserem Fall heißt die gemeinsame Sache lebenslanges Lernen. Wie diese Sache genützt werden soll, kann niemand vorschreiben, weil dies eng mit der Identitätssuche jedes einzelnen Menschen verbunden ist, die ja eben deutlich macht, dass Menschen verschieden sind.

ad 4) Orientierend wirken dürfen heißt, über den eigenen Gartenzaun hinauszuschauen, Neues vorzustellen und zur Diskussion stellen zu dürfen. Orientierend wirken dürfen heißt, Themen, die in der Luft liegen, aufzugreifen und einer breiteren Öffentlichkeit vorstellen zu dürfen. Orientierend wirken dürfen heißt, in Freiräumen arbeiten zu dürfen, die nicht mit einengenden Reglementen und Verordnungen zugepflastert sind und damit jeden kreativen Gedanken zur Lösung anstehender Probleme verunmöglichen.

Orientierend wirken dürfen ist die Voraussetzung dafür, orientierend wirken zu können.

ad 5) „Fördert die Initiative, wo ihr sie trefft, müsste der oberste Grundsatz unseres Erziehungswesens lauten." (30)

Initiative ist das wirksamste Mittel, die schreckliche und identitätstötende Konsumhaltung zu überwinden. Wo die Initiative fehlt, ist häufig „gelernte HILFLOSIGKEIT" (31) anzutreffen. Gelernte Hilflosigkeit entsteht dort, wo der Mensch keinen Einfluss nehmen kann auf seine Umgebung, ihr ausgeliefert ist und so schließlich die „Erwartung entwickelt, auch in Zukunft nichts beeinflussen zu können.“ (31)

Initiative entfachen und fördern heißt darum oft, Wege aufzuzeigen, wie die gelernte Hilflosigkeit überwunden werden kann. Deshalb gilt: Wer etwas von mir will, muss selbst etwas beitragen. Nur so kann das Ausnützungsspiel unterbrochen, in ein Unterstützungsspiel umgewandelt und somit das Flämmchen der Initiative neu entfacht werden. Dass das Flämmchen zur Flamme wird, die brennt, bis die gestellte Aufgabe gelöst ist, gehört zur Aufgabe des ULEF–Vorstehers. Das A und O guter Lehrerfortbildung sind deshalb durchgestandene und erfolgreich abgeschlossene Lehrer–Initiativen, wie etwa die große Lehrplanreform der Realschule Basel oder der Lehrplanentwurf der Biologielehrer an der Diplommittelschule Basel. Aber auch Initiativen

- wie die seit mehreren Semestern andauernde Arbeitsgruppe ‚Leben im Kollegium‘ der Primarlehrer des Niederholzschulhauses,
- wie die des Konferenzvorstandes der Kindergärtnerinnen von Basel–Stadt zum Thema ‚Sitzungs- und Konferenzleitung‘ und
- wie die der Arbeitsgruppe von Gymnasiallehrern zum Thema ‚Praxisbegleitung der Lehrkräfte des Gymnasiums Bäumlihof‘

sind in diesem Zusammenhang zu nennen.

In der Tat: Die real existierenden Freiräume im Basler Bildungswesen werden aufgespürt und genutzt.

Sie sehen, ich halte wenig von verordneter Lehrerfortbildung, wo die einen genau wissen, was andere zu lernen haben. Als alter Hase im Geschäft des organisierten Lernens habe ich gelernt, dass Lernen im Tertiärbereich nur sinnvoll ist, wenn es selbst gewollt wird. Das heißt für den Lehrenden, auf das übliche Motivieren der Lernenden zu verzichten, stattdessen deren Motivation zu finden, ihren Zugang zum Lerngegenstand zu erlauben. Selbstverantwortung und Initiative sind die Zauberwörter sowohl bei Kindern als auch bei Erwachsenen, wenn es um nachhaltiges Lernen geht. Nichts, was Dauer haben soll, lässt sich erzwingen. Aber:

anregen und abschwächen, erschweren und erleichtern, herausfordern und hintendran bleiben, hinsehen und wegsehen, hinhören und weghören, zupacken und loslassen, durchstehen und aufgeben sowie einen langen Atem haben, sich verbünden, die Ziele klären, mit der Sache locken und Mut machen, Mut machen, Mut machen. Das alles sind hinführende Tätigkeiten. Alles hängt von der ‚Dynamischen Balance' ab (Ruth C. Cohn), wie immer, wenn man es mit Menschen zu tun hat. Deshalb gibt es keine festen Regeln und Rezepte. Wer in diesem Geschäft tätig ist, benötigt eine geschulte und geübte Wahrnehmung nach innen und nach außen und nicht Dogmen und Riten, die in die Erstarrung führen.

Der Kanton Basel–Stadt schreibt denn auch für die obligatorische Lehrerfortbildung während des Langschuljahres 1988 nur die Zeitgefäße vor. Die inhaltliche und methodische Gestaltung überlässt er den Lehrkräften und deren Kollegien (ALFB). Ein leitender Ausschuss koordiniert. Diese Lösung ist ganz in meinem Sinne. Eine verordnete Lehrerfortbildung im Sinne von „Ich weiß, was du lernen musst" ist nicht gut, weil sie der Identitätssuche zuwiderläuft und dem unternehmerischen Initiativgeist schadet.

Umgekehrt müssen selbstverständlich Vorstellungen darüber bestehen, welche Strukturen denn zu schaffen wären, damit eine gute Lehrerfortbildung nicht nur dem Lehrer, sondern auch dem Bildungssystem nützen könnte. Lassen Sie mich das am Bild des Fahrradfahrers (Ruth C. Cohn) verdeutlichen. Ein Fahrradfahrer, der steht, verliert das Gleichgewicht, ein Fahrradfahrer, der fährt, ist balanciert. Dieses ‚In-Bewegung-Sein' bewirkt die Dynamische Balance, die deutlich machen will, dass es keinen Fortschritt gibt, ohne

- die <u>Kraft</u>, symbolisiert durch den Fahrradfahrer (Lehrer),
- die <u>Bewegung</u>, symbolisiert durch das Fahrrad (Strukturen)
- die <u>Unterlage</u>, symbolisiert durch den Weg (Gesetze und Verordnungen).

Erst das Zusammenspiel aller drei Faktoren bringt die Dynamische Balance zustande. Fällt ein Faktor aus, ist das Produkt gleich NULL, der Stillstand gewiss, das Ganze gefährdet.

Hier soll es im Folgenden um die Strukturen gehen, die die Bewegung ermöglichen sollen. Strukturen in einem Atemzug mit Bewegung in Beziehung setzen, tönt unvertraut, denkt man doch im Zusammenhang mit Strukturen eher an festgefügte, stabile Ordnungen als an ein Vehikel, das Bewegung ermöglicht.

Wie muss dieses Vehikel beschaffen sein? Ich möchte versuchen, die Strukturen zu beschreiben, die das ULEF zur Verfügung stellen kann. Zu diesem Zwecke soll

- zuerst der Auftrag des ULEF genannt werden,
- beurteilt werden, ob dieser Auftrag unternehmerisches Handeln ermöglicht,
- beschrieben werden, welche Strukturen, das ULEF im Rahmen seiner ‚Unternehmensphilosophie' anbieten kann, die die berufliche Identitätssuche der Lehrer unterstützen könnten.

Auf die dafür nötigen Gesetze und Verordnungen werde ich nicht näher eingehen, möchte aber an dieser Stelle darauf hinweisen, dass die vorhandenen gesetzlichen Bestimmungen für die nachfolgend skizzierte Lehrerfortbildung wohl nicht mehr ausreichen könnten (33).

6. Der Auftrag und die Rahmenbedingungen des ULEF und was davon zu halten ist

Die aktuell gültige Ordnung des Instituts für Unterrichtsfragen und Lehrerfortbildung des Kantons Basel–Stadt (ULEF) vom 14. Februar 1968 geht zurück auf die Ordnung für die Basler Schulausstellung (Sonderdruck aus dem Amtlichen Schulblatt Basel–Stadt, Nr. 7/8: 1930). Der im § 1 formulierte Auftrag ist beinahe gleichgeblieben. Er lautet:

„Das dem Erziehungsdepartement angegliederte Institut für Unterrichtsfragen und Lehrerfortbildung des Kantons Basel–Stadt hat die Aufgabe, den Behörden, der Lehrerschaft und den Eltern vom Stand und von den Bestrebungen der Schulen Kenntnis zu geben und die Weiterbildung der Lehrerschaft zu fördern, indem es Gelegenheit bietet, Neuerungen im Schulwesen vorzuführen, zu studieren und zu prüfen. Es behandelt Unterrichts- und Erziehungsfragen durch Veranstaltung von Vorträgen, Lehrproben, Kursen, Exkursionen, Demonstrationen für Lehrer."

Der Auftrag ist so gefasst, dass er

- alle an Schulfragen interessierten Personen einschließt (Behörden, Lehrer, Eltern), sich also nicht nur auf die Lehrerschaft bezieht,
- verlangt, dass sowohl vom Stand als auch von den Bestrebungen der Schul Kenntnis zu geben sei, was auf die innovative Absicht hinweist,
- verlangt, dass die „Weiterbildung der Lehrer" zu „fördern" sei,
- verlangt, dass zu diesem Zwecke „Neuerungen im Schulwesen vorzuführen, zu studieren und zu prüfen" seien, was wiederum innovative Absicht erkennen lässt,
- verlangt, dass „Unterrichts- und Erziehungsfragen zu behandeln seien".

Der Auftrag besteht aus zwei Sätzen. Er überlässt dem Amtsinhaber den so wichtigen Handlungsspielraum, indem er auf ausführliche und das Detail regelnde Reglementierung verzichtet. So gesehen kann dieser 1930 erstmals formulierte Auftrag wesentlich zur Arbeitszufriedenheit des jeweiligen Amtsinhabers beitragen, weil er ihm zutraut,

- Einfluss zu nehmen auf die Beschaffenheit seiner Arbeitswelt und
- sich als „Ursache und nicht nur als Wirkung" (22) zu erleben.

Das ULEF

- hat eine Amtsordnung, die unternehmerisches Handeln ermöglicht,
- ist eine autonome Dienststelle, zwar einer vorgesetzten Kommission verantwortlich, als Dienststelle aber nicht einer anderen Dienststelle, etwa einem Schulinspektorat o. Äs. unterstellt,
- hat ein eigenes Budget und ist im Rahmen des Budgets selbstständig handlungsfähig,
- kann niemanden zwingen, einen Kurs oder eine bestimmte Fortbildungsveranstaltung zu besuchen, muss sich deshalb am Markt bewähren und demzufolge am Kunden orientieren,
- hat Konkurrenten (LFBL, VfL, WBZ, VHS, PA Basel-Stadt, Private), die im ‚Kampf um den Kunden' mit mehr oder weniger offenem Visier fechten.

Was ist davon zu halten? Das ULEF bietet im Rahmen des staatlich Möglichen denkbar günstige Bedingungen (weit gefasster Auftrag, autonome Dienststelle, eigenes Budget, keine Amtsmacht über die Kunden, Konkurrenzsituation mit anderen Anbietern) für einen Amtsinhaber, der unternehmerisch tätig sein will, d. h. der

- einer realen UTOPIE verpflichtet ist und sein Tun und Lassen immer wieder daran zu orientieren versucht,
- die Quintessenz seiner Vorstellungen, die ‚Unternehmensphilosophie', in knappe Sätze und einleuchtende Bilder zu fassen versucht,
- durch Kombination von Bekanntem neue Einsichten und Aussichten zu eröffnen versucht,
- ausgetretene Pfade verlässt, Neues wagt und durch TUN zu Bewusstseinserweiterung beizutragen versucht,
- ein Vorhaben zu initiieren versteht,
- die richtigen Leute für die richtigen Aufgaben zu gewinnen versteht,
- die Mitarbeiter gewinnt, am gleichen Strick und in die gleiche Richtung zu ziehen,

- neugierig ist und bleibt, jede Gelegenheit wahrnimmt, dazuzulernen und so die Fähigkeit zum Generalisieren immer wieder neu zu erwerben versucht,
- organisieren kann, was ja bekanntlich mit der simplen Frage beginnt: De quoi s'agit-il? (Worum geht es?),
- mit der ZEIT umgehen kann, sowohl was die langfristige Perspektive als auch die tägliche Arbeit betrifft,
- sich Freiräume verschaffen kann und sich von der täglichen Verwaltungsarbeit nicht auffressen lässt,
- der offen ist, auf Ränkespiele verzichtet, dafür aber am TUN interessiert ist,
- der (strukturelle) Schwächen in Stärken zu verwandeln versucht.

Ob mir das alles gelingen kann, ist eine andere Frage. Ich schätze mich jedenfalls glücklich, eine Tätigkeit ausüben zu dürfen, die Spielräume gewährt. Dass ich dabei versuche, diesem Bild eines unternehmerisch tätigen Beamten in möglichst vielen Punkten zu entsprechen, versteht sich von selbst. Wichtiger als das, was man hat, scheint mir aber auch hier die Perspektive, die Richtung zu sein, in die man sich bewegen will. So möchte ich auch die folgenden Kapitel verstanden wissen.

➡ Die Unternehmensphilosophie des ULEF

Am Anfang steht die reale UTOPIE, dass

- die Menschheit trotz der weltweiten Bedrohungslage nicht an ihrem Ende angelangt ist, sondern am Anfang einer neuen Entwicklungsperiode und –stufe steht,
- der Mensch ein „Identitätssucher" ist, der Ereignisse bewirken und Zeichen setzen kann, deshalb letztlich an „gelernter Hilflosigkeit" nicht interessiert ist, wohl aber an Würde, die sich an der selbstgetroffenen und gemeinschaftsbezogenen Entscheidung orientiert,
- der Glaube an die Entwicklungsfähigkeit des Menschengeschlechts einem ganzen Berufsstand Würde verleihen kann.

Eine sinnvolle Lehrerfortbildung will

- die Selbstverantwortung und die Initiative der Lehrkräfte fördern und unterstützen,
- durch die **Arbeitsplatzbezogene Lehrer*innenfortbildung (ALFB)** einen Beitrag zur Förderung der Arbeitsfreude, Arbeitszufriedenheit und der Zusammenarbeit der Lehrkräfte am Arbeitsplatz leisten,
- durch die Einführung der **Intensivfortbildung (Rekurrenz)**, die durch die gesellschaftlichen Funktionen des Bildungswesens bedingte Belastung der Lehrkräfte ausgleichen helfen.

Deshalb soll sich die Lehrerfortbildung in ihrer Struktur

- an einem **Grundangebot** orientieren. Dieses knüpft am traditionellen Fortbildungsverständnis an, berücksichtigt die drei Handlungs- und Bezugsfelder des amtierenden Lehrers (dasjenige des Unterrichts, dasjenige der Schule sowie dasjenige der Gesellschaft und des Staates) sowie die Initiativen, Wünsche und Anregungen der Lehrerschaft. Das Angebot trägt dem Umstand Rechnung, dass Menschen verschieden sind und demzufolge verschiedene Lernbedürfnisse haben. Es figuriert unter dem Begriff ‚Freiwilliges Fortbildungsangebot' und gehorcht einerseits den Gesetzen des Markts, andererseits dem real–utopischen Kompass der Menschenwürde.
- an drei innovativen Pfeilern orientieren, die über die traditionellen Vorstellungen hinausweisen. Sie stehen auf dem Grundangebot und heißen
  - ➡ Kursleiter*innenausbildung (später APT)
  - ➡ Arbeitsplatzbezogene Lehrerfortbildung (ALFB)
  - ➡ Rekurrenz (später Semesterkurs)

Diese drei Pfeiler bilden die Stützen eines neuen Lehrerfortbildungshauses, dessen Dach ‚Arbeitszufriedenheit und Arbeitseffizienz' heißt.

➡ Kursleiter*innenausbildung (später APT)

Es ist heute in weiten Kreisen unbestritten, dass die produktive Leitung einer Gruppe etwas ist, das gelernt werden kann. Allerdings sind beim Gruppenleiten im Unterschied zum nur rationalen Sachlernen mit seinen häufig logisch–rationalen Operationen auch andere Kriterien wesentlich: Wahrnehmung, Intuition, Erfassen von Bildern, Umgang mit Werten, Haltungen, Einstellungen, Umgang mit Gefühlen, Kreativität. Zusätzlich zu Tätigkeiten wie Analysieren, Ableiten, Gliedern, Bestimmen, Zuordnen usw. werden Fähigkeiten ausgebildet, die auf die Ganzheitlichkeit des Einzelnen in der Gemeinschaft hinzielen: Entscheidungsfähigkeit, Verantwortungsübernahme für das eigene Handeln, Relativieren von Allmachts- und Ohnmachtsfantasien, Akzeptanz der partiellen Mächtigkeit in einer Situation, Durchsetzungsvermögen und Rücksichtnahme, Risikobereitschaft u. a. m.

Kurz: Beim Gruppenleiten wird die rechte Hirnhälfte der linken Hirnhälfte als gleichwichtig erachtet, während üblicherweise im Schulbetrieb (je höher die Schulstufe, desto mehr) die linke Hirnhälfte dominiert. In der Tat, die Erfahrung zeigt, dass ein dominierend einseitig–analytischer Verstand dem erfolgreichen Leiten der Gruppe im Wege steht, unfähig, die positive Energie der Gruppenmitglieder zu aktivieren, aufbrechende Konflikte produktiv zu handhaben, ein nahrhaftes Gruppenklima herzustellen. Ein guter Gruppenleiter bedarf vor allem der geschulten und geübten Wahrnehmung nach innen und nach außen und liebevolles Verständnis für die eigenen Schwächen sowie die der anderen.

Geschulte Wahrnehmung nach innen heißt

- mit dem eigenen Körper in Kontakt stehen, die Signale des Körpers beachten und ernst nehmen, wissen, dass sich Gefühle im Körperausdruck zeigen und das verdrängte Gefühle im Körperbau sichtbar werden, dem Körper auch schaden können.
- die elementaren Gefühle der Angst, Schuld und Scham an sich selbst und an anderen zu sehen, zu erfahren, erlebt und

zugegeben zu haben, um begreifen zu können, in welch hohem Ausmaß sie lähmend wirken und sowohl produktive Einzelarbeit als auch Gruppenprozesse behindern, zum Erliegen bringen, ja, zerstören können.

- auf die innere Stimme zu vertrauen, zu merken, wann etwas angenehm oder unangenehm ist, sich auf die innere Stimme mehr zu verlassen als auf das, was einem der Verstand suggeriert.
- kongruent zu sein, d.h. „das Selbst zu sein, was man in Wahrheit ist" (41), verbunden mit der Fähigkeit, sich in verbaler und non–verbaler Sprache so ausdrücken zu können, dass die Mitteilung verstanden wird. Kongruentes Verhalten ist ehrliches Verhalten. Ehrliches Verhalten hat mit dem angemessenen Selbstausdruck der eigenen Gefühle zu tun und nichts mit der Beschuldigung anderer. Es bedarf der Klugheit und dauernden Übung und fördert ein Klima der Vertrauenswürdigkeit und Verlässlichkeit.

➡ Welche Vorstellungen ich habe, zu merken, was los ist, sich nicht überfahren zu lassen und nicht überfahren, sich zurückhalten und zupacken zu können, sich so selbst ins Gleichgewicht bringen zu können, zu lernen, dass die eigene Gefühlslage entscheidend davon abhängt, welche
  ➡ Bewertungen ich vornehme, wie tolerant, nicht rechthaberisch und perfektionistisch ich bin,
  ➡ Einstellungen ich habe,
  ➡ körperlichen Signale ich habe.

Geschulte Wahrnehmung nach außen heißt
zuhören zu können, d.h. sich in die Problemlage (in die Sachlage, in die Erzählung) des Partners einfühlen und dieser in eigenen Worten Ausdruck verleihen zu können, zu sehen und zu hören, was ein Partner in Stimmlage, Gestik und Mimik wie ausdrückt und zu lernen, dass der nonverbale Teil der Botschaft oft ‚wahrer' ist als der verbale, eigene Gefühle und Gedanken von fremden Gefühlen und Gedanken unterscheiden zu können, zu lernen, beide exakt anzusprechen und zu erleben, wie die Luft rein wird, wenn beides gelingt, zu lernen, die

Symbolträchtigkeit von Institutionen (auch von durchstrukturierten bürokratischen Organisationen) zu sehen und zu beurteilen, z. B. bezogen auf

- ➡ die Außenarchitektur,
- ➡ die Innenarchitektur (Lage von Büros und Schulräumen sowie deren Anordnung und Ausstattung)
- ➡ die Mythen der Organisation (z. B. „Es kommt auf den einzelnen (Lehrer) an" ⇨ Heldenmythos, oder „Wir sind eine große Familie" ⇨ Gemeinschaftsmythos, oder „Führen heißt aktiv sein, handeln" ⇨ Machermythos (42),
- ➡ die Sprache als Symbolsystem, z. B. der Lehrer, angesprochen als Gärtner, Schulmeister, Bildhauer, Partner, Kollege, Kraft, Toni, Herr Müller, Herr Dr. Müller usw.; der Schüler, angesprochen als Primus, Pfeife, Schrott, dumme Gans, Lackaffe, Modetitti usw.,
- ➡ formale Regeln und Prozeduren, z. B. Verwaltungsabläufe,
- ➡ Schulgeschichten, Schulwitze, die immer wieder erzählt und vorzugsweise neuen Kollegen und Kolleginnen anvertraut werden,
- ➡ Rituale, z. B. die Einführung neuer Kolleg*Innen in ein Lehrer*innenkollegium,
- ➡ Zeremonien, z. B. Begrüßungsfeiern und Abschlussfeiern.

Weshalb schildere ich hier so ausführlich die Bedeutung der geschulten Wahrnehmung des Gruppenleiters/der Gruppenleiterin? Ich tue es, weil der Sinn der Kursleiter*innenausbildung in Lehrer*innenkreisen oft nicht eingesehen wird, ja die Kursleiter*innenausbildung als überflüssig und störend abgelehnt wird. So wird etwa gesagt, dass Lehrer*innengruppen keine extra ausbildete Gruppenleiter*innen benötigen würden, weil sie sich in kollegialer Eintracht selbst helfen könnten.

Für mich ist die Kursleiter*innenausbildung der wichtigste Pfeiler des Lehrer*innenfortbildungshauses. Ich bin überzeugt, dass Lehrer*innen-Kollegien in zunehmendem Maße geschulte Gruppenleiter*innen benötigen werden, die gelernt haben, mit sich und anderen angemessen umzugehen, weil sie über eine geschulte und geübte Wahrnehmung nach innen und nach außen verfügen und im Lehrprozess mit beiden Hirnhälften produktiv umzugehen verstehen.

Wenn Lehrer einmal erfahren haben, sich nicht nur auf ihren Intellekt, sondern auch auf ihre Intelligenz, die bekanntlich Wahrnehmung, Intuition, Fühlen und Denken umfasst, zu verlassen, werden sie gegen die Kursleiter*innenausbildung nichts mehr einzuwenden haben. Wer einmal erlebt hat, wie ein guter Kursleiter/eine gute Kursleiterin die produktiven Kräfte der Teilnehmer*innen zu aktivieren versteht, möchte jedem Lehrer/jeder Lehrerin diese professionelle Fähigkeit wünschen.

Die gesellschaftlichen Funktionen des Bildungswesens stehen in einem gewissen Gegensatz zu pädagogischen Absichtserklärungen. So kann z. B.

- die Selektionsfunktion des Bildungswesens das pädagogisch sinnvolle Zuwarten in einem Krisenfall in Frage stellen, weil die kostbarste pädagogische Eigenschaft GEDULD in der Wertehierarchie hinter Leistungsformalismus figuriert,
- die Qualifikationsfunktion des Bildungswesens die pädagogisch sinnvolle fachliche Vertiefung beeinträchtigen und verhindern, weil der Lehrer meint, er müsse die Fachnote der Schüler auf eine Anzahl vorzeigbarer und rekurs fester Klassenarbeiten, die vor allem formales Wissen prüfen, gründen können und damit erfahrungsgemäß auch richtig liegt,
- die Substitutionsfunktion des Bildungswesens dazu führt, dass die Bildungsinhalte weiter vermehrt werden, ohne dass die Zeitgefäße angepasst werden, was fast automatisch zu Stresserscheinungen führt, weil versucht wird, ein neues Fach in den bestehenden Rahmen zu integrieren oder zu Positionskämpfen, weil niemand bereit ist, einmal erworbene Zeitgefäße zu opfern. Gut zu beobachten ist dies beim Fach Medienerziehung.

Das klassische Bürokratiemodell, das das Organisationsdenken von Schulleuten weitgehend bestimmt, führt

- auf der individuellen Ebene (33)
  ➡ zur Isolation des einzelnen Lehrers,
  ➡ zur Vereinzelung des Unterrichts,
  ➡ zur Konfliktvermeidung im sogenannt harmonischen Kollegium und
  ➡ zur Cliquenbildung mit der verbreiteten ‚Hintenherum-Informationspraxis'.

- auf der Lehrer*innen-Konferenzebene
  ➡ zu ineffizienter Konferenzgestaltung und ineffizientem Konferenzverhalten, verbunden mit verbreiteten Angstgefühlen und oft hohem Aggressions- bzw. Repressionspegel,
  ➡ zur Selbstdarstellungsdominanz einzelner Lehrkräfte, deren oft kaum gestörter Redefluss sich über die Konferenzteilnehmer ergießt.

- auf der Organisationsebene
  ➡ „zu wenig optimaler Hierarchiestufung. Ein Rektor nimmt innerhalb seiner Schule eine dominierende Rolle ein. Er ist zugleich Kollege und Vorgesetzter. Er steht oft einer großen Anzahl von formal Gleichen vor, die sich vorwiegend an ihm orientieren. Er hat in der Rolle des Vorgesetzten die sekundären Zwecke der Schule zu vertreten. Insbesondere möchte er sich „eigentlich immer dann kollegial verhalten, wenn markante Handlungen in der Rolle des Vorgesetzten nötig (34) wären (unpopuläre Entscheidungen, persönliche Beurteilungen, fachliche Supervision). Vorsicht nach allen Seiten, zögerliches Handeln, Vermeidung von Präzedenzfällen und unklare Entscheidungen kennzeichnen den Führungsstil mancher Schulleitungsperson und erschweren die Entwicklung einer proaktiven innerschulischen Problemlösungskompetenz." (34)

Ebenso wichtig scheint mir, dass ein Kollegium in seinen eigenen Initiativen bewusst unterstützt wird und den Rektor/die Rektorin konstruktiv stützt.

Ziel ist die Verbesserung der Zusammenarbeit und der Arbeitsresultate der Lehrkräfte eines Quartierschulhauses bzw. einer Schule. So weit wie immer möglich sollen Lehrer*innen zusammen mit ihrem Rektor/ihrer Rektorin und in deren Einverständnis ihr Geschick selbst in die Hand nehmen können. Das klassische Bürokratiemodell muss in Richtung Human-Relations–Bürokratiemodell fortentwickelt werden können, damit Entscheide dort gefällt werden können, wo die Probleme anstehen. Dazu bedarf es der „Unterstützung der Schulverwaltung". (35)

Ohne oder gegen die Rektoren und Rektorinnen, aber auch ohne oder gegen die Amtsstellen des Erziehungsdepartements lässt sich ALFB nicht verwirklichen. Deshalb ist Synergie nötig. „Synergie bedeutet zusammenwirken, in gleiche Richtung wirken." (36)

Hinter allem steht das Menschenbild des ‚Identitätssuchers'. Die entscheidende Frage lautet: „Wie findet und bewahrt der Mensch seine Identität im sozialen Umfeld und insbesondere im Führungs- und Organisationszusammenhang?" (siehe 23)

Dieser Teil der Fortbildung hat Organisationsentwicklungscharakter. Es kann z. B. nützlich sein, um das Image der eigenen Schule zu klären. Zu diesem Zwecke müssen Imagemerkmale einer Schule erarbeitet werden. Wenn die dort formulierten Imagemerkmale sowohl von der Schulleitung als auch der Lehrer*innenschaft, aber auch von den Schülern und Schülerinnen und deren Eltern auf einer Skala, die von + 3 über = bis – 3 reicht, eingeschätzt und anschließend ausgewertet wird, werden Selbst- und Fremdeinschätzungen sichtbar.

Jene Imagemerkmale, die gemeinsam ähnlich eingeschätzt werden, sowie jene, wo Fremd- und Selbsteinschätzung auseinanderklaffen, können zum Ausgangspunkt von gezielten Veränderungsprozessen werden.

Es ist zu vermuten, dass die Arbeitszufriedenheit der Lehrer steigt, wenn sowohl die Zusammenarbeit als auch die Arbeitsresultate eines Quartierschulhauses bzw. einer Schule verbessert werden dürfen. Alles dürfte die Lebendigkeit einer Schule nachhaltig beeinflussen, den Kindern/Schülern/Jugendlichen direkt zugutekommen und die Position staatlicher Schulen bezogen auf Wertschätzung und Ansehen verbessern helfen. Damit würden Lehrer und Leiter von Staatsschulen das tun, was Privatschulen schon lange gemerkt haben: durch gemeinsames Tun die eigene Schule vor der Erstarrung bewahren, d. h. lebendig und attraktiv erhalten.

Von Rekurrenz, d. h. einer Intensivfortbildung von längerer Dauer, kann nicht gesprochen werden, ohne die Lehrergrundausbildung in die Überlegungen miteinzubeziehen. Anton Hügli hat in seinem Aufsatz „Abenddämmerung in der Lehrerbildung von morgen“ (38) das Dilemma der Lehrergrundausbildung klar umschrieben. Diese Gedanken werden hier im Wortlaut zitiert:

„Wer sich entdeckungs- und innovationsfreudig auf das Feld der Lehrerausbildung begibt, wird bald resignierend feststellen, dass es hier, zumindest im Grundsätzlichen, kaum mehr zu entdecken gibt als drei Hauptgemeinplätze und einen Genieparagrafen als Ausweg auf einen Nebengemeinplatz.

Die drei Hauptgemeinplätze der Lehrerausbildung lassen sich auf die drei folgenden Kernsätze oder Kernzitate zusammenziehen:

1. Die Praxis des Lehrers kann man nur durch die Praxis lernen. Schule halten lernt nur, wer Schule hält.
2. Wenn die menschliche Natur sich zu Besserem entwickeln soll, „muss die Pädagogik ein Studium werden, sonst ist nicht von ihr zu hoffen und ein in der Erziehung Verdorbener

erzieht sonst den anderen. Der Mechanismus in der Erziehungskunst muss in Wissenschaft verwandelt werden, sonst wird sie nie ein zusammenhängendes Bestreben werden ..." (Kant, Akad. IX, 447).

3. Was der Lehrer vor allem braucht, ist nicht Wissenschaft, sondern Persönlichkeit, Bildung, Persönlichkeitsbildung; denn: „einen anderen bilden kann nur, wer selbst ein gebildeter Mensch ist; Leben entzündet sich nur am Leben." (E. Spranger, Ges. Schriften III, 56)

Werden diese drei Gemeinplätze einseitig bepflanzt, dann entstehen die drei idealtypisch verschiedenen Missgestalten des Lehrers. Auf Gemeinplatz Nr. 1 gedeiht vor allem der Klempner und Unterrichtshandwerker; auf Gemeinplatz Nr. 2 bewegt sich der pädagogische Klugschwätzer, der zwar nicht zu handeln, aber alles bestens zu begründen und zu rechtfertigen weiß. Gemeinplatz Nr. 3 schließlich produziert den Lehrer als Denkmal und Lebensmuster, seinen Schülern zum Vorbild.

Jedem Gemeinplatz entspricht als Organisationsform eine besondere Lehrerausbildungsstätte: Die klassische Organisationsform des Gemeinplatzes Nr. 1 ist das Lehrerseminar, auf Gemeinplatz Nr. 2 siedelt die Universität und auf Gemeinplatz Nr. 3 die Sprangersche Bildnerhochschule, die spätere Pädagogische Akademie oder Pädagogische Hochschule.

Die einseitige Bebauung der drei Gemeinplätze hat im Verlauf der Lehrerbildungsgeschichte stets nur Mangelerscheinungen gezeigt und – zumindest außerhalb unseres Landes – das sehnsüchtige Verlangen nach einem Wechsel der Anbauart geweckt. Der seminaristische Weg der Volksschullehrerausbildung im 19. Jahrhundert ließ schon in den Zeiten des Vormärz den Ruf nach einer universitären Bildung für alle Lehrer laut werden. Die bitteren Erfahrungen mit der rein universitären Gymnasiallehrerausbildung dämpften jedoch die mit diesem Weg verknüpften Erwartungen und führten schließlich, durch Ausweichen auf Gemeinplatz Nr. 3, der Bildungsidee, zur Forderung nach einem dritten Weg: der Gründung pädagogischer Akademien. Die Erfolgsgeschichte dieser Idee wurde einzig durch die seminaristische Regression in der Hitlerzeit vorübergehend gebrochen.

In den 60er-Jahren setzt sich dann aber die Einsicht durch, dass Pädagogische Hochschulen letztlich doch nichts anderes seien als Wissenschaft gekoppelt mit Schulpraxis, und dass sie mithin nicht ein Weder-Noch, ein weder Seminar noch Universität, sondern ein Sowohl–als–Auch darstellen. Dies verstärkte die Position jener, die konsequent vor allem das Als–Auch, nämlich Wissenschaft, gepflegt und die Lehrerausbildung an der Universität angesiedelt sehen wollten.

Zurzeit können wir nur in einzelnen Bundesländern den für alle Beteiligten offensichtlich schmerzlichen Prozess der Eingliederung der Pädagogischen Hochschulen in die Universitäten miterleben. In der pädagogischen Literatur beginnt man sich aber schon jetzt nostalgisch auf das zurückzubesinnen, was man mit dem alten Seminar und den Pädagogischen Hochschulen unwiederbringlich verloren hat.

An der Schweiz – in bildungspolitischen Fragen nicht bloß eine ‚verspätete', sondern eine ‚nie erwachende Nation' – ist diese für unsere Begriffe geradezu rasante Entwicklung im nördlichen Nachbarland ohne große Folgen vorbeigegangen. Wir befinden uns institutionengeschichtlich immer noch irgendwo auf dem Weg vom Seminar zur höheren Bildnerschule. Zu den großen Irrtümern konnten wir daher gar nicht erst fortschreiten, wir begnügten uns mit den kleinen. Aber diese Kleinen sind letztlich nur Spiegelreflexe der Großen. Auch wir betreiben eine mehr oder weniger ausgewogene Dreifelderwirtschaft mit dem Gewicht bald auf der Schulpraxis, bald auf der pädagogischen Wissenschaft oder der sogenannten Persönlichkeitsentwicklung, und erneut stehen wir immer wieder vor dem Problem, wie denn nun eigentlich die Theorie zur Praxis oder die Praxis zur Theorie und der Persönlichkeitsbildung in Einklang zu bringen sei. Angesichts dieser seit über 150 Jahren ungelösten, immer wieder verdrängten und immer wieder neu aufbrechenden Schwierigkeiten ist das Fazit nicht ganz von der Hand zu weisen, dass Lehrer auszubilden ein unmöglicher Beruf sei. Nicht verwunderlich jedenfalls ist es, wenn man manchenorts – aus Verwunderung darüber, dass sich überhaupt noch gute Lehrer finden lassen – auf den von mir als ‚Genieparagrafen' bezeichneten Neben–Gemeinplatz ausweicht: Lehrer kann man nicht werden, zum Lehrer wird man letztlich geboren. Wie der Genius des Dichters, so ist auch das „wahre Ethos des Erziehers eine zeitlose Urkraft des Menschentums", die „sich nur selten auf die Seele eines Sterblichen" [E. Spranger im Vorwort zu G. Kerschensteiners Buch „Die Seele des Erziehers" (1987) 11,8] niederlässt.

Der Rückgriff auf diesen Genieparagrafen bedeutet eine Bankrotterklärung für jede Lehrerausbildung, mit der sich schlecht leben lässt.

Den einzig erlösenden Ausweg sehe ich auch hier wiederum darin, unter Vermeidung des Genieparagrafen daran festzuhalten, dass man durchaus Lehrer werden kann, aber sich zugleich einzugestehen, dass dies, wenn überhaupt, nur gelingen kann, wenn der Lehrer seine Ausbildung als sein eigenes Werk von sich aus vollzieht. Die Dreifelderwirtschaft mag noch so geschickt betrieben werden, die verschiedenen Teile werden nie zueinanderkommen und nie ein Ganzes bilden, wenn der Auszubildende nicht fähig und nicht bereit ist, selbst von der Theorie zur Praxis und von der er–fahrenen und in diesem Sinne gebildeten Person zu werden." (39)

Ich teile die Auffassung von Hügli, dass den angehenden Lehrern und Lehrerinnen die Verantwortung für seine Ausbildung selbst zu übernehmen habe. Die Selbstverantwortung hat sich in der Lehrer*innenfortbildung fortzusetzen, ja mehr: Erst dort vermag sich die Forderung erfüllen, weil die professionelle Identität des Lehrers in enger Verbindung von Theorie und Praxis über die Zeitdauer hinweg gesucht werden muss.

In einer Zeit, wo sich die meisten aufgemacht haben, ein Leben lang weiter zulernen, könnte ein Modell realisiert werden, das es der Lehrkraft erlaubt, nach kurzer Grundausbildung ein Berufsleben lang in rekurrierenden Zeitblöcken weiter zulernen, die eigene Praxis an der Theorie zu messen, an jenen Berufsproblemen zu arbeiten, die ihn wirklich beschäftigen, sich als beruflicher Identitätssucher zu betätigen.

Ab Anstellung eines Lehrers könnten so alle sieben Jahre, institutionell und zum Beruf des Lehrers gehörend, Halbjahreszeitgefäße bereitgestellt werden. Diese Brückenpfeiler würden es dem Bildungssystem ermöglichen, sich à jour zu halten, sich unter Nutzung der so aktivierten Kräfte aus dem organisatorischen „Nichts–geht–Mehr" herauszubewegen und damit den Anschluss an „den Rest der Welt" sicherzustellen, dem Lehrer zu ermöglichen, ein Leben lang weiterzulernen, den bekannten Verschleißerscheinungen angemessen zu begegnen und ein Leben lang seine berufliche „Identität zu entwickeln, zu suchen und zu konsolidieren". (40)

Anfänge in diese Richtung sind gemacht. So kennt etwa der Kanton Bern einen halbjährigen Semesterkurs für Volksschullehrer, der Kanton Zürich eine zwölfwöchige Intensivfortbildung für Primarlehrer. Die Erfahrungen, die dabei gemacht werden, lauten sehr positiv. Die Kurse werden vom überwiegenden Teil der Lehrer als Jungbrunnen empfunden.

Alle diese Überlegungen führen mich zu den folgenden Zielsetzungen:

7. Die Zielsetzungen

1. Freiwilliges Kursangebot

Pro Semester ein Angebot von wenigstens 100 Kursen und Veranstaltungen anbieten, das

- sich an den drei Handlungsfeldern des Lehrers
  ⇨ Unterricht
  ⇨ Schule
  ⇨ Gesellschaft und Staat orientiert,
- die Bedürfnisse der Teilnehmer weitgehend berücksichtigt,
- den verschiedensten Lern- und Lehrauffassungen Rechnung trägt und
- den gegebenen Budgetrahmen einhält.

2. Kursleiter*innenausbildung (APT)

Bis 1995 soll über einen Stab von 50–75 ausgebildeten Kursleitern und Kursleiterinnen verfügt werden, der in der Lage ist, ALFB–Gruppen so zu leiten, dass die Arbeit gut gemacht wird und anstehende Probleme gelöst bzw. geklärt werden.

Zu diesem Zwecke soll

- der jetzt laufende Pilotkurs evaluiert,
- das Kurskonzept überarbeitet,
- die Zustimmung der vorgesetzten Kommission zur Fortsetzung des Lehrgangs erlangt sowie
- den Lehrgang mit den drei Teilen Persönlichkeitsentwicklung, Gruppenleitung, Organisationsentwicklung zusammen mit der LFBL ab 1987 neu angeboten werden.

3. Arbeitsplatzbezogene Fortbildung (ALFB)

Bis 1995 soll die ALFB so weit entwickelt werden, dass 75 % der Lehrerkollegien der Basler Schulen zusammen mit ihrem Rektor positive und negative Erfahrungen sammeln und daraus Lehrer für neue Vorhaben ziehen können.

Zu diesem Zwecke soll

- die Informationspraxis vertieft, jede sich bietende Gelegenheit wahrgenommen, informierend zu wirken,

- das eigentliche ALFB–Vorhaben an die Zielgruppen herangetragen,
- zu Arbeitsplatzanalysen und Diagnosen von Schulhauskollegien vermittelnd beigetragen,
- sich den einzelnen Schulen als Unterstützung bei Zielfindung, Beratungs- und Evaluationsverfahren angeboten werden.

4. Rekurrenz (Semesterkurse)

Bis 1995 soll ein Rekurrenzmodell für Basel–Stadt erarbeitet werden.

Zu diesem Zwecke soll

ab 1990 (nach der Lehrer*innenfortbildung im Langschuljahr)

- die ruhende Synodalarbeitsgruppe reaktiviert,
  ➡ dem ED (Erziehungsdepartement) eine Vorlage beschlussreif abgeliefert werden.

Dies sind die mittelfristigen Zielsetzungen. Sie orientieren sich am neuen Lehrer*innenfortbildungshaus. Sie definieren die Aufgaben, die ich lösen möchte, und geben dem Unternehmen ULEF eine Perspektive.

Auf den folgenden Seiten wird die Unternehmensphilosophie dargestellt und erläutert.

Zusammenarbeit am ULEF

Am ULEF müssen dauernd Probleme gelöst werden. Jede Problemlösung wird als Lernprozess betrachtet. Fehlermachen ist erlaubt.

Drei Forderungen sind grundlegend, weil sie die Problemlösung fördern, den Lernprozess erleichtern und das Klima verbessern helfen. Sie gelten für alle Beteiligten gleichermaßen.

1. Forderung *

Übernimm die Verantwortung für Dein TUN + LASSEN. Sei Dein eigener Anwalt, vertritt Dich selbst, äußere Deine Bedürfnisse, Ideen, Ansichten. Tue es in jeder gegebenen Situation unter Beachtung der real gegebenen Grenzen.

2. Forderung *

Störungen haben Vorrang. Bringe sie sofort ein, damit sie so schnell als möglich besprochen und geklärt werden können. Deine Verstimmung ist nicht unanständig, sondern ein wichtiger Anteil der oft nicht beachteten Kehrseite der Medaille. Störungen lassen sich produktiv nutzen. Sie erhalten dadurch Sinn.

3. Forderung *

Niemand ist allmächtig, niemand ist ohnmächtig, Du und ich sind partiell mächtig. Konsenssuche in einer gegebenen Situation ist wichtig. Strebe deshalb Lösungen an, in denen die Bedürfnisse aller Beteiligten angemessen berücksichtigt sind.

(Siehe Ruth C. Cohn, Von der Psychoanalyse zur Themenzentrierten Interaktion, Klett, 1975: S. 120 ff.)

8. Gedanken zur persönlichen Arbeitsweise

Als ich meine Arbeit im August 1981 im ULEF angetreten habe, habe ich drei Dinge getan, die sich als nützlich erwiesen haben:

- Ich habe mich bei allen mir bekannten Dienststellen, in der Schulsynode und bei den Schulleitern persönlich vorgestellt.
- Ich habe mit meinem Chefsekretär schriftlich die Zuständigkeiten und Verantwortungsbereiche geregelt.
- Ich habe eine Planungswand erfunden, die jetzt in meinem Büro hängt und Auskunft über die Kursaktivitäten innerhalb

eines Semesters gibt. Aber auch die eigene Tätigkeit, Geburtstage der Mitarbeiter, eigene Ferien und die Ferien der Mitarbeiter sowie spezielle Verpflichtungen wie Militärdienst u. Ä. sind auf ihr termingerecht zu finden.

Die Kontaktnahme erwies sich als sehr nützlich, war es doch möglich, derart einen gewissen Goodwill zu schaffen. Die schriftliche Vereinbarung mit meinem Chefsekretär räumte von Anbeginn Unklarheiten aus dem Weg. Er ist der Chef nach innen, ich bin der Chef nach außen. Durch diese Arbeitsteilung bin ich frei für Aktivitäten ‚im Felde'. Ich gehe in der Gewissheit außer Haus, dass ‚der Stabschef' zu Hause alles in meinem Sinne regeln wird. Die Planungswand hat einen enorm psychohygienischen Wert. Ich habe dauernd vor Augen, wo ich in der Zeitachse stehe, sehe wichtige Veranstaltungen auf mich zukommen, sehe, wie viele Kurse in der anstehenden Woche im Hause und außerhalb zur Durchführung kommen, sehe, in welchem Fachbereich viel, wo wenig läuft, habe den Überblick und bin so nicht belastet mit Fantasien und Ängsten, die entstehen können, wenn Termine vergessen werden, Informationen nicht rechtzeitig erfolgen, Vorhaben nicht langfristig geplant werden.

Im Laufe der Zeit entwickelt wohl jeder Dienststelleninhaber seinen persönlichen Arbeits- und Führungsstil. Ich bin hier keine Ausnahme. Weil es ja um Führungsverständnis geht und Führen sich in Tätigkeiten äußert, die mehr über den Führungsstil eines Amtsinhabers aussagen als schöne Konzepte, gebe ich hier einiges kund.

Ich vertrete die Auffassung, dass im Umgang mit Menschen nur das, was getan wird, wirklich zählt. Zu oft werden Dinge gesagt, die dann nicht in die Tat umgesetzt werden. Ich bin für die Tat, hoffend, dass alles, was ich hier schreibe, wahr ist. Meine Hoffnung ist auch, dass ich verstanden werde. Mir geht es nicht um eitle Selbstdarstellung, obwohl ich weiß, dass ich nicht frei von Eitelkeit bin. Ich möchte deutlich machen, dass zum Führen der ganze Mensch gefordert ist, mit Kopf, Herz, und Hand, dass – wie beim Reiten – oft die Angst des Reiters zuerst über die Hürde geworfen werden muss, damit das Pferd folgt, dass es keine Halbheiten geben kann und die Intensität der Konzentration der Gradmesser guter Problemlösung ist. Führen heißt, mit anderen Menschen zusammen Ziele erreichen zu wollen. In diesem Sinne möchte ich die nachfolgenden Anmerkungen verstanden wissen:

- Je älter der Mensch wird, desto mehr Grenzen sind ihm gesetzt, bis hin zu jener letzten Grenze, die Tod heißt. Ich lebe in der Gewissheit, eines Tages sterben zu müssen. Ich empfinde Grenzen als Chancen und ich bin an Grenzüberschreitungen interessiert. Dieser Widerspruch bringt die Energie des Daseins.
- Gott ist und wird. Der Mensch ist aufgefordert, dazu beizutragen. Es geht im Leben darum, zum WERDEN seinen je persönlichen Beitrag zu leisten. Denn Sinn des eigenen Lebens zu suchen, zu finden und zu leben, ist uns aufgetragen. Das sind mein Glaube und meine Lebensphilosophie.
- In mühsamen Lernprozessen habe ich gelernt, dass ich zwar manches kann, dass es aber ohne die Mitmenschen keine echte Problemlösung gibt. Ich bin auf andere Menschen angewiesen, deshalb bin ich an interdependenter Zusammenarbeit interessiert.
- Führung ohne strategische Überlegungen, die mittel- und langfristig über die Tagesprobleme hinausreichen, kann ich mir nicht vorstellen. Deshalb orientiere ich mein pragmatisches Handeln immer wieder an Zielperspektiven, die meinem Tun erst Sinn verleihen.
- Es ist unmöglich, alles selbst zu tun. Deshalb schließe ich mit Beauftragten (Freelancer, freischaffende Mitarbeiter) Verträge, die überprüfbare Zielsetzungen enthalten und die Kompetenzen sowie die Entschädigungsfrage regeln.
- Verträge, Abmachungen, Versprechungen halte ich ein. Es gibt nichts Vertrauenzerstörenderes als ein nicht eingehaltenes Versprechen.

- Mitarbeiter müssen am gleichen Strick ziehen, d.h. die Unternehmensphilosophie des ULEF akzeptieren. Wenn diese Bedingung nicht oder nicht mehr erfüllt werden kann, wird kein Vertrag geschlossen bzw. der Vertrag wird auf den nächstmöglichen Termin gekündigt.
- Aus Schwächen Stärken machen: Das ULEF hat außer dem Chefsekretär und mir keine festangestellten Mitarbeiter, insbesondere keinen Lehrkörper. Das gibt mir die Möglichkeit, für eine befristete Zeit die richtigen Leute für ein anstehendes Problem zu verpflichten. Ich betrachte es als große Chance der institutionalisierten Lehrer*innenfortbildung, dass sie über keinen festen Lehrkörper verfügt, weil sie so weniger Gefahr läuft, institutionell zu erstarren. In der Lehrerfortbildung von Basel–Stadt zeigte sich als Schwäche, dass sich die Kollegen und Kolleginnen, weil auf engem Raum beieinander, ‚zu gut' kennen und sich deshalb außerhalb des Schulunterrichts eher meiden. Diese Schwäche in eine Stärke zu verwandeln, hieß, eine Form zu finden, die die ‚Enge des Raums' als Stärke postuliert. Die Arbeitsplatzbezogene Fortbildung (ALFB) war erfunden.
- Ich weiß, dass es verschiedene Menschentypen gibt. Es gibt welche, die zuerst denken, bei anderen dominiert das Fühlen. Wieder andere sind gute Wahrnehmer oder verfügen über eine gute Intuition. C. G. Jung hat diese Typen und ihre Mischformen beschrieben (43). Bei Personen- und Sachfragen verlasse ich mich in der Regel zuerst auf das Gefühl, erst dann auf Fakten. Ich bin ein Fühlmensch und merke sofort, ob mir etwas angenehm oder unangenehm ist. Ein unangenehmes Gefühl ist immer ein Rotlicht, das beachtet werden will. Mir ist wohl bzw. mir ist nicht wohl sind sichere Gradmesser, auf die ich mich verlassen kann. Bei Unwohl–Gefühlen muss genauer hingeschaut werden; werden keine Entscheide gefällt, heißt es ‚Das Ganze halt!', Abstand nehmen, nochmals darüber schlafen. Bei Wohl–Gefühlen wird entschieden, vorwärtsgemacht, werden Verträge geschlossen, Ziele vereinbart, Maßnahmen festgelegt.

- Riechen, was in der Luft liegt, hat etwas mit Intuition zu tun, was ja nichts anderes als abgekürztes Denken, d.h. das Gegenteil von Analyse ist. Ein intuitiver Mensch kann um die Ecke schauen, weiß, woher etwas kommt und wohin es geht. Intuition ist mir wichtig. Ich kann mir nicht vorstellen, dass Perspektiven ohne Intuition möglich sind. Intuition bedarf der soliden Informationsbasis. Meine wichtigen Informationen hole ich mir aus der Tagespresse, insbesondere aus der ZEIT, der Neuen Zürcher Zeitung, dem SPIEGEL, der WOZ und der BaZ sowie aus der Fachpresse und Fachliteratur. Das Studium wirtschaftswissenschaftlicher Fachliteratur bringt mir zurzeit mehr als das Studium didaktischer Fachliteratur.
- Ich bin nicht ohne Ehrgeiz und versuche, meine Möglichkeiten und Grenzen zu sehen. Meine Lebens- und Berufsziele, auch meine Wunschziele, meine Erfahrungen, die ich noch machen möchte, und Dinge, die ich noch tun will, habe ich schriftlich formuliert. Es sind, glaube ich, realistische Ziele, jenseits von jenem Ehrgeiz, der Menschen und zwischenmenschliche Beziehungen zerstört.
- Wissen, woher ich komme, wo ich stehe und was ich will, alles sehr genau, erachte ich als die wichtigste Voraussetzung, ein Ziel zu erreichen.
- Zu jedem größeren Vorhaben erarbeite ich schriftlich ein Konzeptpapier, das im Grundraster immer wieder gleich aufgebaut ist. Zunächst formuliere ich die Ausgangslage. Dies kann die schlichte Wiedergabe von Ereignissen, Kontakten usw. sein, die zum Anlass geführt haben. Ich formuliere sie so, dass der Leser den Eindruck bekommen möge, selbst dabei zu sein. Bei großen Anlässen, wie zum Beispiel einem Didacta–Kongress versuche ich, jene Sorgen, Nöte, Hoffnungen, Ängste, Wünsche usw. in fragender Form zu antizipieren, die die Teilnehmer sich dann selbst stellen dürften. Ein Kongresskonzept muss ja eineinhalb bis zwei Jahre vor der Durchführung entworfen werden. Deshalb ist die Formulierung der Ausgangslage ein schwieriger Vorgang. Sie bedarf der Intuition. Einfühlungsvermögen ist wichtig und

ein waches Studium der Tagespresse. Meine Erfahrung ist, dass sich gerade dort, wo eigentlich das kurzlebige aktuelle Tagesgeschehen vorrangig zur Darstellung kommt, Themen ankündigen, im Feuilletonteil und – häufig – im Wirtschaftsteil, die erst in ein bis zwei Jahren reif sind, d. h. ins Bewusstsein einer breiteren Öffentlichkeit zu dringen beginnen.

- Dann formuliere ich die Anliegen des Veranstalters oder manchmal auch die Botschaft des Veranstalters. Meine Erfahrung ist, dass das Offenlegen dessen, was der Veranstalter beabsichtigt, vertrauensbildend wirkt. Ich hatte z. B. bis jetzt kaum Schwierigkeiten, Referenten der unterschiedlichsten Herkunft zu einem Anlass zu verpflichten und schreibe es weitgehend dem Umstand zu, die eigenen Karten offen auf den Tisch gelegt zu haben. Dann folgt der Organisationsrahmen, der Auskunft über die Zeiten, die Orte, die Themen/Vorhaben und die Personen gibt, sowie Angaben zur Konferenzsprache, zu allfälligen Teilnahmegebühren, Anreise- und Parkmöglichkeiten enthält.
- Bei der Planung, Durchführung und Auswertung von (Groß-) Veranstaltungen versuche ich, nichts dem Zufall zu überlassen. Meine Erfahrung ist, dass der Teufel im Detail liegt. Sämtliche Kontakte erfolgen schriftlich, telefonische Abmachungen werden schriftlich bestätigt, Aufträge werden formuliert, zeitliche Limiten – z. B. zur Abgabe von Manuskripten gesetzt – Versäumnisse ohne Hemmungen angemahnt usw. Meine Erfahrung ist, dass dieser direkte Stil auf Zustimmung stößt und vor allem von nichtschulischen Kreisen als professionell empfunden wird.
- Man muss zu den Leuten hingehen, wenn man etwas erreichen will. Mir macht es nichts aus, meine Kunden zu besuchen, und das immer wieder.
- Besprechungstermine vereinbart der Chefsekretär. Er führt ein Doppel meines Terminkalenders, das er jede Woche à jour bringt. Von ihm vereinbarte Termine halte ich ein. Nur in Notfällen wird umdisponiert. Während einer Besprechung lasse ich mich durch nichts stören. Telefonanrufe werden nicht durchgestellt. Ich bin ganz für den Besuch

da und versuche, mir klar zu werden, was er von mir will. Wenn das klar ist, treffe ich häufig an Ort und Stelle schriftliche Abmachungen. Der Besuch erhält ein Doppel meiner handschriftlich verfassten Aktennotiz. Der Chefsekretär erhält in der Regel ebenfalls eine Kopie.

- Offenheit ist mir ein wichtiges Anliegen. Ich halte wenig von Taktieren und Verschleiern. Ungereimtheiten werden sofort angesprochen und nach Möglichkeit so geregelt, dass alle Beteiligten von der angestrebten Lösung profitieren.
- Wenn ich in eine Arbeit vertieft bin, lasse ich mich nicht gerne stören. Trotzdem halte ich von fixen Besuchszeiten wenig, weil sie formalisieren, entpersonalisieren, die Distanz betonen, Nähe vermeiden – alles Dinge, unter denen viele Menschen heute leiden. Für unsere Kunden und die Kursleiter bin ich deshalb sofort zu sprechen. Bei mir kann man anklopfen und reinkommen. Wenn niemand bei mir ist, nehme ich mir Zeit für den Besuch.
- Meine Arbeit verläuft geplant. Ich benütze dazu „Time/System" (44) und mache damit sehr gute Erfahrungen. Jede Aufgabe, Abmachung, jeden Termin trage ich in die Monatsaktivitäten–Checkliste ein, notiere, bis wann etwas erledigt sein muss, wann ich den Eintrag vorgenommen habe und welche Priorität der Aufgabe zukommt. Wenn ich die Aufgabe delegieren kann, notiere ich zusätzlich, an wen sie delegiert wurde. So vergesse ich keine Aufgabe, Abmachung usw. und brauche mein Gedächtnis nicht unnötig zu belasten. Einen Termin, der erst in einigen Monaten aktuell wird, notiere ich auf dem entsprechenden Monatsblatt, das noch im Archiv aufbewahrt wird. Wenn die Monatsaktivitätenliste schließlich in meine Ringbuch–Agenda kommt, werden längst vergessene Daten lebendig.
- Meine Arbeit beginnt morgens um 7:00 Uhr im Büro. Zuerst erstelle ich meinen Tagesplan. Ich übertrage die anstehenden Termine vom Monatsplan auf den Tagesplan, notiere die Aufgaben, die ausgeführt werden müssen und die Kontakte, die schriftlich oder telefonisch getätigt werden müssen. Was erledigt ist, wird in der O. k.–Spalte abgehakt.

- Meine Leitsätze lauten:
  Alles, was ich tue, hat einen Anfang, einen Weg und einen Abschluss.
  Sich auf das Zielpublikum konzentrieren.
  Ein gutes Konzept (Grundlagenpapier) ist 80% des Erfolges.
  Zielvereinbarungen sind 80% des Erfolges.
  Gute Protokolle sind 80% erfolgreicher Gruppenarbeit (Kommissionen, Arbeitsgruppen).
  Einen langen Atem haben. Nie aufgeben.
- Sämtliche Arbeitsaufträge, die ich meinem Chefsekretär erteile, notiere ich in einem Auftragsbuch. Einen Brief z. B. beantworte ich in der Regel umgehend, d. h. ich verfasse handschriftlich einen Briefentwurf, der im Sekretariat geschrieben werden muss. Von diktierten Briefen halte ich wenig, weil ich ein visueller Mensch bin und den Text nochmals <u>sehen</u> muss, bevor er ins Reine geschrieben wird.
  Dann notiere ich zum Beispiel im Auftragsbuch: ⑩ Brief an Dr. Wyss schreiben. Der Arbeitsauftrag ist knapp gehalten. Er ist als Ziel formuliert und enthält wenigstens Inhalt und Tätigkeit sowie eine Auftragsnummer. Zum Briefentwurf lege ich in der Regel das Schreiben des Adressaten, damit die Sekretärin, die den Brief schreibt, sieht, weshalb sie den Brief schreibt. Wenn der Auftrag erledigt ist, wird er vom Chefsekretär im Auftragsbuch abgehakt. Damit erreiche ich vier Dinge:

1. Es bleibt selten etwas liegen. Ich schaffe mir die Dinge vom Schreibtisch.
2. Wenig wird vergessen. Offengebliebene Positionen im Auftragsbuch können als Pendenzen angemahnt werden, was ich ca. alle zwei Monate tue.
3. Der Chefsekretär ist über alles informiert, weil das Auftragsbuch samt den erteilten Tagesaufträgen in einer Schachtel an ihn gehen, und er für die Erledigung der Aufträge durch entsprechende Arbeitsverteilung im Sekretariat verantwortlich ist.
4. Die beauftragte Sekretärin sieht den Sinn ihrer Arbeit, weil sie nicht nur den Antwortbrief schreibt, sondern auch den Grund der Antwort im Brief des Adressaten nachlesen kann.

Meine Erfahrung ist, dass diese Arbeitsweise nicht nur sehr effizient ist, sie ist auch motivierend und anspornend für die Mitarbeiter*innen.

- Zirka alle sechs Monate setzen sich der Chefsekretär und ich einen halben Tag zusammen. Wir lassen den vergangenen Zeitraum Revue passieren und überlegen uns Arbeitsverbesserungen und -erleichterungen. Einmal im Jahr qualifiziere ich seine Arbeit. Ich halte mich dabei an die SANDOZ-Checkliste:
  - ⇨ qualitative Arbeitsleistung
  - ⇨ quantitative Arbeitsleistung
  - ⇨ Zuverlässigkeit/Einhaltung von Vereinbarungen
  - ⇨ Umgang mit Sachwerten
  - ⇨ Selbstständigkeit
  - ⇨ allgemeines Verhalten
  - ⇨ eigene Fortbildung

Neuestens macht er dasselbe auch mit mir.

- Zur Vorbereitung von großen Aufträgen bzw. von Veranstaltungen und Kongressen bin ich in der glücklichen Lage, mir Freiräume schaffen zu können. Ich gehe in Klausur oder bitte andere mitzudenken. Die ‚Generalinventur der Schulen' z.B. konnte ich in zwei Fortbildungskursen, die ich als Teilnehmer besucht habe, gründlich vorbesprechen. Die Anregungen, die ich dort bekommen habe, trugen wesentlich zum Ergebnis bei.
- Ich mache regelmäßig jedes Jahr eigene Fortbildung und habe dazu zehn Arbeitstage vertraglich zugesichert.
- In einer Intervisionsgruppe, die sich einmal im Monat während eines halben Tages trifft und der OE–Fachleute aus Basel angehören, kann ich Probleme, die im Zusammenhang mit meiner Arbeit entstehen oder entstehen könnten, vorbringen und besprechen. Ich merke, dass mir dieser Austausch immer wichtiger wird, weil er eine stark psychohygienische Funktion hat.

- Es gibt Bücher, die mich aufbauen, z.B. fast alles, was Hartmut von Hentig geschrieben hat, oder Epiktets „Handbüchlein der Moral“ oder Christine Brückners „Jauche und Levkojen“. Das ist meine geistige Psychohygiene. Ich male viel und gern, erlebe die völlige Konzentration, die Auseinandersetzung mit dem Wahrgenommenen, das Fließen der Wasserfarben. Das ist meine Psychohygiene, die über die Wahrnehmung erfolgt. Ich laufe viel und gern. Den Rhythmus finden, schwitzen, atmen, kilometerweit im Gleichtakt – das ist meine körperliche Psychohygiene. Ich bin mit einem Menschen zusammen, wo ich der sein kann, der ich wirklich bin. Das ist meine wertvollste Psychohygiene.

9. Schluss

Wir stehen am Ende eines Jahrhunderts, das uns die größten Kriege und die größten zivilisatorischen Fortschritte brachte, die die Welt je gesehen hat. Wir stehen zwischen der Gefahr einer apokalyptischen Zerstörung und den Chancen eines neuen Zeitalters von ungeahnt erhöhter Lebensqualität.

Wir stehen vor einer Zeitenwende. Wir leben in einer Wendezeit. Wie nie zuvor in der Geschichte der Menschheit ist Umdenken nötig geworden. Die monokausalen Denkweisen haben ihren dominierenden Stellenwert eingebüßt. Das Bewusstsein wächst, dass alles mit allem zusammenhängt.

Geht es um Werte? Es geht um Werte!
Jeder Mensch entwickelt mit der Zeit ein Wertleben gegenüber Sachen und Sachverhalten, den Mitmenschen, dem eigenen Werkschaffen, der eigenen Lebensgestaltung, sich selbst und dem, was über ihn hinausgeht. Werte spielen in unserem Leben eine zentrale Rolle, ob wir sie bewusst wahrnehmen oder nicht. Es geht um Bewusstheit und Bewusstwerden. Die zentrale Frage lautet:

Wie finden wir die dynamische Balance zwischen der Bestimmtheit und der Offenheit der Erkenntnis/Erfahrung, sodass Bestimmtheit nicht in Fanatismus (Einseitigkeit, Starrheit, Enge) und Offenheit nicht in Indifferenz (Unbestimmtheit, Beliebigkeit, Leere) entartet? (45)

„Das LEBEN ist heilig. Aber nur zu überleben ist sinnlos. Für wen und was man lebt ist wichtig." (46) Die Menschen, sie sind aufgefordert, sich zu entscheiden für lebenswürdige Werte in einer menschenwürdigen Welt. Der Lehrer ist aufgefordert, ein neues Selbstbild zu entwickeln, die Lehrerschaft muss ein neues berufliches Selbstverständnis erarbeiten. Die Lehrerfortbildung muss ihr dabei helfen.

Lasst es uns tun!

Literatur

1. Nach Heinrich Oswald, Führen, statt verwalten, Paul Haupt, 1968/2.

1a Nach Friedrich Christoph Oetinger, 1702–1782.

2. Epiktet, Handbüchlein der Moral, Kröner, 1984: S. 21.
3. Karl Jaspers, Philosophie II, Existenzerhellung, Springer, Berlin, Heidelberg, New York, 1973.
4. C. G. Jung, Mensch und Seele, Ex Libris, 1971.
5. Dieter Spanhel, Die Rolle des Lehrers in unserer Gesellschaft, in: Walter Twellmann (Hrsg.), Handbuch Schule und Unterricht, Band I, Schwann Handbuch, 1981: S. 102.
6. Dieses Zitat und die dahinterstehende Denkweise verdanke ich Ruth C. Cohn, mit der ich seit 1974 bekannt bin. Wir beide sind einen langen Weg miteinander gegangen und vieles, was ich in diesem Aufsatz schreibe, wäre ohne den dahinterstehenden Prozess nicht geschrieben worden. Ruth C. Cohn hat meinen privaten und beruflichen Werdegang nachhaltig beeinflusst. In vielen Kursen, in anstrengender Supervisionsarbeit auf dem Hasliberg und in manchen persönlichen Kontakten waren wir uns oft sehr nahe, haben uns

aber auch ausgiebig gestritten. Bei ihr habe ich gelernt, was es heißt, sich einzufühlen und zu konfrontieren, wahrzunehmen und nachzudenken, zu seinen Stärken und Schwächen zu stehen, beide gern zu haben und sich Verwirrung, Konfusion so zu erlauben, wie Klarheit und Prägnanz. Ohne sie und ihre TZI, die mittlerweile nicht nur meine Gedankengänge, sondern auch meine Lebensweise bestimmt, wäre diese Arbeit so nicht geschrieben worden.
Bücher und Schriften von Ruth C. Cohn:

- Ruth C. Cohn, Von der Psychoanalyse zur themenzentrierten Interaktion, Klett–Cotta, 1981/5.
- Ruth C. Cohn, Alfred Farau, Gelebte Geschichte der Psychotherapie. Zwei Perspektiven, Klett–Cotta, 1984.
- Ruth C. Cohn und Paul Matzdorf, Themenzentrierte Interaktion, in Raymond J. Corsini (Hrsg.), Handbuch der Psychotherapie, Sonderdruck.
- Ruth C. Cohn, Vom Sinn des Lebens und Lernens in der heutigen Zeit, Interview im Basel Schulblatt, 20. Sept. 1982, Nr. 9, interviewt durch den Verfasser.

7. Hartmut von Hentig, Aufwachsen in Vernunft, Klett–Cotta, 1981: S. 298.
8. Hartmut von Hentig im Gespräch mit Rainer Winkel, WPB 12/85.
9. Karl Weber (Sekretariat des Schweizerischen Wissenschaftsrates), Informationsangebot zur Curriculum–Konferenz zum Gebiet Lehrerfortbildung, Schwerpunkt ‚Gesellschaft und Staat', ULEF/IPN, 1985.
10. Karl Weber, a. a. O., S. 32.
11. Nach Heinz Heckhausen, Bedingungsvariablen der Lernmotivierung, in Deutscher Bildungsrat, Gutachten und Studien der Bildungskommission.
12. Band 4-H. Roth (Hrsg.), Begabung und Lernen, Klett, 1969/3.
13. Torsten Husèn, Die Schule in der leistungsorientierten Gesellschaft, Krise und Reform, in Björn Engholm (Hrsg.), Demokratie fängt in der Schule an, Eichborn, 1985.
14. Peter Fürstenau, Neuere Entwicklungen der Bürokratieforschung und das Schulwesen, Ein organisationssoziologischer

Beitrag, In: Zur Theorie der Schule, Veröffentlichung Nr. 10 des Pädagogischen Zentrums Berlin, Weinheim/Berlin/ Basel, 1069, 1972/2: S. 47–66.

15. Max Weber, Wirtschaft und Gesellschaft, Grundrisse der verstehenden Soziologie, Studienausgabe Köln/Berlin, 1964, Zitiert in Peter Fürstenau, a. a. O.
16. Peter Fürstenau, a. a. O.
17. Peter Fürstenau, a. a. O.
18. Anton Hügli, Was bedeutet mir organisiertes Lernen und Lehren in der heutigen Zeit? – Einige Erläuterungen, Thesen und Fragen im Hinblick auf das gleichnamige Podium, 24. Februar 1986, ULEF –Vortragszyklus „Vom Sinn des Lernens und Lehrens in der heutigen Zeit“, Basel, 10.02.1986.
19. Hanspeter Müller, Privatschulen zwischen Utopie und gesellschaftlichen Zwängen, Sonderbeilage der Basler Zeitung, Nr. 194, Donnerstag, 21. August 1986.
20. Anton Hügli, a. a. O.
21. Werner K. Müller, Führung und Identität, Haupt, Bern und Stuttgart, 1981: S. 113.
22. Werner K. Müller, a. a. O.: S. 167.
23. Werner K. Müller, a. a. O.: S. 113.
24. Werner K. Müller, a. a. O.: S. 185.
25. Jolande Jacobi, Vom Bilderreich der Seele, Wege und Umwege zu sich selbst, Otto Walter, Olten und Freiburg i. B., 1969: S. 95.
26. Hartmut von Hentig, Fragmente einer zukünftigen Pädagogik, In: Frankfurter Hefte, Zeitschrift für Kultur und Politik, Extra 6, 1984: S. 119 ff.
27. Werner K. Müller, a. a. O.: S. 113.
28. Andreas Pieper, Verbesserung der Zusammenarbeit im Lehrerkollegium als Aufgabe einer systembezogenen schulpsychologischen Beratung, Peter Lang, Frankfurt a. M., Bern, New York, 1986: S. 3.
29. Werner K. Müller, a. a. O.: S. 112.
30. Elmar Osswald, Sachzentrierter Unterricht nach TZI in der Staatsschule, Basellandschaftliche Schulnachrichten, 41. Jahrgang, Heft 3, Sept. 1980: S. 10.

31. Benediktus Hardorp, Ein initiatives Erziehungswesen? In: Björn Engholm (Hrsg.), Demokratie fängt in der Schule an, a. a. O. Eichborn, 1985.
32. Werner K. Müller, a. a. O., S. 127.
33. Die gesetzlichen Bestimmungen sind formuliert in den §§ 31 und 232 des Lehrerbildungsgesetzes des Kantons Basel–Stadt vom 16. März 1922 sowie im § 17 der Amtsordnung für die Lehrer vom 10. November 1930. Sie lauten wie folgt:

§ 30: das Erziehungsdepartement fördert die Bildung der im Amte stehenden Lehrer durch die Veranstaltung besonderer Vorträge, Kurse und Führungen, durch die Gewährung von Reisestipendien, Studienurlaub und von Beiträgen zu den Besuchen von Kursen, durch die pädagogische Bibliothek und durch andere geeignete Mittel. Zur Erreichung dieses Zwecks wird in das Budget des Erziehungsdepartements jährlich ein angemessener Beitrag eingestellt.

§ 31: Zur Förderung der methodischen Ausbildung kann das Erziehungsdepartement die im Amte stehenden Lehrer zum Besuch von Kursen verpflichten.

§ 17: (1) Die Lehrer haben Anspruch auf die für die Schüler festgesetzten Ferien. Indessen bleibt es den Erziehungsbehörden vorbehalten, die Durchführung von Veranstaltungen, die der Weiterbildung der Lehrerschaft oder den Interessen der Schule dienen, während unterrichtsfreier Stunden oder während der Schulferien anzuordnen.
(2) Sind mit dem Besuch einer solchen Veranstaltung erhebliche Mehrleistungen verbunden, so kann der Erziehungsrat den Lehrern eine angemessene Gegenleistung gewähren.
(3) Die Lehrer an Primar-, Sekundar- und Realschulen können verpflichtet werden, bis zu ihrem 40. Lebensjahr gegen die übliche Entschädigung Horte, Spielabende und Ferienkolonien zu leiten (Lehrerbesoldungsgesetz § 18).

34. Die Ebenen und die anschließenden Erläuterungen orientieren sich am Buch von Andreas Pieper, a.a.O.: S. 71 ff.
35. Andreas Pieper, a.a.O.: S. 68.
36. Helmut Fend, Gute Schulen – schlechte Schulen, Arbeitspapier, o.J.
37. Kasimir M. Magyar, Pioniere und Pionierunternehmen, Die Orientierung, Nr. 86, SVB, 1986: S. 36.
38. Die Titel orientieren sich an Cuno Pümpin, Jean–Marcel Kobi, Hans A. Wüthrich, Unternehmenskultur, Die Orientierung, Nr. 85, SVB, 1985: S. 29.
39. Anton Hügli, Abenddämmerung in der Lehrerbildung von morgen, In: Beiträge zur Lehrerbildung, Zeitschrift des Schweizerischen Pädagogischen Verbandes, 1/1986: S. 119–129.
40. Anton Hügli, a.a.O. : S. 122 ff.
41. Werner K. Müller, a.a.O.
42. Carl Rogers, Entwicklung der Persönlichkeit, Klett, 1976: S. 167, zitiert nach Kierkegaard S., Die Krankheit zum Tode, Jena, 1924.
43. Oswald Neuberger, Ain Kompa, Mit Zauberformeln die Leistung steigern, Serie: Firmen – Kultur II, Psychologie heute, Juli 1986.
44. C. G. Jung, Psychologische Typen, Walter, 1971.
45. „Time/System" AG, Oberholzstraße 8, CH–8173 Neerach, Tel. 01 858 00 00.
46. Heinrich Roth, Pädagogische Anthropologie, Bd. I, Schroedel 1971/3: S. 340.
47. Der Schrei nach Leben, Dreiteiliger Fernsehfilm nach dem gleichnamigen Roman von Martin Gray und Max Gallo, DRS, 16. Oktober 1986.

(Elmar Osswald, ULEF: Führen, statt Verwalten, Führungsverständnis einer staatlichen Dienstleistungsstelle, Manuskript, Dezember 1986. Diese Arbeit blieb 26 Jahre verschollen. Ich fand sie in meiner Bibliothek wieder wegen des nachfolgenden Briefes, den ich in einem ULEF-Ordner abgelegt hatte.)

Brief von Dr. Urs Meier, ehemaliger Kollege am Lehrerseminar Liestal, 27. November 1986

Lieber Elmar,
Rückmeldungen sollen unverzüglich erfolgen! Darum: Mit Begeisterung habe ich heute Morgen Deine Arbeit ‚ULEF: Führen, statt verwalten' in einem Zug gelesen!
Sehr beeindruckt hat mich

- *wie es Dir gelungen ist, Dein Engagement für das Humane (die ‚Würde des Lehrers' – und damit die des Kindes) mit den Erfordernissen einer neuzeitlichen Leitung einer Institution zu verbinden und*
- *wie Du die Herleitung einzelner struktureller Vorschläge und Entscheidungen aus übergreifenden und weitreichenden Zielvorstellungen sichtbar machst, wie die Verwurzelung Deiner Lehrerfortbildungsideen in anthropologischen und politischen Grundüberzeugungen spürbar wird.*

Kurz: ein originelles und vielschichtiges Papier, das einerseits Mut macht und Zuversicht vermittelt, andererseits aber auch Nachdenklichkeit zu erzeugen vermag. Die in allen Teilen überzeugende Unternehmensphilosophie hat mich sehr angesprochen und in der langgehegten Überzeugung bestätigt, dass Du an dieser Stelle den Dir adäquaten Wirkungsraum gefunden hast – der rechte Mann am rechten Platz.
Deine Ausführungen zur persönlichen Arbeitsweise waren mir außerordentlich hilfreich.
Ich hoffe sehr, dass Du die Arbeit auch noch anderen Personen zugänglich gemacht hast, und dass sie noch weitere aufmerksame Leser findet.
Mit herzlichem Gruß,
Urs Meier

(Dr. Urs Meier, in den 70er–Jahren Lehrer und Kollege am Lehrerseminar Liestal)

Brief von Dr. Heinz Wyss, Seminardirektor, Biel, 1994

Lieber Elmar,
Maturitätsprüfungen in drei Klassen und der Endlauf meiner Zürcher Lehrveranstaltung haben mich daran gehindert, dir früher Dank zu sagen für die Zustellung deines ausführlichen Textes zur Schule im Wandel: ihrer Führung und inneren Organisation.

Ich bin in meiner Antwort nicht so kurz, dass ich mich darauf beschränke, dich wissen zu lassen, dass ich den Aufsatz mit Interesse und Gewinn gelesen habe. Was du schreibst, bewegt mich nicht allein deshalb, weil du auf eine weit zurückliegende Begegnung mit dem Bieler Seminar zurückgreifst. Dein Katalog der Anforderungen an eine gute Schule will einen Paradigmenwechsel erwirken. Er strebt eine lebendige, eine humane Schule an, nicht eine effiziente bloß.

*Du willst, dass die Schüler*innen nicht Objekte der Belehrung sind, sondern zu eigenständigen und darum selbstverantwortlichen Lernern und Lehrerinnen werden, zu Subjekten ihres Denkens und Tuns. Du willst, dass die Lernziele und –inhalte und selbst die Arbeitsverfahren und Vorgehensweisen im Diskurs ausgehandelt und nicht einseitig von den Lehrenden bestimmt werden. Du willst, dass die Lehrer*innen aus ihrer Vereinzelung heraustreten, sich gegenseitig informieren, den Kollegen und Kolleginnen Einblick in ihren Unterricht geben; mehr als das, dass sie sich gegenseitig Einsicht in ihr didaktisches Planen gewähren und ebenso in die Ergebnisse der Auswertung ihres Unterrichts. Du willst, dass sie ihre Materialien austauschen und – wo immer möglich – in ihrer Unterrichtsgestaltung zielorientiert kooperieren. Du willst, dass sie für das gemeinsame Nachdenken, Planen und Tun über Zeitgefäße verfügen, die dies möglich machen.*

*Du willst, dass die Schulleitungen ihrer Anregungs- und Führungsaufgabe so nachkommen, dass sie die Verantwortung delegieren und sich für das Wesentliche freimachen: dass die Schule, der sie vorstehen, zu einer lebendigen Gemeinschaft der Lernenden und Lehrenden wird und damit zu einer Schule auch, die sich „als geprägte Form lebendig entwickelt". Du willst, dass sie Führungsaufgaben nach Maßgabe des Betroffenseins von Leitungsentscheiden delegieren und dass somit alle – Lehrer*innen und Schüler*innen – als Verantwortliche für das Schulganze in den Entwicklungsprozess involviert sind.*

Alles dies verstehst du als ein Abschiednehmen vom mechanistischem, „generalbstäblerischem" Denken und vom Wahn der Machbarkeit. Rudolf Künzli hat es als Abwendung von Comenius gesehen. Warum? Nicht zuletzt deshalb, weil sich die Beschulung aller durch belehrenden Unterricht als wirkungslos erwiesen hat. Zumindest in allen wesentlichen, unser Leben und das Fortleben aller bestimmenden Belangen. Hat uns die Beschulung etwa der sozialen Gerechtigkeit nähergebracht? Dem Frieden? Der Mitmenschlichkeit? Der Mitweltfreundlichkeit?

Nein, wir wollen nicht Menschen heranbilden, die sich „brauchen lassen" und die für ihr Tun nicht selbstverantwortlich sind, weil sie bloß ausführen, was ihnen andere zu tun aufgeben.

Dein Bekenntnis zu Ruth C. Cohn bestätigt mir, wie tief dein Denken in Erlebnissen, die dich geprägt – besser – durchdrungen haben und damit in dir als Person verwurzelt sind. Dass dem so ist, ist mir bereits anlässlich unserer Gespräche in der Gruppe AGSI aufgegangen. Damals schon habe ich geahnt, dass dir nicht so sehr die Strukturen und die Abgrenzung der Ausbildungsfelder wichtig sind – schon eher ihre gegenseitige Annäherung –, wohl aber alle Fragen, die das Menschliche betreffen: die Autonomie der Persönlichkeit, ihre Identität ebenso wie ihre Beziehungssensibilität, das Gemeinschaftliche, die Offenheit der Kommunikation, auch im Lösen von Konflikten, die Kritik- und Entscheidungsfähigkeit jedes Einzelnen.

Die Schule darf nicht allein Lernort sein. Sie soll zum Lebens- und Erfahrungsort werden, in dem sich die Einzelnen bei Wahrung ihrer Identität, Eigeninitiative und Selbstverantwortung zur Gemeinschaft zusammenfinden und als das gemeinsam unterwegs sind. Nicht ziellos unterwegs, wie auf einer Eisscholle im Treibeis, vielmehr die Prozesse ihrer Entwicklung selbst lenkend!

Dieser Meinung bin auch ich. Was du vertrittst, sind auch mein Anliegen und Ziel meines Tuns und Hoffens. Du beschreibst mich – auf eine Begegnung zurückgreifend – als den lächelnden, Papier abgebenden Schulleiter, nach deinem damaligen Eindruck zur Resignation neigend.

Das Letztere bin ich nicht, obschon ich leider in meiner vieljährigen Amtszeit mehrere der Wandlung nicht mehr zugängliche Kolleginnen und Kollegen frustriert und verbittert von ihrem Amt ‚altershalber' (in der Tat!) habe zurücktreten sehen.

Du aber suchst dir eine Schule, in der ein Zurücktreten und Abseitsstehen nicht möglich sind. Du tust es anhand einer Merkliste, die ausweist, worauf es an einer ‚Staatsschule' (nur dort?) zu achten gilt. Als Schulleiter, der sich im Ruhestand findet, in ihm freilich nicht zurücklehnt, such ich mich im Spiegel, den du mir mit deinem Text vor Augen führst, zu sehen. Ich darf mir bei vielen Schwächen – ist das ‚Lächeln' die eine? – zugutehalten, dass ich mich in den annähernd dreißig Jahren meiner Amtszeit gewandelt habe und dass ich – wiederholt – zu neuen Horizonten aufgebrochen bin. Ältere Semester unter den Kolleginnen und Kollegen haben mir diesen Erneuerungswillen als mangelnde Konstanz oder gar als Prinzipienlosigkeit ausgelegt. Ja, selbst als Verrat an ihrer (meiner) Generation, weil ich mich mit erneuerungsbereiten und -fähigen, kooperativ handelnden jüngeren Kolleginnen und Kollegen zusammengetan habe und wenig Solidarität mit den ‚Alten', von ihrem Rechttun überzeugten und Innovationen unzugänglichen Kolleginnen und Kollegen gezeigt habe.

Wie dem auch sei: Deine Arbeit hat mir viel gegeben. Wenn ich bei aller Zustimmung dennoch einem Gefühl Ausdruck geben darf, dann dem: Du steigst in deinen Text mit einem persönlichen Erlebnis ein. Und ebenso schließt du den Aufsatz ab. Mir gefällt das. Freilich frage ich mich, ob die Erfahrungen zwingend aus dem militärischen Bereich geholt werden müssen. Gäbe es nicht aus anderen Lebensbezügen wesenhafte Beispiele zu gewinnen? Mir missfallen militärische Reminiszenzen im Zusammenhang mit Schule, und das, obschon ich im Militär eine gehobene Position ausgeübt habe. Ich habe mich dem Militär entfremdet. Auch das ein Wandel!
Ich danke dir, dass du mir deinen Text zugestellt hast und dass wir so wieder miteinander in Kontakt gekommen sind, nachdem du freundlicherweise auf mein Kurs–Feedback geantwortet hast.

Mit herzlichem Gruß,
Heinz

Schulreform zu welchem Zwecke? – 1995

Es ist einige Jahre her, als ich in Feldkirch dem Schlafwagen des Autozuges entstieg. Mir fielen dort zwei Zitate auf. Das eine stand langgezogen auf einer grauen Mauer entlang der Gleise, das zweite fand sich auf einer Tafel in der Bahnhofshalle. Das Erste nahm Bezug auf jene Zeit, als die österreichischen Juden und einige Intellektuelle vor Hitlers Horden fliehen mussten. Carl Zuckmayer hat die Szene des Grenzübergangs auf jenem fahrsteiglosen Grenzbahnhof eindrücklich beschrieben. (1) Gute zehn Jahre nach dem Krieg habe ich dieses Gebäude noch erlebt, als ich als junger Lehrer im St. Galler-Oberland Dienst tat und den wöchentlichen Ausflug ins benachbarte Österreich als Ausbruch aus einer engen Welt erlebte. Das zweite Zitat fand sich auf einer Tafel in der Bahnhofshalle. Es stammte von James Joyce und besagte, dass sich das Schicksal des „Ulysses" „dort drüben auf den Gleisen" entschieden habe. Mittlerweile ist der ganze Mief jener düsteren Zeit einer modernen Anlage gewichen, und ich bin nicht sicher, ob diese Zitate erhalten blieben.

Beide Zitate nehmen Bezug auf Bücher. Das erste Buch „Als wär's ein Stück von mir" von Carl Zuckmayer, mehr erzählend und auf Erfahrung beruhend, das zweite, der „Ulysses" von James Joyce (2), in seiner Vielfalt und Vielschichtigkeit menschlicher Möglichkeiten, verwirrend und beunruhigend.

Und trotzdem sind beide hoffnungsvoll. Zuckmayers kraftstrotzende Erinnerungen, weil sie *Mut* machen, das Leben in die eigenen Hände zu nehmen. Joyces „Ulysses", weil da ein Bild von Menschsein gezeichnet wird, das man ändern muss, soll denn das Leben einen Sinn haben, und ändern kann, weil die Hoffnung auf das Wachstum der positiven Kräfte im Menschen intakt ist und intakt bleibt.

Der Grenzbahnhof schließlich steht als mutmachendes Symbol. Nur 75 Jahre nach dem Krieg, als die Grenzen beinahe undurchdringlich waren, sind eben diese Grenzen zwischenzeitlich sowohl in der Mentalität der Menschen als auch in der Realität bedeutungslos geworden – und laufen neuestens Gefahr, wieder an Bedeutung zu gewinnen.

Bernhard Shaw und Kurt Tucholsky nahmen zum schwierigen Buch von Joyce ganz verschieden Stellung. Zunächst Shaw, der angelsächsisch-pragmatisch feststellte: „Ich möchte die jungen Leute zu Klubs organisieren mit dem Zweck, den ‚Ulysses' zu lesen, damit sie die Frage erörtern können: Sind wir so? und wenn die Abstimmung ein Ja ergibt, zu der zweiten Frage fortzuschreiten: Wollen wir so bleiben? die, wie ich hoffe, verneinend beantwortet wird." (3)

Kurt Tucholsky war (deutsch–idealistisch) viel pessimistischer: „Was Vater Shaw da gepredigt hat, ist falsch. Man kann nicht anders ‚werden' – weil man nun einmal so ist. So: Zersplittert und hundsgemein böse und geil und niederträchtig und gut und gutmütig und rachsüchtig und ohnmächtig–feige und schmutzig und klein und erhaben und lächerlich, oh so lächerlich!" (4)

Ja, so ist es auch, *und* diese Seite der menschlichen Natur wird erträglicher, wenn man ohne übertriebenen moralischen Anspruch sozusagen mit einem Augenzwinkern durch das eigene Leben schreitet, wenn man einem Leitstern folgt, der die Möglichkeit zur Kooperationsbereitschaft höher wertet als Rivalität, der den Realitätssinn stärker gewichtet als persönlich oder gesellschaftlich bedingte Illusionen, der Verantwortlichkeit mehr schätzt als PSEUDO-SOZIALISIERUNG, *und* wenn man für all das Strukturen schafft, die die Realisierung dieser schönen Postulate erst in den Bereich des Möglichen rücken.

Wer mit Menschen zusammen Ziele erreichen will, sollte sich auch Gedanken machen über die Natur des Menschen. Ohne Philosophie kommt Erziehung nicht aus und es ist eine Verhaltensweise nötig, die über die oberflächliche Methode hinaus eine Lebenshaltung ermöglicht. Sie soll es vielen Menschen und nicht nur ein paar Auserwählten ermöglichen, aus „ES" „ICH" zu machen, eine Lebenshaltung also, die die Gefahr des Bösen in uns ohne moralische Übergewichtung ertragbar, handhabbar macht. ES GEHT DARUM, SICH SELBST LEITEN ZU LERNEN.

Neulich las ich bei einem bekannten Professor der Wirtschaftswissenschaften, das Beste wäre, gänzlich auf Menschenbilder zu verzichten. Nur so wäre man flexibel genug, rasch und unvoreingenommen zu reagieren. Diese Auffassung entspricht der technokratischen Tendenz, wie heutzutage Umstrukturierungsprozesse und große Veränderungen angepackt werden. Der gute Mann vergisst wohl, dass auch er es mit Menschen zu tun hat und dass es gut sein kann, wenn man weiß, wo man steht, wenn man mit Menschen zusammen ein Ziel erreichen soll. Wer nicht weiß, wo er steht, kann auch keine Ziele erreichen, es sei denn die Ziele anderer.

Man wird Erfüllungsgehilfe eines Molochs, der sich MARKT-FUNDAMENTALISMUS nennt und verliert sich dabei selbst aus den Augen. Soll das der Zweck der Volksschule als Erfüllungsgehilfin dieser Ideologie sein und werden?

1. Carl Zuckmayer, Als wär's ein Stück von mir, Austreibung, Fischer Verlag, Frankfurt a. M.: 1966.
2. James Joyce, Ulysses, Suhrkamp, Frankfurt a. M.: 1979.
3. Bernhard Shaw, In: Kurt Tucholsky, Ulysses, Ausgewählte Werke, Rowohlt, Reinbek bei Hamburg: 1965.
4. Kurt Tucholsky, Ulysses, Ausgewählte Werke, Rowohlt, Reinbek bei Hamburg: 1965.

Chairmanship – ein Schlüsselbegriff der TZI (Themenzentrierte Interaktion)

Chairmanship ist die Fähigkeit, sein Schicksal in die eigenen Hände zu nehmen, sich entscheiden zu können, nie zu vergessen, dass der Mensch letztendlich auf sich selbst gestellt ist.

Was ist zu tun?

Zu sich selbst stehen, der eigenen Wahrnehmung vertrauen und auf die innere Stimme achten.

Chairmanship bedeutet:

- Lerne den Umgang mit den drei großen Gefühlen Angst, Scham, Schuldgefühl.
- Passe dich nicht dem Gruppendruck an, sondern vertritt dich selbst.
- Schließe nicht aus, sondern ein. Die Sache ist wichtig. Ich bin wichtig. Du bist wichtig.
- Vor einer Entscheidung: Pendle zwischen dem,
- was du tun möchtest (Kind),
- was du tun sollst (Vater, Gewissen, Schuldgefühle),
- was du tun darfst (Menschen um dich, Was sagen die Leute?, Scham, Schuldgefühle),

- was du tun musst (Realität),
- um schließlich zu dem zu kommen, was du tun willst (Angst, Mut zum Risiko, Identität).

Entscheide dich, übernimm die Verantwortung für deine Entscheidung und trage mögliche Folgen.

Chairmanship ist die große Kraft, sich selbst zu trauen und dabei innerhalb eines TZI-Gruppen-Lernprozesses von den anderen unterstützt zu werden. Chairmanship ist eine Lebenshaltung, die dem Massenmenschen in uns den Kampf ansagt. Im Zeitalter der Massen soll die eigene Identität gesucht, gefunden und bewahrt werden.

Es geht in der Folge darum, durch alle Lebenskrisen hindurch die eigene Identität mit den Anforderungen der Gesellschaft (Professionalität) in Übereinstimmung zu bringen. Wer es schafft, hat sowohl seine inneren als auch seine äußeren Grenzen erweitert und zeichnet sich aus durch **Offenheit**, **Ehrlichkeit**, **Selbstvertrauen und Zivilcourage**.

Anforderungen der Gesellschaft (Professionalität)
Die Anforderungen der Gesellschaft werden ausgedrückt durch das Ensemble von Rollen, die jemand spielt: Als Vater/Mutter, Lehrer*in, Projektleiter*in, Pädagogischer Leiter/Pädagogische Leiterin, Fachperson, Steuergruppenmitglied, Behördenmitglied, Parteimitglied usw. „Identität ist das, was gleich bleibt beim Wechsel der Rollen, und Rolle ist das, was gleich bleibt beim Wechsel der Spieler.“ (Schwanitz)

Schulkultur (1996)
Anfang Mai 1996 erreichte mich ein Schreiben aus Halle. Hartmut Wenzel, Pädagogikprofessor an der Martin–Luther–Universität in Halle–Wittenberg fragte an, ob die Kommission Schulpädagogik/Didaktik der Deutschen Gesellschaft für Erziehungswissenschaft im September 1997 die Basler Schulreform kennenlernen könnte. Ich traf die nötigen Abklärungen und sagte zu.

ULEF (1) organisierte eine dreitägige Veranstaltung vom 17.–19. September 1997 in Basel. An ihr nahmen etwa 50 Professoren und Professorinnen aus Deutschland und Österreich sowie eine Delegation von Lehrerfortbildnern aus der Zentralschweiz teil. Die Veranstaltung war eine Mischung von Vortrag, Gespräch, Schulbesuch und Rückmeldung. Es ging darum, den komplexen Ansatz der Schulreform des Kantons Basel–Stadt kennenzulernen. Heimliche Absicht war allerdings auch, **Ruth C. Cohn** zu begegnen, weil die Themenzentrierte Interaktion (2) bei der Umschulung der Lehrkräfte von Sekundar-, Real- und gymnasialen Schulen zu Lehrkräften der Orientierungsschule (3) eine wichtige Rolle gespielt hatte. Weil Ruth Cohn und ich eine seit den 70er–Jahren andauernde Freundschaft verband, war sie bereit, an einem Nachmittag und Abend an der Veranstaltung teilzunehmen. Wie bei ihr üblich, war sie allerdings nicht bereit, unvorbereitet zu erscheinen. So nahmen wir uns im Juli 1997 einen Tag Zeit, unseren gemeinsamen Auftritt am Abend des 18. September 1997 vorzubereiten. Das Thema lautete „Ohne TZI funktioniert das Innenleben des OE–Baumes nicht“.

Am Eröffnungsabend begannen sie und ich im Innenkreis. Es gab einen leeren Stuhl, der von einer Person des schweigenden Außenkreises für kurze Zeit beansprucht werden konnte. Wir berichteten von unseren Erfahrungen, die wir mit dem Thema gemacht hatten. Nach etwa 20 Minuten schlossen wir den Kreis der Zuhörer*innen ins Gespräch ein. Nun verstärkte sich jene fast andächtig-nachdenkliche Stimmung, wie ich sie in den 70er- und 80er–Jahren in vielen TZI–Gruppen erlebt hatte. Dort handelte es sich in aller Regel um Gleichgesinnte. Hier hingegen waren Wissenschaftler*innen ganz unterschiedlicher Herkunft, die mit TZI nichts am Hut hatten, die aber voller Neugier und Skepsis waren. Gegen Schluss der Sitzung sagte einer: „Es wäre schön, wenn Sie, Frau Cohn, uns das Geheimnis dieses tiefgehenden Gesprächs verraten könnten.” Die alte Frau antwortete mit leiser, aber klarer und leicht ironischer Stimme: „Ich kenne das Geheimnis auch nicht, aber es funktioniert.”

(1) ULEF (Institut für Unterrichtsfragen und Lehrer*innenfortbildung) Basel.

ULEF war das Fortbildungsinstitut für alle Lehrkräfte der Staatsschulen des Kantons Basel-Stadt.

(2)Themenzentrierte Interaktion (TZI):

eine von Ruth Cohn erfundene Gruppenleitmethode, die zugleich den Einzelnen, die Gruppe und die Sache fördern will und bei geschickter Leitung tatsächlich fördert. Die Balance von ICH, WIR und ES aktiviert die Lebendigkeit der Beteiligten und kann zu lebendigem Lernen führen. Der wichtigste Treiber ist das Üben von ‚CHAIRMANSHIP', des WERDE, DER/DIE DU BIST und die Erkenntnis, dass sich nichts ändert, wenn man sich selbst nicht ändert.

(3) Orientierungsschule Basel (OS)

Die Orientierungsschule Basel umfasst die Schuljahre 5, 6 und 7. Sie wurde in den 80er-Jahren von einer Kommission des Großen Rates des Kantons Basel-Stadt konzipiert und im Jahre 1989/1992 in zwei Volksabstimmungen genehmigt und anschließend eingeführt. Damit wurde die Dreigliedrigkeit der Sekundarstufe I aufgehoben. Einige Beweggründe, die dazu geführt haben, lauteten:

- Die frühe Auslese soll durch eine sorgfältige und im Laufe der drei Jahre allmähliche Differenzierung ersetzt werden.
- Die Orientierungsschule soll pädagogischer werden als ihre Vorgängerinnen.
- Die hohe Gymnasiastenzahl (über 50%) mit signifikant hoher Repetierhäufigkeit soll auf 30% gesenkt werden.

RESILIENZ

Ursprünglich wurde mit Resilienz nur die Stärke eines Menschen bezeichnet, Lebenskrisen wie schwere Krankheiten, lange Arbeitslosigkeit, Verlust von nahestehenden Menschen oder Ähnliches ohne anhaltende Beeinträchtigung durchzustehen. Diese Verwendung des Wortes ist auch heute noch häufig. So werden z. B. Kinder als resilient bezeichnet, die in einem sozialen Umfeld aufwachsen, das durch Risikofaktoren wie z.B.

Armut, Drogenkonsum oder Gewalt gekennzeichnet ist, und sich dennoch zu erfolgreich sozialisierten Erwachsenen entwickeln. **Resiliente Personen haben gelernt, dass sie es sind, die über ihr eigenes Schicksal bestimmen (sogenannte Kontrollüberzeugung).** Sie vertrauen nicht auf Glück oder Zufall, sondern nehmen die Dinge selbst in die Hand. Sie ergreifen Möglichkeiten, wenn sie sich bieten. Sie haben ein realistisches Bild von ihren Fähigkeiten.

Infoservice ULEF, Nr. 1 (Dez. 1987)

Sehr geehrte Damen und Herren,

Die beiliegenden Unterlagen erhalten nur Sie. Damit sollen Sie bevorzugt vom Infoservice des ULEF profitieren können, der in vorerst monatlichen Abständen erscheinen soll. Ihr Einsatz für ein neues Fortbildungsverständnis und Ihr Engagement für Ihre Schule soll so als pionierhafte Leistung betont und belohnt werden.

Bis zum Frühjahr '88 werden wir Sie gemäß beiliegender Liste bedienen. Dann werden wir Sie anfragen, ob Sie von diesem Angebot auch weiterhin Gebrauch machen wollen.

Heute erhalten Sie

- *diejenigen Kurse des ULEF–Angebots SS 1988, die Ihrer Kursleiter*innen–Ausbildung nützen können. Die beiliegende Anmeldekarte können Sie uns schon jetzt zukommen lassen.*
- *die Darstellung ‚Das Selbstverständnis des ULEF wandelt sich'. Ihm können Sie entnehmen, dass wir ein Interesse daran haben, Ihnen bei der Lösung Ihrer Arbeitsplatzprobleme mit Rat und Tat zur Seite zu stehen. Auf der Rückseite dieses Blattes ist die Unternehmensphilosophie des ULEF formuliert.*
- *eine Zusammenstellung von Rolf Stiefel, die darlegt, wie sich das <u>Weiterbildungsverständnis</u> in der <u>Industrie</u> gewandelt hat*

*und welch weiten Weg wir noch zurückzulegen haben, wenn wir den Anschluss halten wollen. Mit unserer Kursleiter*innen-Ausbildung sind wir allerdings auf dem besten Weg.*

Mit freundlichen Grüßen,

z. K. an:
Vorsteher ED, Prof. Dr. H.R. Striebel
Sekretär ED, Dr. Willi Schneider
Lucas Oertli, lic. jur., ED
Personalchefin ED, Frau. L. Diefenbacher
Rechnungsführer ED, Balz Fischer

(Infoservice Nr. 1, 11. Dezember 1987)

Infoservice ULEF, Nr. 60 (Mai 2001)

Sehr geehrte Damen und Herren,

Sie erhalten heute die 60. Sendung unseres Infoservice. Sie ist zugleich die Letzte, weil ich am 30. November 2001 in Pension gehen werde.

Diese Sendung ist meinem über all die Jahre weg vertretenen Hauptanliegen gewidmet, der Führung.

Als ich 1987 im Vorfeld des strukturellen Wandels des Basler Schulsystems mit dieser Dienstleistung begann, konnte ich nicht ahnen, auf welches Interesse sie stoßen würde. Dieses war in der Folge so groß, dass der Infoservice nie eine Pflichtübung wurde, sondern vielmehr meine Leidenschaft für das organisierte Lernen immer wieder neu entfachte.

Im Laufe der 14 Jahre habe ich zu folgenden Themen, die alle in den Diensten des Wandels standen, Stellung genommen:

- *Führung, Leadership (11 x)*
- *Organisationsentwicklung an Schulen (6 x)*
- *Paradigmenwechsel, Wandel (6 x)*
- *Qualität, Schulqualität (5 x)*
- *VOLENEA (Vorbereitung der Lehrkräfte auf die neue Aufgabe, Schulreform Basel (4 x)*
- *Unternehmenskultur, Schulkultur (3 x)*
- *Teilautonomie, Autonomie (3 x)*
- *Vision, Innovation, Chairmanship, Schulpolitik (je 2 x)*
- *ALFB (Arbeitsplatzbezogene Lehrer*innenfortbildung, Bildung, Freiheit, Karriere, Leistung, Lernen, Realismus, Schulreform, Sinn, Stilwandel, TZI, Zusammenarbeit und ‚In der Balance liegt die Chance' (je 1 x)*

Ich wünsche Ihnen alles Gute und verbleibe
mit freundlichen Grüßen

(Infoservice Nr. 60, Mai 2001)

Mail von Dr. Kurt Tschegg, Direktor PI Vorarlberg 2001

Lieber Elmar,
Herzlichen Dank für Dein ‚letztes' Infoservice. Mit 30. Nov. ist es also definitiv, Du gehst in den Ruhestand. Weiß eigentlich jemand von den Schulverantwortlichen in Basel, was sie mit Dir verlieren? Allein, wenn sie die bereits vorliegenden Buchausschnitte lesen würden, könnten sie erkennen, wie viel Sachkenntnis, Klugheit, Erfahrung, Zielklarheit, Hilfestellung, Stimmigkeit hier vorhanden sind.
Ich bin jedenfalls sehr froh darüber, dass ich Dich kennengelernt habe und dass Du mir inzwischen ‚ans Herz gewachsen' bist. Hoffentlich bedeutet Deine Pensionierung nicht das Ende unseres gegenseitigen Kontaktes – ich muss nämlich noch drei, vier Jahre ‚dienen' – und ich habe noch große Pläne!
Vorerst liebe Grüße,
Kurt

Schulreform, Evaluationsergebnisse, 1. Bericht Bätz/Oser/Klaghofer, Dezember 1995

In einigen Kategorien zeigt die Schulreform Wirkungen in der gewünschten Richtung:

Kategorie	Bemerkungen	Trend
• Verbesserte Schülerselbständigkeit	Bei Anhalten dieses Trends kann man vom Gelingen der Reform hinsichtlich des Ziels Selbständigkeit sprechen.	↗
• Abnahme des normorientierten Leistungsvergleichs	Äusserst wichtiges Reformziel. Der individuelle Fortschritt des einzelnen Kindes ist wichtig.	↗
• Abnahme der Prüfungsangst	Eines der wichtigsten Ziele der Reform.	↗
• Abnahme des Pflichteifers	Unverkrampftere, weniger rigide Schulhaltung bei den Kindern. Das Klima ist lockerer und humaner.	↗
• Abnahme der Anstrengungsvermeidung bei CH-Kindern	Wenn die Anstrengungsvermeidung abnimmt, bedeutet dies immer eine Steigerung der intrinsischen Motivation.	↗
• Generelle Arbeitszufriedenheit der Lehrkräfte	In der OS Lehrperson zu sein, ist viel befriedigender als im alten System.	↗
• Kooperationsverhalten der Lehrkräfte	Vom einsamen Lehrer zum Team. Im neuen System kooperieren die Lehrpersonen besser miteinander als im alten System.	↗
• Schul- und Klassenklima	Beurteilt von den Eltern, bezogen auf Freundschaften und Kameradschaft der Kinder.	↗
• Zusammenarbeit der Eltern mit den Lehrkräften	Lehrpersonen haben ein offenes Ohr für die Anliegen der Eltern. Sie nehmen sich sehr viel Zeit, um auf die Kinder einzugehen.	↗
Es gibt auch kritische Punkte:		
• Rapid angestiegene Schulunlust	Werte im Ausland liegen deutlich höher: Hamburg 6. Schuljahr: 4.03 Basel OS: 3.58	↘
• Zu hohes Ausmass der Anstrengungsvermeidung bei Ausländerkindern	Ausländerkinder OS: 7.88 Normtabelle: 7.44 CH-Kinder OS: 7.22	↘
• Leistungstransparenz lässt zu wünschen übrig.	Besprechung der Leistung des Kindes mit den Eltern. Erweiterte Beurteilungsformen (EBF)	↘
• Fachbezogene Zusammenarbeit der Lehrkräfte.	Nur selten zufriedenstellend.	↘
• Zusammenarbeit des ganzen Kollegiums.	Teilnahme an zu vielen ineffizienten Sitzungen. Fehlendes Zeitmanagement. Führungsverhalten der Schulhausleitungen: ein Mangel an zweckmässigen Verfahren, um in einen Diskurs über pädagogische Fragen eintreten zu können, die für das gesamte Schulhaus von Belang sind, wie sie z.B. in der „Just Community" verwirklicht werden.	↘
• Lehrzielorientierter Unterricht	Ein grosser Teil der Lehrpersonen verwirklicht wichtige Handlungsschritte des lehrzielorientierten Ansatzes überhaupt nicht oder zu wenig. Mangelnde Kenntnisse und Fertigkeiten? Innere Widerstände und Motivationsprobleme?	↘
• Binnendifferenzierter Unterricht	Insgesamt, das zeigen auch die Interviews, hat im ersten Schuljahr der OS eine systematische, zielgerichtete und das übliche Ausmass des binnendifferenzierten Unterrichts übersteigende Form der individuellen Förderung, so wie es die Konzepte zur OS eigentlich vorsehen, praktisch fast nicht stattgefunden.	↘

Erste wissenschaftliche Untersuchung der OS Ulrich Bätz/Fritz Oser/Richard Klaghofer,
Evaluation Orientierungsschule Basel, 1. Schuljahr 1994/95, Dezember 1995

ULEF Basel, Mai '98/OS

Schulreform

Schulreform, Evaluationsergebnisse, 1. Bericht Bätz/ Oser/Klaghofer, Dezember 1995.

Meine schönsten Jahre, 1985-1995, Schulreform in Basel

Damals vor 30 Jahren war ich seit sechs Jahren Vorsteher des Instituts für Unterrichtsfragen und Lehrer*innenfortbildung des Kantons Basel-Stadt (ULEF). Als solcher beschäftigten mich zwei große Fragen. Die Erste war: Wie kommt es, dass das Basler Bildungssystem viel Geld kostet und gleichzeitig zu viele erschöpfte, unzufriedene Lehrpersonen hinterlässt? Die Zweite war: Gibt es einen Weg, der der einzelnen Schule ermöglicht, lebendiger zu werden? Die Suche nach Lösungen brachte die folgenden Antworten und Wege:

1. Es muss etwas für die Lehrkräfte getan werden, das ihnen ermöglicht, ihre eigenen Kräfte wahrzunehmen, an ihnen zu wachsen, lebendiger zu werden. Ich erfand APT, ‚Arbeitsplatzbezogenes Pädagogisches Trainingsprogramm', ein zehnwöchiges Kursprogramm, hälftig Arbeitszeit/Freizeit, für Teilkollegien, inkl. Schulleitung, zur Erlernung eines angstarmen Kommunikationsmusters in der eigenen Schule. Die Teilnahme war freiwillig. Das Kursgeld betrug CHF 700.- pro Person, verteilt auf drei bis vier Jahre. Die Teilnehmerzahl pro Kursgruppe betrug ca. 15. Die Kurse wurden mehrheitlich von erfahrenen Kursleitungspersonen betreut, die vorwiegend aus Deutschland kamen. Die Kurse fanden zum Teil am ULEF (Institut für Unterrichtsfragen und Lehrer*innenfortbildung des Kantons Basel-Stadt) in Basel und in Kurshäusern der Schweiz statt. Leitgedanke war: Wenn Lernen zentral sein soll in Schulen, muss sich die Schulkultur ändern. Dieses Programm wurde im Zeitraum 1988–2001 von etwas mehr als 450 Lehrpersonen sämtlicher Schulstufen des Kantons Basel-Stadt besucht.
2. Da schon damals absehbar war, dass dank Internet und Mauerfall ein gesellschaftlicher Paradigmenwechsel ins Haus stand, vermutete ich, dass Schulen in Zukunft geführt und nicht nur

verwaltet werden müssen. Mit ,FÜHREN' war nicht Hitler, sondern Entrepreneurship (Unternehmertum) gemeint. Hier fand ich Verbündete bei CIBA-GEIGY, die damals ihren schwer zu bewegenden Ozeandampfer in eine Flotte von teilautonomen Fregatten umbauen wollten. Wir arbeiteten beide mit einleuchtenden Bildern und Filmen. CIBA-GEIGY schuf den Film ,AMUNDSEN UND SCOTT', um an diesem Beispiel die Führungsverantwortung einer Leadperson zu verdeutlichen. Im Schulbereich entstand fast gleichzeitig der erste Film von Reinhard Kahl ,Ein Coach und 23 Spieler', der die Erstlesemethode von Jürgen Reichen auf gelungene Art mit unseren Schulreform-Bemühungen in Basel in Beziehung setzte. So kam es, dass Regierungsrat Christoph Eymann im Jahre 2001 als neugewählter Vorsteher des Erziehungsdepartements des Kantons Basel-Stadt auf verhandlungsfähige und verhandlungswillige Gesprächspartner traf, als er die Lehrkräfte im Allgemeinen und den Vorstand der Staatlichen Schulsynode im Besonderen unter der fabelhaften Leitung von Heini Giger zur Zusammenarbeit aufforderte.

Gutachten zur Tätigkeit des ULEF, 1996–1999 (Auszüge) – Charles Landert (Landert, Farago, Davatz & Partner, Zürich) Zürich, 18. Juli 2000 CL

Auftrag und Ziele

„Ziel des Auftrags war es, Aussagen über die Stärken und Schwächen des vom ULEF realisierten Lehrerweiterbildungsangebots zu machen und damit eine externe Grundlage zur künftigen Ausgestaltung der Basler Lehrerweiterbildung (Ziele, Inhalt, Zielgruppen, Organisation, Finanzierung) bereitzustellen." S. 3

Interne Organisation

„Die Befragten – Lehrpersonen wie Schlüsselpersonen aus dem Weiterbildungsbereich – bezeichnen die interne Organisation des ULEF als perfekt und die Arbeit der ULEF–Mitarbeiter*innen als kompetent, schnell, verlässlich und auf die Anliegen der Nutzerinnen und Nutzer ausgerichtet. Das (im Konzept formulierte) Selbstverständnis als Dienstleistungsbetrieb und damit die hohe Kundenorientierung wird erkannt und in hohem Maß geschätzt (sackstark, hohe Zuverlässigkeit, Superberatung, immer hilfreich und für Speziallösungen zu haben) S. 8. Dieser Einschätzung kann sich der Gutachter anschließen, decken sich doch seine im Rahmen der Gutachtertätigkeit gemachten Erfahrungen mit denen der befragten Gewährspersonen." S. 9

Ressourcen, Finanzierungsmodi
„Die insgesamt hohe Produktivität des ULEF wird durch die effiziente interne Organisation, wesentlich aber auch durch die Delegation der Kursdefinition (Idee, Zielsetzung, Konzeption) an die Schulen und Schulrektorate erreicht. ‚Fehlplanungen', d.h. die Planung von Kursen, die später vom Markt nicht angenommen werden und Ineffizienz bedingen, geraten dementsprechend eher zum ‚Problem' der entsprechenden Initiativgruppen oder Anbieter*innen und weniger des ULEF: Abgesehen von einem minimalen Zeitaufwand für das Sichten eines Kursvorschlages, die Administration der Interessenten und Interessentinnen und die Kosten für Satz und Druck des Programmeintrages fällt kein Aufwand an, das Risiko ist somit weitgehendst externalisiert." S. 10

Inhalte
„Auffallend ist eine Durchmischung von Schul- und Organisationsentwicklung, Supervision, Personalentwicklung, Kaderbildung und Weiterbildung, Projektentwicklung und Projektarbeit, pädagogischen und psychologischen Fragestellungen sowie Fach und Fachdidaktik im Gefäß ALFB. Seitens der Schulen und Lehrerinnen und Lehrer scheint solche im Konzept der ALFB 13 angelegte Mischung kein Problem darzustellen, sie wird vielmehr als Flexibilität des Weiterbildungssystems und als Beleg für dessen Problemnähe wahrgenommen." S. 11

Nutzungsverhalten
„Die Reichweite der Basler Lehrerweiterbildung lag 1999 bei 79%. Dies heißt: 4 von 5 Lehrerinnen und Lehrern haben 1999 mindestens ein Angebot im Rahmen der ALFB, des FKA oder einer Beratung genutzt.“ S. 13

„Die reale Reichweite liegt höher als der Durchschnitt von vier Deutschschweizer Kantonen (in deren Kennzahl überdies auch der Besuch nichtkantonaler Lehrerweiterbildung eingeschlossen worden war.“ S. 13

„Mit der Bevorzugung von ALFB, APT und Beratung hat das ULEF auf eine Weiterbildung gesetzt, die allein aufgrund der Gruppenzusammensetzung (Weiterbildung im Kollegium) und der Problemrelevanz (vom Kollegium definierte Themata) ein höheres Potenzial an Wirksamkeit und Nachhaltigkeit aufweist als die in heterogenen Gruppen und damit zwangsläufig oft weniger zielgenau vermittelbare Weiterbildung.“ S. 15

„Das ULEF hat in den vergangenen Jahren die drängenden Problemstellungen der Schulen erkannt und in stimmiger Weise Weiterbildung ermöglicht (ALFB, Beratung) bzw. selbst angeboten (APT, NIKT@BAS). Indem sich das ULEF dafür einsetzte, die Verantwortung für die Weiterbildung an die Schulen und Lehrpersonen zu delegieren und mit der Arbeitsplatzbezogenen Lehrerfortbildung (ALFB) einen Modus schuf, der die Initiative in einem großen Maß den nachmaligen Nutzerinnen und Nutzern (vor allem Schulen, Kollegien) überträgt, bekam die kollegiale Zusammenarbeit an Schulen in einem im Schweizer Vergleich frühen Zeitpunkt einen sehr hohen Stellenwert und begann in der Schulpraxis wirksam zu werden. In zwei Gesprächen – typischerweise mit Angehörigen von Schulen, in denen das APT eine hohe Durchdringung erreicht hat, wurde ein direkter Zusammenhang zwischen dem APT und der heute problemlosen Führung und Zusammenarbeit hergestellt.“ S. 15

Zielerreichung
„Für eine Minderheit von Lehrpersonen bedeutet die Zurücksetzung des FKA (Fachorientiertes Kursangebot) gegenüber den anderen Weiterbildungsgefäßen eine unzulässige Ungerechtigkeit gegenüber denjenigen, die sich (zu finanziell gleichen Bedingungen wie ALFB und APT) individuell in einem spezifischen Fachbereich vertiefen und/oder aufdatieren wollen. Diese Lehrergruppe sieht sich kaum nachhaltig durch das ULEF unterstützt.“ S. 17

„Schulentwicklungsprojekte in Zusammenarbeit mit den Schulleitungen fördern“: In diesem Bereich hat das ULEF eine der Stärken ausgespielt. Indem das ULEF die Mittel entsprechend zuwies und (bereits in den Achtziger-Jahren) eine große Zahl von fachlich ausgewiesenen Beraterinnen in die Baseler Schulen holte – auch solche mit Erfahrungshintergrund Privatwirtschaft, wo die Vorteile der Systemöffnung früher erkannt wurden als in den Schulen –, wurden die Grundlagen geschaffen für eine Akzeptanz von Schulentwicklung, die unseres Erachtens nur in wenig anderen Kantonen erreicht wird. Zum einen nutzen mehrere hundert Lehrerinnen und Lehrer das Angebot, sich im Kollegium die Grundlagen für eine teamorientierte Zusammenarbeit in den Schulen zu holen (APT). Zum anderen förderte der Modus ALFB (Übertragung der Weiterbildungsverantwortung an die Schulen, Freiwilligkeit) eine sehr große allgemeine Offenheit gegenüber dem Postulat Weiterbildung. Nicht gelöst ist die Frage der zeitlichen Ressourcen der Kollegien und einzelnen Lehrerinnen und Lehrern, obwohl sich das ULEF auch hier erfolgreich für günstige Rahmenbedingungen einsetzte (Dreitageblöcke im März). Um hier näher ans Ziel zu gelangen, dürfte die Schule um eine Pensenreduktion der Lehrpersonen kaum herumkommen.“ S. 17

Bericht von Charles Landert, (LANDERT FARAGO DAVATZ & PARTNER, Großmünsterplatz 6, CH 8001 Zürich, Tel.: +41 (0)61 265 39 90), Zürich, 18. Juli 2000)

TZI – der Kompass für mein Leben

Bekanntschaft mit Ruth C. Cohn und was daraus geworden ist

1973 hatte ich erstmals Kontakt mit TZI. Im Hotel „Hof Maran" in Arosa gab eine kleine ältere Frau namens Ruth C. Cohn ein Einführungsseminar in die von ihr erfundene TZI-Methode. Diese Frau war ganz anders als alles, was ich bisher an Dozierenden erlebt hatte. Sie war eine deutsch-jüdisch-amerikanische Persönlichkeit; gescheit, unglaublich schlagfertig, lebendig, nachdenklich, ganz selbstverständlich widersprüchlich – und überlegen, zwingend, unheimlich, verlockend, besonders – charismatisch eben. Ich war ein schwieriger TZI-Schüler, nicht wirklich demokratisch, pflegte das überhebliche Überlegenheitsgefühl eines Aristokraten. Trotzdem, ich wollte dahinterkommen, was diesen Lernansatz ausmacht. Ich wollte mich selbst kennenlernen, mir selbst auf die Schliche kommen. Ich wollte meiner Seele ohne Angst begegnen. Bei diesem jahrelangen schwierigen Lernprozess war ich widerständig, aufbegehrend, abweisend. Ich blieb aber auch ausdauernd, suchend, nie aufgebend. Ich wollte frei sein und werden. Freiheit war zu dieser Zeit mein wichtigster Grundwert. „Das Geheimnis des Glücks ist die Freiheit, und das Geheimnis der Freiheit ist der Mut." (1) Auf den Fähigkeitsausweis und die Graduierung, die TZI vergibt, legte ich keinen Wert. Wenn man TZI wirklich praktizieren will, muss man zwar einige messbare Leistungen nachweisen können. Das genügt aber nicht. Man muss sein Leben ändern, das aber lässt sich nicht messen. Nach 17 Jahren schrieb ich auf, was ich bei TZI gelernt habe.

(1) (Berthold Beitz zitiert einen Satz, der Perikles, dem größten Staatsmann des klassischen Athens, zugeschrieben wird. In: Joachim Käppner, Berthold Beitz, Die Biografie, Berlin Verlag, Berlin 2010: S. 528).

Was habe ich bei TZI gelernt?

1. Die TZI ist die Antwort auf die Herrschaftsform des Nationalsozialismus (Werthaltungen/Moral, Menschenbild, Weltbild, Kommunikationsformen und –muster). Mit der Denkweise der TZI wird einem die lebensverachtende Grauenhaftigkeit des Nationalsozialismus erst richtig bewusst, und ohne Kenntnis des Nationalsozialismus ist die TZI schwer zu verstehen.
2. Die TZI ist die geglückte Vereinigung von deutschem Idealismus und amerikanischem Pragmatismus. Sie
   - fordert die Selbstverantwortung und den dazu notwendigen Erfahrungsraum. Es soll nicht nur über Selbstverantwortung gesprochen werden, sie soll vielmehr praktiziert werden im persönlichen Leben, in Institutionen, in der Gesellschaft;
   - erhebt den theoretischen Anspruch, dass der Mensch fähig ist, sich Ziele zu setzen und erteilt den praktischen Rat, diese Ziele auch zu verwirklichen;
   - belehrt den Menschen, dass seiner Selbstbestimmung und Selbstverfügung innere und äußere Grenzen gesetzt sind, und ermuntert ihn, auszuprobieren, ob diese Grenzen wirklich erreicht sind oder allenfalls nur in Gedanken erreicht sind und demzufolge noch erreicht werden müssten, wenn Selbstbestimmung und Selbstverfügung sein sollen;
   - will das Gute im Menschen und in der Gesellschaft, ohne das Böse zu verdrängen. Sie verkündet keine Lehre vom ‚guten' Menschen und von der ‚guten Gesellschaft', sondern konfrontiert die Menschen mit ihrem Tun. (Was ist geschehen? Wie haben wir es gemacht? Was können wir wie ändern?) Sie will die Reflexion und die Tat.
3. Die TZI strebt die Ganzheit an. Sie denkt in Gegensätzen. Was gegensätzlich ist, schließt sie nicht aus, sondern ein: Leben und Tod, Mann und Frau, Freud und Leid, Denken und Fühlen, Intuition und Wahrnehmung usw. Das Prinzip des Einbeziehens macht die Lebendigkeit dieses Denkansatzes aus.

4. Die TZI ist ein vernetztes System (ICH, WIR, ES) in der Kugel (GLOBE).
   Sie ist deshalb nur vernetzt denkbar und schult entsprechend vernetzten Denkens. Jeder Faktor beeinflusst jeden. Das System beeinflusst die beteiligten Menschen *und* die beteiligten Menschen beeinflussen das System. Alle vier Faktoren sind a priori von gleicher Bedeutung und gleichem Gewicht. Je nach Situation und Problemlage kann ein Faktor besonders betont werden. Dies wiederum bleibt nicht ohne Folgen für die anderen Faktoren, die jetzt in den Hintergrund treten. So kann jeder Gruppenteilnehmer und jede Gruppenteilnehmerin Einfluss nehmen auf das System. Das macht die Stärke des Systems aus. In der Veränderbarkeit des Systems erweist sich seine Überlegenheit über geschlossene Theorien.
5. Strukturen beeinflussen sicht- und spürbar Institutionen und damit das Leben und die Lebensweise der Menschen, die sich darin bewegen. Die Entwicklung von Strukturen ist deshalb ebenso wichtig wie das Fördern des geistig/körperlichen/seelischen Wachstums der Menschen.
6. Verhalten in dieser Welt.
   Gegenüber drei tief eingespielten Verhaltensweisen im Umgang mit den Menschen und der Welt
   möglichst zeitsparend
   möglichst reibungslos (kraftsparend) und
   möglichst direkt (wegsparend)
   ist tiefe Skepsis geboten.
7. Der Mensch ist ein organismisches System, ein System aus Geist, Körper und Seele.
   Als System kann er offen oder geschlossen sein und zwischen diesen Polen alle Schattierungen und Kombinationen aufweisen.
   Als *offenes System* erweist er sich in hohem Maße anpassungsfähig, veränderungsfähig, lernfähig. Er kann sich entscheiden, agieren und reagieren innerhalb der gegebenen Grenzen. Er wirkt lebendig, weil er nach innen und außen in Kontakt ist, in Verbindung steht mit seinen Sinnen, seiner Intuition, seinen Gefühlen, seinem Denken und seiner Umwelt.

Als *geschlossenes System* erweist er sich in hohem Maße fixiert, starr, eng, ängstlich. Er kann sich nicht entscheiden, hat kaum Möglichkeiten, sich anzupassen, zu agieren und zu reagieren. Er wirkt fassadenhaft, fraktioniert, gehemmt, kontrolliert, weil er nach innen und/oder außen nicht in Kontakt ist, den Kontakt zu seinen Sinnen, seiner Intuition, seinen Gefühlen, seinem Denken *und/oder* seiner Umwelt unterbrochen hat. Er ist in hohem Maße lerngefährdet und damit nicht anpassungsfähig. Sein LEBEN ist in Gefahr.
Lebendig sein und werden ist das Entscheidende. Nur wer wirklich lebt und leben lässt, wächst und dem Wachstum anderer Raum gewährt, reift und den Reifungsprozess anderer unterstützt, kann gelassen diese Welt verlassen.

8. Chairmanship
   Es gibt Dinge, die ich ändern kann, also tue ich's. Es gibt Dinge, die ich nicht ändern kann, also lasse ich's. Je länger, desto klarer sehen, wie sich das eine vom anderen unterscheiden lässt, gehört zur TZI–Ausbildung. Der Geist der Freiheit weht dort, wo die Spielräume erkannt und bis an die Grenzen ausgenützt werden. „Wenn die Realität der Einzelnen, der Gruppen und Institutionen – gut oder böse – akzeptiert wird, wird der Weg zur Veränderung frei." (Ruth C. Cohn)
9. Störungen bei sich und anderen ernst zu nehmen.
   Wer an Lösungen interessiert ist, muss lernen, sich in die Tiefe zu bewegen, ein Problem auszuloten, hartnäckig dranzubleiben. Das heißt häufig, nicht oberflächlich zu sein, sich nonkonform zu verhalten, unbequem zu sein. Deshalb ist es schwierig zuzugeben, dass man mit einer ‚Lösung' noch *nicht* einverstanden ist.
   In sich hineinhorchen zu lernen, Fantasien von Fakten, Denken von Fühlen zu unterscheiden lernen heißt der schwierige und anspruchsvolle erste Teil der Aufgabe
   Um sich zu blicken, Wahrnehmung und Intuition unterscheiden zu lernen, auf die Intuition vertrauen zu lernen und wahrzunehmen, wie es den anderen geht, zu *sehen und zu hören*, wie sie sich nonverbal verhalten, heißt der schwierige zweite Teil der Aufgabe.

10. Jenseits der Illusionen zu leben heißt lebendiger zu sein.
    Damit ist gemeint:
    Das Selbst zu sein, was man in Wahrheit ist. Bei sich selbst die männlichen und weiblichen Anteile in ein neues Verhältnis zu bringen, was in aller Regel eine Umpolung des bisher Gültigen zur Folge hat. Milder *und* härter, mutiger *und* vorsichtiger zu werden, nachgiebiger zu sein, wo man früher hart war *und* unnachgiebiger/standhafter zu sein, wo man früher weich war;
    Ausnützungsspiele zu erkennen und aufzuhören, sich daran zu beteiligen (Wie mache ich mich abhängig von dir und beraube mich damit meiner Entscheidungsfreiheit? – vice versa), das endlose Lamento über andere und die bösen Umstände (Sachzwänge) durch reales, selbstverantwortetes Tun zu ersetzen, Doppelbindungen zu durchschauen und darauf zu verzichten.
11. Umgang mit Trieben.
    - Sexualität
      Frauen sollen lernen, sich nicht weiterhin von unreifen Männern missbrauchen und ausnützen zu lassen (vice versa). Männer sollen lernen, sich nicht weiterhin von unreifen Frauen in Rollen hineindrängen zu lassen, die sie nicht ausfüllen können (vice versa).
    - Aggressionen
      Aggressionen nicht herbeireden, herausfordern, heraufbeschwören. Dort aber, wo sie ungerufen auftreten, sie und den Menschen ernst nehmen, ihnen und ihm nicht ausweichen, sondern schauen, was sich machen lässt. Sie und ihn stellen, auf den Punkt bringen, mit Distanz, Mut und Selbstkontrolle. Das ist das Zupackende, Kämpferische an TZI.
12. Der Kontakt zu anderen Menschen ist lebenswichtig.
    In Kontakt mit anderen Menschen zu stehen heißt, Energie austauschen zu können. Wo Kontakt gelingt, herrscht Konzentration, sind die Menschen in Fluss. Wo Kontakt misslingt, sind Ohnmachts- und Allmachtsphantasien verbreitet, ist das dynamische Gleichgewicht gestört, herrscht Vereinzelung und Langeweile.

13. Menschen sind verschieden.
    Sie lernen unterschiedlich schnell und auf verschiedene Arten. Jeder Mensch ist anders, hat andere Anlagen und Lernerfahrungen. Deshalb sind Verständlichkeit und Verständigung nötig, wenn sich Menschen aufeinander einlassen. Verständlichkeit und Verständigung bedingen einander, d. h.
    - Verständlichkeit ist wirkungsvoll, wenn Verständigung gewollt wird, und
    - Verständigung ist möglich, wenn Verständlichkeit gegeben ist. Beides ist lernbar. Beides zu lernen ist hoch befriedigend und schmerzhaft und bedarf
    - des Standhaltens und der Distanznahme,
    - des Mutes und der Vorsicht,
    - der Anstrengung und der Geduld.
14. Anfänge und Abschiede
    Anfänge sind schwierig und bedeutungsvoll. Wie es am Anfang läuft, so läuft es. Abschiede sind schwierig und nötig. Wie Abschied genommen wird von einem Menschen, einer Sache, einem Tatbestand, einem Leben, entscheidet darüber, wie ein neuer Anfang gelingen kann.
15. Lebendige Lernprozesse verlaufen nicht geradlinig.
    Sie bedürfen deshalb der rollenden Planung unter Einbezug der Beteiligten. Wichtig für den Lehrer/die Lehrerin ist, dass er/sie
    - genau weiß, was er/sie will;
    - große Freiheit im *Zugang zum Lerngegenstand* erlaubt;
    - strukturelle Vorgaben macht, die Eigeninitiative und Selbstverantwortung ermöglichen und fördern (z. B. Transparenz der eigenen Anliegen, Themasetzung, Beeinflussbarkeit der Inhalte, Verfahren und Medien, Feedbackmöglichkeiten);
    - über ein großes Methodenrepertoire verfügt, das selbsterlebt, erfahren und geübt wurde;
    - sich als Modell verhält, insbesondere klar ist in seinen/ihren Aussagen (Übereinstimmung von verbaler und nonverbaler Botschaft, Echtheit, Wahrhaftigkeit).

16. Lebendige Lernprozesse schließen Ganzheit/Vollständigkeit und Scheitern ein.
    Vollständigkeit enthält immer auch die Kehrseite des Gelingens und damit implizit das Zugeständnis, dass es erlaubt ist, Fehler zu machen. Ohne Scheitern verkommt Vollständigkeit zum perfektionistischen Vollkommenheitswahn, ohne Vollständigkeit (d.h. Gelingen) versinkt Scheitern in Ohnmachtsfantasien/Ohnmachtsgefühlen.
17. Lebendige Lernprozesse benötigen Ordnung und Chaos.
    Ohne Ordnung entartet Chaos zur Orientierungslosigkeit, ohne Chaos entartet Ordnung zum Zwang. Wer Ordnung zu früh herstellt, verhindert eine lernfreundliche Atmosphäre, wer Chaos an den Anfang stellt, verhindert angstabbauende Orientierung.
18. Lebendige Lernprozesse verlangen, dass die beteiligten Menschen sich selbst balancieren, den Gruppenprozess balancieren und ihr Verhältnis zur Umwelt balancieren,
    d.h. zwischen den vier Faktoren (ICH, WIR, ES, GLOBE) pendeln, um den Lernprozess in Gang zu halten. Weil dies die Teilnehmer*innen überfordert, sind geschulte Leiter*innen nötig, die u.a. die Kunst des Balancierens gelernt haben.
19. Bei lebendigen Lernprozessen spielt das Umfeld (GLOBE) eine entscheidende Rolle,
    weil die Lerngruppe und die beteiligten Individuen als in der Tendenz offene und weiter zu öffnende Systeme gesehen werden. Geschlossene Systeme interagieren nicht mit der Umwelt. Es findet kein Austausch an Energie und Information statt. Damit dies *nicht* geschieht, ist der Kontakt zur Umwelt für das Wachstum von Menschen, Gruppen und Institutionen lebenswichtig.
20. TZI versteht sich als methodische Hilfe
    - für Mitglieder von Arbeitsgruppen, einander ihre Anliegen und Gedanken näher zu bringen;
    - zur Klärung und Klarheit von Aussagen;
    - zum disziplinierten Vorsatz, Aussagen von anderen so zu verstehen, wie sie gemeint sind (Ruth C. Cohn).

Brief von Ruth C. Cohn 1993

Lieber Elmar,
‚Was habe ich bei TZI gelernt?' Dieser Artikel rührt mich jetzt beim x-ten Mal lesen genauso wie beim ersten Mal. Es kommt mir so vor, als könnte ich das nicht alles verursacht haben, was Du da schreibst. Es ist so viel und so tief und klar empfunden und stimmt so mit dem überein, was ich eigentlich sagen und tun wollte, dass ich ja immer wieder gerührt bin. Und gleichzeitig eben die große Dankbarkeit, dass das zwischen uns beiden möglich war.

Ja, dies ist nur ein kurzes Briefchen, und dieses bedeutet, dass ich Dir danke und mich so freue, dass es uns beide auf der Welt gibt, zusammen mit vielen anderen, wobei Deine liebe Frau ganz zweifellos in diesem Dank eingeschlossen ist, denn ich glaube, sie hat sehr viel mit der Öffnung zum Leben hin bei dir zu tun.

Also lasst es euch gut gehen.
Herzlichst,
Deine Ruth

Liebe Ruth (meine Antwort 1993),

Du hast mir einen sehr schönen Brief geschrieben, und ich möchte mich sehr bedanken. Ich halte – du weißt es – TZI für die wichtigste Erfindung im Bereich der menschlichen Kommunikation in neuerer Zeit. Die Hoffnung, dass es uns gelingen möge, das alles in Schulen und Schulhäusern fruchtbar werden zu lassen, ist groß und berechtigt.

Bei uns geht es jetzt bergauf. Die Team–Orientierung ist akzeptiert bei Behörden und bei den Betroffenen. Gerade heute Morgen hatte ich wieder Gelegenheit, bei zwei Teilkollegien der neuen Schule dabei zu sein. Es wird deutlich: Innerhalb eines Jahres hat sich der Kommunikationsstil verändert, nicht nur innerhalb der Kollegien, nein, auch gegenüber der Schulleitung (und umgekehrt). Ich glaube, wir machen hier etwas ziemlich Gutes. Wir leisten Pionierarbeit. Dass dies Mut, Realitätssinn, menschliches Verständnis und Weitblick braucht, habe ich mittlerweile am eigenen Leibe erfahren, deutlich erfahren.

Alles, was ich in den 20 Punkten im Aufsatz „Was habe ich bei TZI gelernt?" geschrieben habe, habe ich bei dir gelernt, in all den vielen Kursen, die ich bei dir besuchen durfte. Zugegeben: Ich bin sensibel für Marginales, für Nebensächliches, das manchmal nur in einem Satz angedeutet, trotzdem auf fruchtbaren Boden fiel. Mit der Zeit, im Laufe der Jahre, entstand so ein Mosaikwerk, das ich dann nur noch sprachlich zu fassen brauchte.

Zugegeben auch, dass da noch etwas in mir ist, das ich nicht erklären kann, das ab und an einfach aus mir herausbricht, weil es offenbar raus muss.

Zugegeben auch, dass das alles nicht so leicht ist, wie es aussieht – aber das brauche ich dir ja nicht zu sagen. Es ist die Last und die Gnade der Kreativität.

Ich weiß nicht, wo ich gelandet wäre ohne drei mein Leben bestimmende Begegnungen. Die erste mit EVA (meiner ersten Frau), sozusagen der Negativweg, den ich gehen musste, um zu erfahren und zu wissen, was Mut, Realitätssinn, menschliches Verständnis und Weitblick heißen könnten. Die zweite mit RUTH (Boubou, meine zweite Frau), die mich in vielen Gesprächen während 15 Jahren begleitete und immer noch begleitet (mittlerweile sind es über 40 Jahre), ohne mich zu bedrängen und mir so möglich machte, aus meinen wahnsinnigen Schuldgefühlen herauszufinden. Die dritte DU und deine TZI, die mir beide zunächst völlig fremd und unverständlich, wie Wesen von einem anderen Stern, schienen und schließlich, nach zehnjährigem Ringen zu einem grundlegend neuen Menschen- und Weltverständnis verhalfen.

So einfach ist das!
Am letzten Samstag (9.10.93) waren wir auf dem Tüllinger Hügel, eine dem Schwarzwald vorgelagerte Anhöhe. Man hat von dort einen überwältigenden Ausblick auf die Region Basel. Der Tag war von luzider Klarheit, wie es hier ganz selten ist. Man sah kobaltblau die ganze Jurakette, vom Bözberg über Hauenstein, Bölchen, Passwang bis hin zur Hohen Winde und den Ausläufern Richtung Delsberg/Pruntrut. Rechts Pain Grau die Vogesen, Ballon d'Alsace, Grand Ballon, Hartmannsweilerkopf. Dazwischen in hellgrauen Tönen, durch Silberstreifen getrennt, die Burgunderpforte. Und dann abfallend, in sanften Schichten des Sundgaues, bis zum Rhein hin.

Schließlich Basel mit seinen Vororten bis hinein ins Elsass und ins Badische, unterbrochen durch große, grüne Wälder, mit den Türmen der Chemie und drei von fünf Weltkonzernen, die die Schweiz ihr Eigen nennt. Mittendrin der Rhein wie eine silbrige Schlange, mehr verbindend als trennend.
Ruth und ich saßen oben am Waldrand und staunten in die abendliche Klarheit. Mich überkam jene Stimmung, die ich als Kind erlebte, jenseits von aller Hast und Motorenlärm: Feierabend. Wir saßen da und spürten, dass es Augenblicke geben mag im menschlichen Leben, die so klar sind, wie diese schöne Landschaft an diesem Abend. Und so selten.
Mit besten Grüßen und allen guten Wünschen aus der Stadt auf den Berg,
Dein Elmar (Brief an Ruth Cohn, Basel, 11.10.1993)

APT – eine neue Form der Weiterbildung, Dr. Ueli Pfaendler, Gymnasium Bäumlihof, Basel

Die Mittellehrerausbildung in Basel (1) umfasst mindestens sechs Semester, die Oberlehrerausbildung (2) mindestens acht Semester Fachstudium an der Hochschule, beide Ausbildungswege schließen mit einem Seminarjahr ab, das Pädagogik, Psychologie,

Fachdidaktik und Methodik und Ähnliches vermittelt. Aus dem deutlichen Übergewicht der fachbezogenen Ausbildung einerseits, aus dem fachbezogenen Unterricht am Gymnasium andererseits resultiert, dass die meisten Lehrer*innen sich selbst in erster Linie als Fachleute verstehen, erst in zweiter Linie als Organisator*innen und Leiter*innen von Gruppenprozessen. Die Erfahrung, dass Schulklassen heute – aus Gründen, die hier nicht diskutiert werden zu brauchen – schwieriger als früher zu führen sind, hat auf diesem Gebiet ein Defizit aufscheinen lassen, welches, zusammen mit dem Bedürfnis nach Anregungen für den Schulalltag, zu einer Bereitschaft vieler Kolleginnen und Kollegen geführt hat, eine umfangreichere Weiterbildung auf sich zu nehmen und sich in Bereichen zu qualifizieren, welche in der traditionellen Lehrerausbildung vernachlässigt worden sind.

Kolleginnen und Kollegen unserer Schule haben sich entschlossen, eine ZEHNWÖCHIGE AUSBILDUNG zu absolvieren. Sie umfasst je eine Woche Kommunikationstheorie und -praxis, Gesprächsführung, Projektunterricht, Themenzentrierte Interaktion, Stressbewältigung, Krisenintervention in Gruppen, Wahrnehmung sowie drei Wochen Organisationsentwicklung. Es handelt sich also um ein Angebot vielfältiger sozialer und psychologischer Techniken, die in verschiedenen Arbeitsbereichen (Wirtschaft, Psychotherapie usw.) in den letzten zehn bis zwanzig Jahren entwickelt und erprobt worden sind. Bei den Anwärtern und Anwärterinnen wird ‚Offenheit, Prozessfähigkeit, Initiative, Selbstverantwortung und Risikobereitschaft' (ULEF) vorausgesetzt. Ziel der Ausbildung ist es, generell unsere Kooperations- und Konfliktfähigkeit zu erhöhen, um uns in die Lage zu versetzen, Gruppen von Schülern und Schülerinnen oder Weiterbildungskurse für Lehrer*innen möglichst kompetent zu leiten. Die Hälfte der Ausbildung findet während den Ferien, die andere während der Schulzeit statt. Die Ausbildung sollte nach drei Jahren abgeschlossen sein.

Was sind nun meine Erfahrungen nach zehn Wochen Weiterbildung? Ich habe die Arbeit mit Kolleginnen und Kollegen während einer Woche, meist in einem Schulungszentrum in idyllischer Umgebung, immer unter kompetenter Führung, als außerordentlich bereichernde Erfahrung erlebt, welche mir nicht nur zu mehr Wissen, sondern auch zu ERWEITERTEM SELBSTVERSTÄNDNIS verholfen hat. Die Weiterbildungswochen wirken eigentlich als Jungbrunnen, zumal viele Anregungen in die tägliche Arbeit im Schulzimmer einfließen, dazu kommen viele Impulse, die ins Lehrerkollegium wirken. Ein besseres Training und verbesserte Techniken im Umgang mit Gruppen ermöglichen es, die Zusammenarbeit in den Klassen zu verbessern, indem Konflikte frühzeitig erkannt und adäquat gelöst werden können. Es ist mir klar geworden, dass Weiterbildung nicht ein einmaliger Akt ist, um z. B. APT zu absolvieren, sondern dass sie als permanentes Äquivalent neben die tägliche Arbeit treten muss, um diese zu reflektieren und zu beleben. Indem diese Form der Weiterbildung der Routine und Erstarrung entgegenwirkt, zur eigenen Lebhaftigkeit, Neugier, geistigen Frische beiträgt, erhöht sie auch die Chance für einen Unterricht, in dem lebendiges Lernen Schüler*innen und Lehrer*innen weiterbringt.

Die Perspektiven des APT sind vielfältig: Absolventen und Absolventinnen des APT können in unserer Schule verschiedene Funktionen übernehmen: So wären etwa in der ALFB (Arbeitsplatzbezogene Lehrer*innenfortbildung) Impulse zu geben und Gruppen zu führen, oder sie können Kommissionen leiten, die ad hoc für bestimmte Probleme (Skilager, Lehrmittelprobleme, Absenzenfragen u. a.) eingesetzt werden, sie sind in der Lage, in der Entwicklung des Projektunterrichts mitzuarbeiten und vieles mehr.

Über unser Schulhaus hinaus werden APT-Absolventen und -absolventinnen sich auch im Rahmen der Basler Schulreform in der Weiterbildung betätigen können. Die Ausbildung kann in diesem Sinn auch als personenbezogener Teil einer Schulreform, die zunächst strukturell ausgerichtet ist, angesehen werden.

Von dieser tiefgreifenden und längerfristigen Weiterbildung erhoffen wir uns wohltuende Wirkungen auf die Zusammenarbeit im Kollegium und in den Klassen, eine weitere Verbesserung der Gesprächsbereitschaft aller Schulmitglieder, generell eine SCHULKULTUR und ein Arbeitsklima, welche die Arbeitszufriedenheit der Lehrenden und Lernenden fördern und uns in die Lage versetzen, die anstehenden Reformen und Veränderungsprozesse optimistisch und mit Erfolg zu bewältigen.

(1) Ausbildung zum Sekundarlehramt, SEK. Stufe I
(2) Ausbildung zum Gymnasiallehramt, SEK. Stufe II
Google+, APT eine neue Form der Weiterbildung, Ueli Pfändler

Schulreform in Basel: Zunächst wurden wir belächelt, 1993

Gespräch mit Dr. Hans Gygli, Rektor des Gymnasiums Bäumlihof, Basel

Osswald: Die erste Gruppe des Gymnasiums Bäumlihof, die erste Gruppe in Basel überhaupt: Was hat einen erfahrenen Schulleiter bewogen, den APT-Ausbildungsgang einer Gruppe von Lehrerinnen und Lehrern seiner Schule nicht nur zu bewilligen, sondern auch selbst zu absolvieren?

Dr. Gygli: Alles fing damit an, dass sich etwa 15 Kolleginnen und Kollegen bei mir einfanden und mir über ein Projekt berichteten, das sie an einer Orientierungsveranstaltung des ULEF Basel (Institut für Unterrichtsfragen und Lehrer*innenfortbildung) kennengelernt hatten. Der zeitliche Aufwand betrug zehn Wochen: Ein echtes Engagement für diejenigen Lehrkräfte, welche von dieser Ausbildung überzeugt waren.

Meine Kolleginnen und Kollegen fragten mich, ob ich diese umfangreiche Weiterbildung bewilligen, resp. unterstützen könne und wolle. Das habe ich ihnen zugesagt, weil mir das neue und ungewöhnliche Programm einleuchtete. Dann aber kam aus der Runde nach einigem Zögern die Frage, ob auch ich diese Ausbildung mitmachen wolle, denn ohne mich würden sie sich irgendwie schutzlos außerhalb des Kollegiums vorkommen – und das möchten sie nicht. Dieser Appell verhallte bei mir nicht ungehört, und ich habe mich dann ziemlich spontan entschlossen, diese Ausbildung auch selbst mitzumachen.

Osswald: Dann fand die Ausbildung statt und es wurden Erfahrungen gesammelt. Mich interessieren zunächst diejenigen des Schulleiters. Wie ist es dir ergangen während dieses Ausbildungsgangs?

Dr. Gygli: Gut. Sehr gut. Es war eine reiche Zeit. Ich war hocherfreut darüber, dass wir uns in der Gruppe von der ersten Stunde an bestens verstanden. Vermutlich deshalb, weil uns der Erwartungsdruck, dem wir ausgesetzt waren, zusammengeschweißt hat. Wir wurden nämlich in unserer Umgebung belächelt: „Sie besuchen ein Psychokürsli", hieß es im Kollegium.

Aber nachher hat mich ganz besonders gefreut, wie eng der Kontakt mit meinen Kolleginnen und Kollegen aus der Gruppe wurde; er besteht bis heute.

In der Ausbildung selbst war ich oft hin- und hergerissen. Immer nahm ich das Gebotene auf als Lehrer – denn ich unterrichte ja auch – und immer wieder fragte ich mich, welche Bedeutung das Erlebte für mich als Rektor einer sehr großen Schule habe. Das war manchmal nicht einfach. Ich erinnere mich an ein Rollenspiel, in welchem wir diese Doppelfunktion einmal durchgespielt haben. Es wurde für meine Kolleginnen und Kollegen eine Tortur: Sie erlebten hautnah, wie weit der Bogen der Gefühle eines Schulleiters gespannt sein kann.

Mit der Zeit habe ich mich an diese Doppelrolle gewöhnt. Ich habe gelernt, sie zu ertragen. Ich habe das reiche Angebot, das mir gemacht wurde, irgendwie in mich aufgenommen, alles ist ein Stück meiner selbst geworden. Jetzt werde ich nicht mehr hin- und hergerissen zwischen meinen Funktionen als Lehrer und als Schulleiter.

Osswald: Ein Schulleiter ist kraft seines Amtes oft sehr einsam. Hat diese Ausbildung ergeben, dass die Einsamkeit kleiner geworden ist?

Dr. Gygli: Sie ist vielleicht ein Stück kleiner geworden, aber es bleibt dem Chef ein Stück Einsamkeit, das er ertragen muss. Was jetzt anders ist, möchte ich so ausdrücken: Ich kann jederzeit mit einer Kollegin/mit einem Kollegen aus unserer Gruppe irgendetwas besprechen, weil wir ein sehr festes Vertrauensverhältnis untereinander aufgebaut haben. Das ist sehr wertvoll. Im Übrigen freuen wir uns auch spontan, wenn wir uns im Haus begegnen. Aus allem, was wir gemeinsam erlebt haben, ist eine Freundschaft geworden, die einen ganz besonderen Charakter trägt.

Osswald: Hat das Verhalten der Gruppe innerhalb des Kollegiums und der ganzen Schule etwas bewirkt?

Dr. Gygli: Ich darf das mit gutem Gewissen bejahen. Die Art und Weise, wie wir heute miteinander umgehen, hat auf das ganze Kollegium abgefärbt. Nur so kann ich mir erklären, dass später zwei weitere Gruppen dieselbe APT-Ausbildung begonnen haben – notabene mit einem weiteren Mitglied der Schulleitung!

Osswald: Welche Teile der Ausbildung waren besonders wichtig?

Dr. Gygli: Das ist schwer abzustufen. Wichtig an sich, glaube ich, waren zunächst die Wochen des Zusammenseins, vor allem für unsere persönliche Weiterentwicklung. Aber die Thematik der verschiedenen Kurse half uns weiter: Kommunikation und Menschenkenntnis, Gesprächsführung, Wahrnehmung; in anderer Weise die Projektmethode und die Organisationsentwicklung. Für die Unterrichtsmethodik und für Problemlösungsstrategien halfen uns diese Kurse weiter, waren sehr wichtig und werden es bleiben. Zum Schönsten gehörten der TZI-Kurs mit Matthias Kroeger und der Wahrnehmungskurs mit Ruth Cohn: Das waren einmalige, unvergessliche Erlebnisse ganz besonderer Art.

Osswald: Besten Dank für dieses Gespräch.

(Elmar Osswald, Gemeinsam eine bessere Schule schaffen, Das Arbeitsplatzbezogene Pädagogische Trainingsprogramm (APT), In: Pädagogik, Heft 5/Mai 1991, Beltz Verlag, 6940 Weinheim; Hans Gygli war nicht nur Rektor eines Gymnasiums, er war auch Altphilologe, im Militär Oberst im Generalstab und Parteimitglied der Liberaldemokratischen Partei

Basel-Stadt, alles Statussymbole, die ihn zu meinem wichtigsten Verbündeten machten.)

Brief an die Frau von Christian Ramseyer, Waisenhausvater, Basel, 1992

Liebe Gaby,

Nun ist Christian also erlöst worden von seinem Leiden. Dein Mann und Weggefährte ist gestorben.
Als ich ihn das letzte Mal sah, im vergangenen Herbst in eurer schönen Stube im Waisenhaus, war ihm nichts anzumerken. Er war, wie ich ihn kannte, von einer warmen und zurückhaltenden Herzlichkeit. Er sah gesund aus und er wusste, dass er nicht mehr lange zu leben hatte.

Er war ein begnadeter Lehrer. Das kam schon in seiner Stimme zum Ausdruck, die voll und sonor, zurückhaltend und vorsichtig war – und humorvoll. In den letzten Jahren, seit meinem Weggang in Muttenz, haben wir uns leider etwas aus den Augen verloren. Er und ich konnten und wollten das nicht ändern. So ist es uns denn gegeben, eine ZEIT lang in dieser Welt zu verbringen und zu tun, was uns aufgegeben. Das tat Christian, der schon sehr früh seiner Melodie vertraute, in allem, was er anpackte, bei der Arbeit und in der Liebe. Dies ist wenigen vergönnt.

Liebe Gaby, nun ist die schwere Zeit vorbei und eine schwere Zeit steht dir bevor. Ich hoffe und wünsche, es möge dir gelingen, Abschied zu nehmen, traurig zu sein, um so zu jenen Kräften zurückzufinden, die dir eigen sind, zum Leben zurückzukehren, das ein großes Geheimnis ist. Wir wissen nicht, woher wir kommen, und wir wissen nicht, wohin wir gehen. Das Leben zu leben ist unsere Aufgabe – und Christians Vermächtnis.

(Gaby Ramseyer, Basel, 22.04.1992)

Meine Mutter
Lebenslauf/Nachruf von Ida Osswald–Scheiwiller, geb. 14. Mai 1907, gest. 6. Mai 1991

Ida Osswald wurde am 14. Mai 1907 in Gossau SG geboren. Sie war das dritte von fünf Kindern. Der Vater, Johann Scheiwiller, ein selbstständiger Schmied, starb früh. Die Mutter, Verena Scheiwiller-Eigenmann sorgte unter schwersten Bedingungen für die Kinderschar. Ida, ein intelligentes und schönes Mädchen, konnte deshalb keinen Beruf erlernen. Sie musste früh zum Überleben der Familie beitragen, zumal das Staatswesen nach dem Ersten Weltkrieg noch keine sozialen Auffangnetze kannte. Aus dieser Zeit wohl stammt der ihr eigene Drang zum Tun, der, verbunden mit einer großen Vitalität, eine Lebenshaltung erzeugte, die nie aufgab.

1934 heiratete sie Eduard Osswald. Der Ehe entsprossen acht Kinder. Das erste Kind, Eduard, starb nach einigen Tagen; das letzte Kind, Felix, ist mongoloid.

Nach einigen Jahren im Watt und im Quellenhof folgte Ida Scheiwiller ihrem Manne von Gossau nach Wil, wo die Familie seit 1948 zunächst an der Titlisstraße, dann an der Toggenburger Strasse und schließlich ab 1957 an der Lindenhofstraße wohnte. Als 1959 ihr Mann starb, stand sie vor einer ähnlich schwierigen Aufgabe wie damals ihre Mutter, galt es doch fünf unmündige Kinder aufzuziehen, was sie ohne fremde Hilfe schaffte. Alle außer Felix konnten einen Beruf erlernen. Felix aber wurde neben ihren Töchtern Edith und Ruth ihr wichtigster Helfer und Wegbegleiter. Sie lebte nach dem Tode des Vaters über 30 Jahre mit ihm zusammen. Ganz allmählich wechselten die Rollen. Er wurde in zunehmendem Maße ihr Helfer und Beschützer, ja Lebensretter.

Ida war bis ins hohe Alter eine gesund wirkende Frau, die die Ärzte nur aufsuchte, wenn es gar nicht anders ging. Ihren achtzigsten Geburtstag feierte sie in den Kreisen ihrer Angehörigen, zwar nicht mehr so gut zu Fuß, aber geistig voll präsent. Es war das schönste Fest, das in den Familienkreisen je gefeiert wurde.

Viele Jahre besuchte Ida Osswald das Altersturnen in Wil. Sie genoss dabei die menschlichen Kontakte, die ihr guttaten und wie ein Jungbrunnen wirkten.

Die letzten Jahre waren schwer. Die körperlichen Gebrechen nahmen zu, aber sie weigerte sich hartnäckig, die Möglichkeit eines Altersheimaufenthaltes in Erwägung zu ziehen. Sie wollte mit Felix zusammenbleiben und ihre Unabhängigkeit bewahren. Sie starb, ruhig einschlafend, im Spital in St. Gallen am 6. Mai 1991.

Liebe Mutter, erinnerst Du Dich an jene Jahre im Watt in Gossau? Wir Kinder spielten auf der Wiese ob der Fabrik. Du hattest Waschtag und warst in den Wasserdampfschwaden der Waschküche kaum zu sehen. Aber wir wussten, dass Du da warst. Das Wäscheseil lief über lange Stangen. Die weißen Leintücher flatterten im Wind. Du halfst uns, ein Zelt zu bauen, indem Du ein Bündel Stangen oben zusammenbandest, die Stangen in ein Rund stelltest und ein Leintuch mit Wäscheklammern darumlegtest. In diesem Indianerzelt roch es nach Gras, Erde, Sonne und Sommerwärme.

Liebe Mutter, erinnerst Du Dich an jene Nacht, als der Himmel über Gossau voller langer Lichtstrahlen war, die aus Deutschland herüberzuckten, sich ab und zu bündelten und manchmal ein Flugzeug wie ein zappelndes Insekt im Spinnennetz glitzernd erfassten? Erinnerst Du Dich an das Dröhnen ganzer Bomberschwärme, die über uns hinwegzogen? Erinnerst Du Dich an die dumpfen, wie durch Watte und weit weg aufberstenden Explosionen? Du standest am Fenster, im Nachthemd, leicht fröstelnd und barfuß. Und dann sagtest Du zu uns Kindern: „Da müssen jetzt viele Menschen sterben."

Liebe Mutter, erinnerst Du Dich an die Sonntagsspaziergänge, damals in den Hügeln des Fürstenlandes? Die Straßen staubten in der Sommersonne und wir Kinder, beinahe jedes Jahr eines mehr, waren Dein ganzer Stolz. Du hattest alle Kleider selbst geschneidert oder gestrickt: kurze Hosen, Röcke, Mäntel, Kappen, Pullover, Hemden, Kniesocken, Strümpfe. Wir waren immer gut angezogen, und das war Dein ganzer Stolz.

Liebe Mutter, erinnerst Du Dich an die langen Abende damals in Wil? Du und Vater verrichteten bis weit in die Nacht hinein Heimarbeit, um das schmale Gehalt aufzubessern. Ihr kontrolliertet Nähmaschinennadeln unter dem Binokular auf ihre Tauglichkeit und wir saßen im gleichen Raum auf dem abgewetzten Kanapee und auf alten Stühlen. Im Radio kam ‚Polizischt Wäckerli' und man hörte nur die Geräusche aus dem Radio und die kontrollierten Nadeln, die in eine Schachtel fielen.

Liebe Mutter, wir danken Dir für Dein tätiges Tun, das Du ein Leben lang praktiziert hast. Wir sehen, wie Du Dich für uns Kinder aufgeopfert hast, damals in Gossau und später in Wil, unter weiß Gott schwierigsten Bedingungen und Verhältnissen. Du hast alles durchgestanden mit einem unbändigen Lebenswillen. Und wir merken erst allmählich, in welch hohem Maße diese Deine Haltung unser Leben bestimmt hat.

Alles Gute, liebe Mutter, wir wünschen Dir den ewigen Frieden.

Epilog

Meine Mutter ist gestorben.
Sie war alt und zuckerkrank.
Es ist nicht einfach zu verstehen,
dass es so ist.
Ich fühle mich leer und traurig.
Was soll ich tun?

Es ist komisch. Welche Beziehung bleibt jetzt übrig? Ich weiß es nicht. Wie wird es jetzt weitergehen? Wer könnte das wissen?

Wer war meine Mutter? Wie lebte sie? Wie fühlte sie? Ich weiß es nicht.

Sich auf eine neue Situation einzustellen ist und bleibt schwierig für einen Menschen.

Abschied vom einsamen Lehrer und früher Auslese (In Basel hat die innere und äußere Schulreform begonnen/„PsychoFortbildung" für Kollegien) Frankfurter Rundschau, 1992

Mitteilung aus dem Schweizer Nationalrat, 11.3.1992

Lieber Herr Osswald,
Als Abonnent der Frankfurter Rundschau lese ich mit Verspätung den beiliegenden Artikel. Er dürfte Sie interessieren.
Helmut Hubacher

BASEL. „Wir lieben Basel und wollen nicht ausziehen", annoncierte das Basler Architekten- und Handwerkerkomitee. Ein Arbeiterkomitee wollte „keinen Einheitstopf". Ein Komitee „gegen das Experiment Schulreform" sah die Basler Schulwelt als billigen Film, in dem es nur Helden und Bösewichte gibt. Den Guten, also den Basler Kindern, sollte durch die Schulreform zugemutet werden, mit den Schlechten, den Kindern „von Gastarbeitern, Asylsuchenden und Zugereisten", gemeinsam die Schulbank zu drücken. Da sei das Volk vor, das deshalb vom Komitee aufgefordert wurde, mit Nein zu stimmen.

Doch am Abend des 4. Dezember 1988 waren alle diese Anzeigen Makulatur, hatte sich dieses dubiose Komiteewesen überlebt. Mit

54 % Ja-Stimmen votierte das Basler Volk in einer Volksabstimmung überraschend deutlich für eine Schulreform, die einer kleinen Revolution gleichkommt. Künftig besuchen alle Schüler der Klassen fünf bis sieben gemeinsam die neuzuschaffende Orientierungsschule. Ab Klasse 8 teilt sich dann das Schulsystem

in das Gymnasium (bis Klasse 12) und die Weiterbildungsschule (bis Klasse 9 und 10). Damit war das überkommene dreigliederige Schulsystem, das die Schüler nach Klasse 4, also schon in ihrem 10. Lebensjahr, rigoros in Untergymnasium, Realschule und Sekundarschule aufteilt, schnöde abgewählt.

Erstmals in der Geschichte der Schweiz (vielleicht sogar in der ‚Weltgeschichte'?) hat damit eine Mehrheit der Wahlbürger für eine weitgehende Demokratisierung des Schulsystems gestimmt. Hier waren die Verhältnisse noch verkrusteter als anderswo. Das alte System war wenig durchlässig. Zudem waren die Wahlverhältnisse in Basels Mittelstufen (ähnlich wie in den meisten westdeutschen Großstädten) völlig aus dem Ruder gelaufen. Einer Quote von 42,8% Gymnasialübergängern (1987) standen nur 19,5% gegenüber, die auf den Sekundarschulen (vergleichbar der westdeutschen Hauptschule) verblieben. Über 20% der gymnasialen Überwechsler blieb bereits in Klasse 5 sitzen. Dazu kamen die Klagen von Universität, Wirtschaft und Gewerbe, wonach die Schüler auf die Zukunft immer schlechter vorbereitet würden.

Der damals vorgelegte „Bericht der Großratskommission Schulreform", dem die Basler zustimmten, gab sich erst gar nicht mit kosmetischen Korrekturen ab. Er kritisierte das alte System grundsätzlich. „Die Schule [...] kann den Anforderungen der Zeit nicht mehr folgen" und formulierte zwei Kernüberzeugungen. Erstens: Die Auslese der Schüler müsste weiter hinausgeschoben werden. Zweitens: Das Gymnasium solle nur noch 25% der Schüler aufnehmen müssen. Um herauszufinden, auf welche Weise die Stadt am Rhein am besten aus der Schulmalaise herauskommen könnte, besuchte die Großratskommission damals etliche Schulen, die allesamt die Frühauslese nach dem 4. Schuljahr abgeschafft oder erheblich abgemildert haben: die Manuelschule in Bern, die Scuola Media im Tessin, das an additiven Gesamtschulen orientierte Mittelschulmodell Le cycle d'orientation in Genf und die Orientierungsstufe in Hessen.

Danach baute sie ihr eigenes Modell: In der 5. Klasse der neueinzurichtenden Orientierungsschule sind noch alle Schüler zusammen. In der 6. nimmt ein breites Angebot von Wahlfächern Rücksicht auf persönliche Wünsche und Begabungen. In der 7. Klasse werden die Schüler einer Klasse in den Hauptfächern Deutsch, Französisch und Mathematik auf zwei Niveaus nach Leistung differenziert. Ein Schüler kann danach nur dann aufs Gymnasium wechseln, wenn er in mindestens zwei dieser Fächer in einem oberen Kurs ist. Ein Sitzenbleiben gibt es nur noch auf Wunsch des Schülers oder der Eltern. Auch zum konkreten Unterrichtsgeschehen nahm der Bericht Stellung und befand beispielsweise über das Gymnasium, dass dort unrealistisch gewordene Ideale abgebaut werden müssten.

START VOLENEA
Aula DMS Basel, 3. Aug. 1992

Bis dahin machte die europäische Entwicklung, wonach die Schulsysteme immer durchlässiger werden, um das bildungsstarre Basel einen großen Bogen. Die Universitätsstadt hatte es nicht einmal zu einer (Modell-)Gesamtschule gebracht. Auf Reformvorhaben reagierte das Basler Volk stets konservativ. Schon 1878 forderte der freisinnige Erziehungsdirektor Wilhelm Klein die Verlängerung der Primarschule auf fünf Jahre mit anschließender Einheitsmittelschule. Er wurde abgewählt. 1922 brachte ein sozialdemokratischer Erziehungsdirektor die Idee einer zweijährigen, einheitlichen Sekundarschule ein. Sieben Jahre wurde darüber beraten. Dann wurde die Idee verworfen. 1968, als die Ausläufer der Studentenbewegung die europäischen Bildungssysteme ins Wanken brachten, schlug ein Arbeitsausschuss im Auftrage der Regierung eine Totalrevision des Schulgesetzes vor. Herzstück des Projektes „Neue Schule“ sollte eine reformierte Mittelstufe sein, organisiert nach den Prinzipien der Gesamtschule. Sie wurde in der Volksabstimmung vom November 1973 niedergestimmt. Kleine Korrekturen wurden vorgenommen. Doch Reformen fanden woanders statt. Im Tessin beispielsweise, wo die „Scuola Media“, die Mittelschule, in den Klassen 6 bis 9 alle Schüler gemeinsam führt. Mit dem Votum für eine Orientierungsschule, das die meisten dem Basler Volk schon kaum mehr zugetraut hatten, kann nun eine äußere Reform greifen, die weiter geht, als die in den meisten Städten und Ländern Europas.

Doch nicht nur das äußere Korsett passte nicht mehr. Auch das Innenleben vieler Schulen rief nach Reformen. Dort hatte Elmar Osswald, Vorsteher des „Instituts für Unterrichtsfragen und Lehrerfortbildung (ULEF)“, „ein Gespenst“ ausgemacht, das Gespenst namens Teilnahmslosigkeit, das sich immer dort melde, wo Selbstverantwortung durch strukturelle Maßnahmen unterdrückt werde, wo sich das Methodenrepertoire der Lehrer auf die frontale Belehrung reduziert. „Wo Beliebigkeit herrscht, fühle sich das Gespenst am wohlsten.“ Es drohe, Lehrer und Schulleitungen aufzufressen, Arbeitsfreude und Arbeitseffizienz zu zerstören und viele in Routine, Resignation und die innere Emigration zu führen.

Um dieses Gespenst zu bekämpfen, hat das ULEF – schon früher und unabhängig vom beschlossenen Strukturwandel – mit einer inneren Reform begonnen, die ihresgleichen sucht. Mit großem Elan arbeitet das Institut unter seinem agilen Leiter und Motor Elmar Osswald an einem „Stilwandel“ in den Schulen. Jedes einzelne Schulhaus soll zur Keimzelle der Reform werden.

Die neue Schule soll, das mag sich für manche Eltern wie eine Ungeheuerlichkeit lesen, erst einmal den Lehrern Spaß machen und ihre Arbeitszufriedenheit erhöhen. „Ohne diese scheinbar egoistische Zielorientierung ist nicht genügend Energie freizumachen“, meint Elmar Osswald. Es gelte, Abschied zu nehmen vom Lehrerideal der Reformpädagogik und damit vom „Matterhornsyndrom“: überforderte Super-Pädagogen auf dem Gipfel und unterforderte Normallehrer und -lehrerinnen am Fuße des Berges. Das neue Motto lautet: „Gemeinsam statt einsam“.

Darauf sind die wenigsten Pädagogen vorbereitet. Deshalb soll jeder Lehrer Basels eine Ausbildung in moderner Menschenführung durchlaufen, die insgesamt zehn Wochen dauert und zumeist in Wochenkursen absolviert wird. Ein knappes Drittel davon gilt Themen wie Kommunikation und Menschenkenntnis, Organisationsentwicklung und Projektunterricht. Dazu kommen Wahrnehmung, Umgang mit Stress, Krisen in Gruppen. Das „Arbeitsplatzbezogene Pädagogische Trainingsprogramm“ (APT) hat bewusst auf fachwissenschaftliche Fortbildung verzichtet. Auf diesem Gebiet hält man die Lehrer im Großen und Ganzen für kompetent.

Nachholbedarf bestehe aber in den modernen Organisationswissenschaften wie vor allem in der Kommunikationspsychologie, die sich nach dem Konzept des ULEF an den bekannten „Psycho-Schulen“ von Ruth Cohn oder der des Kommunikationswissenschaftlers Friedemann Schulz von Thun orientieren. Sie werden wie in der freien Wirtschaft üblich (an deren Schulungsmethoden man sich in Basel, der Stadt des Handelskapitals nicht von ungefähr orientiert) von eigens angeheuerten, gutbezahlten und entsprechend qualifizierten Kurleiterinnen und -leitern durchgeführt, die die Gruppen als Externe leiten. Die Fortbildung erstreckt sich über drei bis vier Jahre, liegt zur Hälfte in den Ferien und ist nicht ganz gratis. Für die zehn Wochen bezahlt ein Teilnehmer ca. 700 Schweizer Franken. „Die Ausbildung dient ja nicht nur der Schule. Sie ist ein Gesundbrunnen für die einzelne Lehrkraft“, findet Elmar Osswald, der die bisherigen Erfahrungen bereits in einem Buch mit dem programmatischen Titel: „Gemeinsam statt einsam“ (Verlag Brunner AG, CH-6010 Kriens) publiziert hat. Zehn Jahre wird das aufwendige Programm laufen.

Das Besondere ist, dass diese, salopp gesprochen, „Psycho-Fortbildung“ in Kollegiumsgruppen aus einer Schule erfolgt und ausdrücklich nur dann für sinnvoll gehalten wird, wenn sich die Schulleitung daran beteiligt. Niemand präge eine Schulkultur so sehr wie die Schulleitung, lautet die Grundüberzeugung. Anfangs waren die Hemmungen beträchtlich. Zusammen mit den eigenen Kollegen über persönliche Befindlichkeiten zu sprechen – das macht Angst. Viele fürchteten die Intimität der Situation. Andere meinten: Gefühlsarbeit in den Kursen sei eine gefährliche Sache, weil die Betroffenen damit am Arbeitsplatz kaum umgehen könnten. Oder: Es werde unnötig Zwietracht in die Kollegien getragen. Man sehe sich doch die unfruchtbaren Lehrerkonferenzen an.

Mittlerweile sind bereits 200 Lehrer, 10% der Basler Lehrerschaft also, involviert und die Rückmeldungen sind ermutigend positiv. Die Ausbildung „gehört zu den schönsten Erfahrungen meines Rektorendaseins“, sagt Hans Gygli, der kurz vor der Pensionierung stehende Rektor des Gymnasiums Bäumlihof. Schon fühlen sich diejenigen, die die Kurse noch nicht absolviert haben, im Nachteil. „Ich spüre jetzt, dass bei Kollegen vermehrt Ängste auftreten, von einer Minderheit manipuliert und als ‚Unwissende' und Nichteingeweihte betrachtet zu werden, so quasi als Lehrer zweiter Klasse abgestempelt zu werden“, vermerkt der Basler Realschullehrer Andreas Manasse.

Diese Gruppen, die in der Fortbildung stehen oder sie bereits absolviert haben, erweisen sich schon jetzt, so Elmar Osswald, als „Hefeteig“ an den Schulen. Der Lehrer, der alles weiß und nach den Vorgaben seines Vorgesetzten alles bestimmt und regelt, ist ein aussterbendes Fossil. An die Stelle dieses ‚Oberlehrers' tritt der „kollegiale Stil“, der „Teamgedanke“, dem die „partielle Autonomie der Schulhäuser“ genügend Raum zur eigenen

Entfaltung bietet. Dort regieren die drei R, die der Laborschule Hartmut von Hentigs entnommen sind: „Reviere bilden, sich Regeln machen, bestimmte Rituale einhalten."

Es ist ein keineswegs geplanter Glücksumstand, dass äußere Strukturreform und innerer Stilwandel zeitlich zusammenfallen und sich somit gegenseitig beflügeln können. Dass sich die Reformkräfte mit derart weitgehenden Konzepten durchsetzen konnten, hängt auch mit einem Ereignis zusammen, das in Basel immer noch traumatisch wirkt: Am 1. November 1986 brannten die im Freien lagernden Chemiebestände des Chemiegiganten Sandoz lichterloh, vergifteten den Rhein verheerend und ließen die Einwohner in einer giftigen Wolke zurück. Nur mit Glück entging die altehrwürdige Stadt Basel einer Katastrophe. Das hat den Anstoß gegeben. Wir können nicht mehr weiterleben wie bisher. Dieses neue Denken bezog auch die Schule mit ein.

Damit sind allerdings die Widerstände nicht aus der Welt. Dazu gehört auch die auf den ersten Blick widersprüchliche Erfahrung: Einerseits klagen die Lehrer über ihre Schule, sind viele so unzufrieden, dass sie ihr Heil in der Flucht vor der Schule suchen oder ein Burnout (Ausgebranntsein) beklagen. Andererseits aber macht sie die Angst vor einem Neuanfang, davor, sich in Frage stellen zu lassen oder womöglich in ein anderes Schulhaus versetzt zu werden, unfähig zur Veränderung. Wer soll in die neuaufzubauende Orientierungsschulen? Wer muss das Gymnasium verlassen, das nunmehr die Klassen acht bis zwölf umfassen wird? Die gut dotierte Besitzstandswahrung kann in solch einer Situation schnell zur einzigen und letzten Perspektive werden. Von den 2000 Basler Lehrern seien „20% sehr für die Reform, 20% sehr dagegen und 60% unentschieden", sagt Elmar Osswald. Letztere gelte es zu überzeugen. Entschiedene Gegner aber müssten sich womöglich gar nach einem neuen Arbeitsplatz umsehen.

Die innere Reform, begonnen während eines Langschuljahres, läuft bereits seit 1988, die äußere kommt jetzt auf Touren. Die Zeit drängt, zumal die inhaltlichen und organisatorischen Umstellungen immens sind. Mit den Plänen für die organisatorische Umstellung hat man eine Unternehmensberatungsfirma betraut, die die einzelnen Schritte der Projektorganisation minutiös festgelegt hat. Mitte letzten Jahres wurden die Rahmenrichtlinien für die Orientierungsschule und die Weiterbildungsschule vorgelegt, ab August 1992 müssen sich Lehrer und Lehrerinnen das fachliche Rüstzeug für die neuen Schulen zulegen. Im August 1994 werden dann die ersten Fünftklässler Orientierungsschulen besuchen.

Noch hat man nichts davon gehört, dass Basler Architekten und Handwerker, die von ihnen über alles geliebte Heimatstadt verlassen haben, weil die Schulreform greift. Vielleicht harren sie noch aus mit dem letzten Fünkchen Hoffnung, dass die dreijährige Orientierungsschule in letzter Sekunde doch noch abgewendet werden kann. Damit Basels fleißige Kinder nicht bis zur 8. Klasse neben unterentwickelten ‚Zugereisten' sitzen müssen, sind die Reformgegner nunmehr für die Verlängerung der Primarschule als kleineres Übel. Eine diesbezügliche Urabstimmung steht in diesem Jahr noch ins Haus, doch es scheint schon zu spät, die kleine Schulrevolution von Basel noch zu stoppen: Die innere Reform läuft ohnedies.

REINER SCHOLZ (Frankfurter Rundschau, 20. Februar 1992)

Unser LEITBILD und die Anzahl der handlungsleitenden Ideen

Grundsatz: Weniger ist mehr!
Die Zahl **3** hat es in sich. Bis **3** braucht der Mensch nicht zu zählen. Eine **3** kann er mit einem Blick erfassen. Schon bei 4 muss er zählen.

Wer ein Leitbild realisieren will, muss deshalb die Komplexität reduzieren, d. h. die Anzahl der handlungsleitenden Ideen beachten. Sie müssen auf einen Blick erfasst werden können, wenn sie ihren Zweck (Orientierungshilfe im Alltagsgetümmel) erfüllen sollen.

Nur wenn handlungsleitende Ideen im Alltagsgetümmel orientierend wirken, haben sie die Chance der Realisierung. Alles andere ist ‚Sonntagspredigt auf Hochglanzpapier'.

Funktion ‚ULEF-Vorsteher' wird mit anderen Funktionen des Kantons Basel-Stadt verglichen und gewürdigt Mitbericht des Personalamtes zu Antrag Nr. 5289, 1993, September

Mit Antrag Nr. 5289 verlangt das Erziehungsdepartement, Stiftung ZEB, die Neubewertung der Funktion „Vorsteher Stiftung Zentrum für Erwachsenenbildung" (ZEB).

Der Antragsteller beantragt die Einreihung in LK 10. Der Antrag des derzeitigen Personalchefs lautet auf Einreihung in LK 11. Der Departementvorsteher folgt mit seinem Visum diesem Antrag.

Der vorliegende Mitbericht des Personalamts und die Empfehlung für den Einreihungsbeschluss wurden unter Mitwirkung der konsultativ befragten Arbeitsgruppe für Kaderbewertung erstellt.

Das neuerstellte Pflichtenheft unterscheidet sich nicht wesentlich vom heute gültigen, in Lohnklasse 11 eingereihten PH Nr. 8952. Als neue Aufgabe hinzugekommen ist die Zusammenarbeit mit dem Kanton Baselland mit dem Betrieb einer eigentlichen Außenstelle in Liestal. Der Vorsteher des ZEB hat diese Aufgabe jedoch vollumfänglich an seinen Mitarbeiter Herrn P. L. delegiert, sodass sie ihm ausschließlich noch als übergeordnete, theoretische Verantwortung zugerechnet werden kann.

Der Antrag auf Neubewertung geht denn auch nicht von einer wesentlichen Erschwernis im Sinne von §6 LG aus, sondern verlangt wird vielmehr die Überprüfung der Richtigkeit der Einreihung der Funktion in Lohnklasse 11, wie sie 1983 vorgenommen wurde.

Als relevante Vergleichsfunktion bietet sich diejenige des Leiters des Instituts für Lehrerfortbildung (ULEF), eingereiht in Lohnklasse 10, an. Beide Leitungsfunktionen organisieren ein breites Kursangebot für interessierte Erwachsene mit einem relativ hohen intellektuellen Niveau. Der Vorsteher ZEB bietet neben allgemeinbildenden Kursen (alle universitären Disziplinen, paramedizinische und gestalterische Fächer) berufsqualifizierende Lehrgänge mit Zertifikats- und Diplomabschlüssen an. Das Angebot des ULEF ist spezifisch auf die Fortbildung von Lehrkräften ausgerichtet.

Zu bedenken ist, dass die Verantwortung für die Arbeitsplatzbezogene Lehrerfortbildung und damit mindestens teilweise für Stand und Entwicklung der Basler Schulen groß ist. Die Aktivität des ULEF an der Front der Schulreform zeigt dies auf. Der Vorsteher der Stiftung ZEB ist in der Zusammenstellung seines Kursangebotes viel freier. Für ihn sind die Attraktivität seines Angebots für die Benutzer, deren Bedürfnisse und Wünsche wegleitend. Für die Zielerreichung der Kursteilnehmer trifft ihn wenig Verantwortung.

Die Funktion des Leiters ULEF ist vorwiegend aus Gründen der internen Struktur der ME/U im Lehrerbereich eine Lohnklasse über der obersten Oberlehrerfunktion (Konrektoren) und den Lehrkräften des Lehrerseminars eingereiht. Im Quervergleich zu eigentlichen Amtsleitern in Lohnklasse 10, wie etwa dem Leiter des Arbeitsamtes, erscheint die Einreihung des Leiters der ULEF als sehr hoch.

Angesichts des unterschiedlichen Ausmaßes der wahrzunehmenden Verantwortung erscheint die Ungleichbehandlung der

Funktionen des Vorstehers der ZEB und des Leiters der ULEF gerechtfertigt. Der Quervergleich über die Funktionsgruppen hinweg bestätigt die Richtigkeit der Einreihung der zur Diskussion stehenden Funktion in Lohnklasse 11. Als Vergleichsfunktionen können in Lohnklasse 11 u.a. genannt werden: der Vorsteher des Zivilstandsamtes, der Vorsteher des Kontrollbüros und der Fremdenpolizei, der Chef in Personalbereich und Schulung des Kantonsspitals, der Vorsteher des Sportamtes, die Beauftragte der Kantonalen Frauenstelle sowie die Leiterin des Pflegedienstes Kantonsspital.

Wie auch der dezentrale Personalchef feststellt, bereitet die Zuweisung zur ‚richtigen' Modellumschreibung etwelche Mühe. Ein Wechsel zur Funktionsreihe 1 auf Richtposition Abteilungsleiter gemäß ME/U 1070 wird daher empfohlen.

Wir empfehlen folgende Beschlussfassung:
://: Beim Erziehungsdepartement (Zentrum für Erwachsenenbildung) wird die Stelle „Vorsteher der Stiftung Zentrum Erwachsenenbildung" anhand des Pflichtenheftes Nr. 5952 neu bewertet, der Richtposition Abteilungsleiter gemäß ME/U 1070 zugewiesen und in Lohnklasse 11 belassen.

Basel, 14. Juli 1993
(Diese beamtensprachliche Beurteilung der Funktion des ULEF-Vorstehers scheint mir deshalb interessant, weil hier erstmals das schulreformerische Engagement des ULEF gewürdigt und im Quervergleich entsprechend honoriert wird. Das Papier wurde mir im August 1993 als Faxdokument zugespielt. Der Absender ist mir nicht bekannt.)

1993, September

TZI lernen heißt:

ZIEL:
ICH fühle mich wohl in meiner Haut!

- **mitschwingen im Strom der Zeit**
- **sich selbst auf die Schliche kommen**
- **entscheidungsfähig sein und werden**

Zu diesem Zwecke:

- **„Alles LEBEN ist PROBLEMLÖSEN.“ (Karl. R. Popper)**
- **instinktsicher und schwarmintelligent sein und werden**
- **mutig und vorsichtig sein und werden**
- **JA sagen, wo man früher NEIN sagte, und NEIN sagen, wo man früher JA sagte**

Handlungshilfen:

Den steinigen Weg zu sich selbst suchen, finden und gehen: Was ist meine Aufgabe in dieser Welt?

Auf die ‚Innere Stimme‘ achten: Vertrau auf deine Melodie!

Die Umwelt beachten.

Entscheiden und verantworten und sich zu helfen wissen.

Brief an meinen ältesten Sohn Oliver, 14. August 1998

Lieber Oliver,
Heute hast du Geburtstag. Du wirst 38 Jahre alt, hast also schon einen langen Weg hinter dir. Ich habe mich gefragt, was ich tun könnte, um mich erkenntlich zu zeigen, auch in Anbetracht deiner großen und nicht aufgebenden Arbeit beim Einrichten meines PCs. Ich habe mir die Frage auch angesichts deiner bevorstehenden beruflichen Veränderung gestellt. Schließlich stellte ich mir die Frage angesichts deines spirituellen Wegs, deiner Suche nach geistiger Heimat, deiner Hinwendung zum Buddhismus.

Mein Schluss war, dass ich dir am besten aus meinem Leben erzähle, von dem du wenig weißt, so wie die meisten meiner nahen Angehörigen. Einmal habe ich dir geschrieben, dass mein Leben arm sei an äußeren Ereignissen. Es ist aber reich an Brüchen, die sich innerlich manifestierten und auch mit inneren Mitteln (und äußerer Hilfe) verarbeitet werden mussten.

Es sind vier Brüche, fünfmal die Austreibung aus dem Paradies, fünfmal eine radikale Neuorientierung, alle verbunden mit Orientierungslosigkeit, Gefühlen der Einsamkeit und des Leids, Gefühlen der Schuld und der Scham, der Angst auch, der Trauer schließlich und der neu erwachsenden Lebensfreude, der ‚Sonne' sozusagen.

Alle vier Brüche habe ich erlebt, und (außer dem ersten) auch alle durchgelebt, bis die ‚Sonne' wieder da war. Davon möchte ich dir berichten, weil ich diese „Austreibung aus dem Paradies" als nötig erachte, wenn man sich selbst finden will. Sie erfolgt häufig gegen den Zeitgeist, gegen das, „was die Leute sagen".

Nun also meine fünf Brüche: Der erste erfolgte zu einer Zeit, wo ich noch nicht selbst Einfluss nehmen konnte, als Kind. Wir wohnten im Waadt in Gossau, im Wohnhaus des Drahtwarenfabrikanten M. Mein Vater war dort die rechte Hand des Fabriksbesitzers und tat sehr viel zum Wohle des Unternehmens. Etwa 1945 muss es gewesen sein, als er mehr Lohn forderte. Bis dato verdiente er CHF 800.- im Monat. Das war recht viel für die damalige Zeit. Aber er wollte mehr und M. wollte nicht. Sie zerstritten sich. Der Fabriksbesitzer wohnte unter uns. Die Wohnung hatte den gleichen Grundriss, nur war seine mit der Nachbarswohnung zusammengeschlossen, also viel größer und auch luxuriöser eingerichtet. Überall lagen Orientteppiche. Wir hatten nur einen Maschinenteppich in der Stube, und dieser war abgetreten und an einer Stelle zerschlissen. (Diese Erinnerung ist übrigens der Grund, weshalb in unserer Wohnung heute überall Orientteppiche liegen.) Ich verkehrte oft bei M., war dort ein gern gesehener Gast, zumal zwei kleine Mädchen in meinem Alter da waren, Rosmarie und Beatrice, mit denen ich häufig spielte. An Weihnachten wurden die große Stube und das Esszimmer abgeschlossen, an Heiligabend war ich jeweils nach unserer Bescherung regelmäßig bei M. Sie hatten eine große elektrische Eisenbahn aufgestellt, eine Vorkriegs–Märklin mit zwei oder drei Pullmanwagen, deren Gleise durch beide Räume führten und der Zug funkensprühend über die Weichen fuhr. Das war meine Welt. Stundenlang, oft ganz allein, habe ich mit dieser Bahn gespielt. Der zischende Geruch des Stromabnehmers der Lokomotive und die in silbernes Papier gehüllten Cailler-Tannzapfen, die am in Weiß gehaltenen Christbaum hingen und der Geruch der brennenden Kerzen bleiben auf ewig in meinem Gedächtnis. Es war eine wunderbar heile Kinderwelt.

Und so kam das Jahr 1945. Es war wieder um die Weihnachtszeit und ich wollte, wie seit Jahren üblich, mit der Eisenbahn spielen. Ich betrat die Wohnung der Ms., ohne zu läuten, stand im Gang und hörte im Esszimmer eine erregte Männerstimme auf jemanden einsprechen. Ich sah niemanden. Die Türe stand nur einen kleinen Spalt offen. Ich war damals wohl gegen neun Jahre alt, und ich hörte alles. Weshalb diese Brut von da oben eigentlich immer noch in seiner Wohnung auftauchen würde. Er wolle das verbieten. Und das ewige Hinuntergleiten auf dem Geländer des Stiegenhauses hätte er auch satt. Ich stand da – zur Salzsäule erstarrt – und schlich dann aus der Wohnung, schloss die Tür behutsam und rannte die Stiege hinauf in unsere Wohnung.

Ich habe die Wohnung M. nie mehr betreten und nie jemandem etwas davon erzählt. Es war das erste Mal, dass ich Hass erlebte. Es war die erste Austreibung aus dem Paradies.

Wir mussten die Wohnung verlassen. Wir zogen in eine Mietwohnung beim Bahnhof für die damals neunköpfige Familie, die gut zweimal so teuer war wie die alte. Der Vater verdiente neu bei Schär in Herisau CHF 600.-. Die Eltern hatten große Geldsorgen, stritten sich oft, und ich konnte damals nichts tun. Wie gesagt: Es war die Austreibung aus dem Paradies.

Die zweite folgte zehn Jahre später, als ich 19 Jahre alt war und als frischgebackener Primarlehrer patentiert wurde. Die rigide Sexualmoral der Katholischen Kirche der Ostschweiz passte nicht zu meiner Sexualität. Mein Körper rebellierte. Alles gute Zureden des Priesters im Beichtstuhl brachte mir nichts. Der Hinweis, ‚ich müsste halt beten', schon ganz und gar keine Entlastung. Ich brach mit meinen idealen Vorstellungen des keuschen Jünglings und verließ die Katholische Kirche. Ich konvertierte zum Protestantismus, nahm Konvertitenunterricht beim protestantischen Pfarrer H. in Azmoos. Ich hatte unglaubliche Schuldgefühle, die sich erst nach Jahren abschwächten und sich erst 1985 – in ganz anderen Zusammenhängen – in Luft auflösten.
Damals 1959, als mein Vater starb, konvertierte ich. Es war die zweite Austreibung aus dem Paradies.

Die dritte erfolgte wiederum zehn Jahre später, etwa 1969, als du schon neun Jahre alt warst und ich den jährlichen Wiederholungskurs der Armee zu absolvieren hatte, als Kommandant einer Grenadierkompanie und Anwärter in den Generalstab. Ich hatte mehrere Prüfungen zu bestehen. Eine davon, der nächtliche Brückenbau über die Thur, misslang nach den Beurteilungskriterien meiner Vorgesetzten und bewahrte mich vor einer falschen Weichenstellung. Ich wurde nicht Generalstabsoffizier und bin noch heute dankbar für mein damaliges ‚Versagen'. Damals allerdings war es die dritte Austreibung aus dem Paradies. Eine weitere Welt war zusammengebrochen, die sich vielleicht am besten mit der Geschichte ‚Am Tag danach' charakterisieren lässt:

Am Tag danach war Übungsbesprechung. Alle teilnehmenden Kommandanten der Nachtübung waren versammelt und der Oberst zerpflückte meine ‚Leistung' im Detail, stellte mich vor allen bloß. Ich kam mir vor, als stünde ich nackt, ohne Schutz, im Raum. Nach der Besprechung nahmen die anderen sichtbare Distanz, wie im Mittelalter, wenn einer des Aussatzes verdächtigt wurde. Ich blieb allein (und fühlte mich auch wieder schuldig). Als wir nach Hause zum WK–Standort der Kompanie fuhren, fragte mich mein Fahrer, ob ich in die Unterkunft oder ins Kompaniebüro wolle. Ich sagte: „In die Unterkunft!", und dann nach einer kurzen Weile: „Ach nein, lieber ins Kompaniebüro!" Der Fahrer riss das Steuer herum und knallte mit einem in diesem Moment zum Überholen ansetzenden Austin zusammen. Dieser landete mit gebrochener Vorderachse im Straßengraben. Verletzt wurde niemand, aber es ist ein gutes Beispiel, wie die Verstimmung eines Menschen auf einen andern überspringen kann.

Die vierte Austreibung schließlich war die schwerwiegendste. Sie begann 1975 und endete 1985 mit meiner Scheidung von deiner Mutter. Heute weiß ich, dass Eva und ich nie hätten ein gutes Paar werden können. Wir waren zu verschieden und (in manchen Dingen) zu ähnlich. Es war ein zwanzigjähriges Drama, das 1960 mit der Heirat im Januar begann und 1981 mit meiner gerichtlichen Austreibung endete. Es war die Zerstörung des Ideals ‚Familie', langsam, aber stetig, und hatte meinerseits auch wieder mit der kaum zu zügelnden Sexualität zu tun. Es war ab 1975 ein Leidensweg, der mich buchstäblich zum ‚Jonny Köferli' machte, das Getriebensein, Kofferpacken, Auszug vom Gruetweg, zurück an den Gruetweg, endlos. Eva hat schließlich die Initiative ergriffen und die gerichtliche Trennung eingereicht. Damit musste ich weg. Das war die vierte Austreibung und es war mein Glück.

Irgendwann im Leben des Menschen kommt die Austreibung. Manche merken sie kaum. Bei anderen ist sie dramatisch. In einigen Fällen wiederholt sie sich, erfolgt mehrmals. Heute schreckt mich der Gedanke, ich hätte meine Austreibungen nicht erlebt. Ich möchte keine missen. Meine Austreibungen haben mich weicher gemacht, nachsichtiger, realistischer. Vor allem aber haben sie mich den Umgang mit Schuld, Scham und Angst gelehrt und (vor allem) diesen erst ermöglicht!

Ich wünsche dir herzlich einen schönen Geburtstag,

Dein Papa

Qualität in der Schule: In der Balance liegt die Chance, 2001

Wir leben in einer Zeit der großen Orientierungslosigkeit, der überbordenden Ungerechtigkeit, der Verführung der Massen durch inhaltlose Wahlkämpfe, des scheindemokratischen Shareholdervalue-Denkens, der am Eigennutz orientierten Individualisierung, der Materialisierung des Geistes. Die Welt ist aus der Balance.

In dieser verrückten Umbruchzeit Schule zu machen ist nicht leicht. Wir stehen vor einem Paradigmenwechsel. Was sollen in Zukunft die Ziele von Schule sein? Welche Strukturen und Handlungsweisen sollen dazu passen? Zurzeit erkennbar ist die mancherorts starke Orientierung an wirtschaftlichem Denken: möglichst schnell, möglichst direkt, möglichst reibungslos. Erfolgreich ist, wer dem Kunden nützt.

Aber die Staatsschule hat keineswegs nur den Auftrag, Kundenwünsche zu befriedigen. Sie hat einzustehen für die *berufliche Qualifikation*, für die *gesellschaftliche Demokratisierung* und für die *individuelle Emanzipation* der jungen Menschen.

Lernende Menschen sind auch keine Produkte, die geplant und hergestellt werden können. Sie sind weder berechenbar noch von jener Flexibilität, die aus leicht durchschaubaren Gründen immer wieder eingefordert wird. Sie sind weder einsetzbar wie Rädchen in ein Getriebe noch wegwerfbar wie nicht benötigtes Material.

Aber ab und zu sind sie all dies auch. Der Mensch ist im Guten wie im Bösen überaus lernfähig und er bleibt das große Rätsel in einer scheinbar enträtselten Welt.

Was zeichnet sich ab? „Wir befinden uns am Übergang zu einem patrimatriarchalen Zeitalter." (Wolff) Alles, was wir tun und tun werden, ist „bestimmt durch die überragenden Archetypen und Imagines von Vater und Mutter". (Wolff) Wer dem zustimmen kann, wird deshalb auf die Balancierung von Gegensätzen vertrauen und *Oder* durch *Und* ersetzen. In der Balance liegt die Chance. Also Staat und Markt, Recht und Chance,

Reglement und Motivation der Beteiligten, Verständlichkeit und Verständigung, Autorität und Freiheit, Kampf und Liebe, Fordern und Fördern, Führen und Wachsenlassen, Mann und Frau … alles zum Zwecke, das Schisma, die Spaltung, die geistig-moralische Diskreditierung des Andersdenkenden und Andersartigen, die Vernichtung, zu verhindern.

Was wir zurzeit erleben, ist der Wechsel vom Bildungsgedanken zurück zum Ausbildungsgedanken, von der Förderung zurück zur Auslese.

Die Reform in Basel betonte, vielleicht erstmals im Rahmen eines staatlichen Schulwesens, die Selbstbefreiung von Menschen und Organisationen durch Wachstum. Die Schlüsselaussagen lauteten: „Werde, der du bist!" und „Die Kraft zur Veränderung liegt in dir selbst!" Im Vordergrund stand die *Sinnfrage.* Zentrales Anliegen war LERNEN. Wir dachten und handelten reformpädagogisch: Selbstverantwortung, Selbstachtung, wirklich etwas beitragen können. Aufrichten statt abrichten. Gemeinsam statt einsam. Und siehe da, all das funktionierte. Das Resultat waren weit überdurchschnittlich engagierte Lehrkräfte und Lehrkörper sowie lernfreudige Kinder an der Orientierungsschule Basel.

Jetzt wird die Funktionstüchtigkeit von Menschen und Organisationen durch Zielsetzung und Zielerreichung betont. Im Vordergrund steht die *Qualitätsfrage.* Die Schlüsselaussagen lauten: „Werde zielklar!" und „Die Kraft zur Veränderung liegt im geführten System!" Zentrales Anliegen ist die AUSLESE. Man denkt und handelt ökonomisch: Was darf es kosten? Effektivitätssteigerung durch Wegfall nicht notwendiger Tätigkeiten, die richtigen Dinge tun. Effizienzsteigerung durch durchdachte Ablauforganisation, die Dinge richtig tun … Das Resultat steht noch nicht fest.

Beides ist wichtig. Die Chance liegt auch hier in der Balance von vertretbaren Gegensätzen. In diesem Fall beruht die Balance auf zwei verschiedenen von Archetypen geprägten Menschenbildern:

a) dem optimistischen Menschenbild, das die Entscheidungsfähigkeit des Menschen und seine Möglichkeit zur Bewusstseinserweiterung betont und
a) dem pessimistischen Menschenbild, das die Anfälligkeit des Menschen für Massenverhalten und seine Verführbarkeit und Manipulation sieht.

Die Hoffnung der Optimisten ist, dass sich dank Wachstum Einzelner Engagement für die Sache und für den Nächsten ergebe, auf den Staat bezogen: dass sich so das Verhalten des ‚Citoyen' (Französische Revolution: citoyen ←→ bourgeois) erreichen lasse. Die Hoffnung der Pessimisten ist, dass sich dank durchdachter Strukturen und der Funktionstüchtigkeit Einzelner eine funktionierende Gemeinschaft sowie, als Nebenprodukt, die Vermehrung des individuellen Wohlstands erreichen ließen.

Persönliches Wachstum gewährt Raum und betont die Freiheit, in deren Schatten die Willkür lauert. Zielsetzung und Zielerreichung schränken ein und stärken die Autorität, in deren Schatten der Terror nistet.

Entscheidend ist, wer die Macht hat und wie diese Macht im System ausgeübt wird. Nach durchgeführter Reform wurde mit der Reorganisation des Erziehungsdepartements Basel-Stadt die Machtfrage geklärt. Nun stellt sich die Frage der Machtausübung. Wer ein Ziel erreichen will, muss Ziele formulieren können. Dazu ist eine lebendige Vorstellung nötig, wie das Ziel erreicht werden kann. Weil wir es im Schulwesen mit LERNEN zu tun haben und weil wir die Staatsschule erhalten wollen, kann diese nur im DIALOG erarbeitet werden. Nur Ziele zu formulieren genügt nicht.

Schließlich geht es darum, aufzuzeigen, dass Schulentwicklung und damit Qualitätssteigerung im Rahmen einer Schule/ eines Schulhauses möglich ist. Dazu ist gemeinsames Tun auf ein Ziel hin nötig. Dieses gemeinsame Tun ist die eigentliche

Schwierigkeit im ganzen Geschehen. Hilfestellungen zur Überwindung dieser großen Schwierigkeit folgen dem Grundsatz des Hippokrates: „Primum non nocere!“, in erster Linie nicht zu schaden, denn der Eingriff in eine Organisation, die es mit Lernen und dem Erhalt der Lernfähigkeit von Menschen zu tun hat, ist wie der Eingriff in den Organismus eines Menschen: heikel!

- Gregory Bateson, Ökologie des Geistes, Suhrkamp, Frankfurt am Main: 1983/6.
- Konrad Wolff, Psychohygiene des Lehrers, Schweizerische Lehrerzeitung, ca. 1960.

(Qualität in der Schule: Vortrag an der Schulsynode BS, 24.03.2001)

Ziele APT (Arbeitsplatzbezogenes Pädagogisches Trainingsprogramm):

1. Methodenkonzeption Projektunterricht
   Die Teilnehmenden sollen Gelegenheit erhalten, den wichtigen Vorgang der gemeinsamen Entscheidungssuche und -findung zu praktizieren, dabei die entlastende Erfahrung des Wechselspiels von Rahmenbedingungen akzeptieren und Freiräume ausnützen zu machen.
2. Kommunikation und Menschenkenntnis
   Die Teilnehmenden sollen Gelegenheit erhalten, sich mit den vier Ebenen menschlicher Kommunikation (F. Schulz von Thun) vertraut zu machen:
   Sachebene, Beziehungsebene, Selbstoffenbarungsebene, Appellebene.
3. Wahrnehmung
   Die Teilnehmenden sollen sich selbst als präzise und subtile Wahrnehmer*innen erfahren und erkennen lernen. Es soll klar werden, dass ein Kursleiter/eine Kursleiterin der präzisen und subtilen Wahrnehmung bedarf, um den Arbeitsgruppenmitgliedern zu ermöglichen, ihre Anliegen und

Gedanken einander mitzuteilen, Aussagen zu klären und die Klarheit von Aussagen zu erreichen, mit Disziplin und Selbstkontrolle Aussagen von anderen so zu verstehen, wie sie gemeint sind.

4. Gesprächsführung
   Die Teilnehmenden sollen lernen, sich in Gesprächssituationen nicht von einer undurchschaubaren Dynamik fortreißen zu lassen. Sie können in praktischen Übungen entdecken, wie sie sich üblicherweise in Gesprächen verhalten und wie das auf andere wirkt. Sie können sich theoretisch und praktisch mit den Grundlagen der produktiven Gesprächsführung auseinandersetzen.
5. Stressbewältigung
   Die Teilnehmenden sollen sich durch körperliche Übungen sowie themenzentrierte Gespräche mit ihrer täglichen körperlich-seelischen Belastungen austauschen und lernen, mit diesen inneren und äußeren Ansprüchen sinnvoll umzugehen.
6. TZI-Methode
   Die Teilnehmenden sollen eine Lehr-Lernmethode kennenlernen, die darauf abzielt, das gängige Rollenverständnis der Lehrperson zu verändern, ihre produktive Leistungsfähigkeit und emotionale Stabilität positiv zu beeinflussen sowie ihre Entscheidungskompetenz nachhaltig zu verbessern. Sie sollen erfahren, was es heißt, im Lernprozess die folgenden vier Vermittlungsfaktoren zu balancieren: erstens Stoff vermitteln, zweitens Die Entwicklung und Entfaltung der Beteiligten zu beachten, drittens die Gemeinsamkeit der Lernenden zu fördern und viertens die Rahmenbedingungen zu beachten.
7. Krisen in Gruppen
   Das Wort Krise wird hier psychologisch verwendet. Gemeint ist der Zustand des „Nichtmehr“ und „Nochnicht“, der Menschen, Gruppen und Institutionen in Unsicherheit, Desorientierung, Zielverwirrung und Entscheidungsangst führen kann und in Verhaltensformen wie Aggressivität, Zynismus, Rückzug ins Private, Nichtanpassenwollen, Abwarten,

Kommunikationsabbruch usw. seinen Ausdruck finden kann. Deshalb sollen die Teilnehmer*innen das Thema „Krisen in Gruppen" in ihren verschiedenen Dimensionen begreifen lernen: 1. Von der Leitungsperson her, was läuft bei mir schief? 2. Als Entwicklungsschritt einer Gruppe, was läuft in der Gruppe schief? Welche Veränderungen sind/wären nötig? 3. Im Blick auf die Einzelperson. Was will/braucht sie eigentlich? 4. Als Ausdruck und Auswirkung globaler Krisen, z.B. welchen Einfluss hat die Erderwärmung? Die Teilnehmenden sollen Krisen auch als Chancen sehen und verstehen lernen.

8. Organisationsentwicklung (OE)
   Die Teilnehmenden sollen lernen, ein OE-Projekt einzufädeln, zu begleiten und durchzustehen. Zu diesem Zweck soll erstens am Beispiel der eigenen Institution erfahren werden, wie eine Organisationsdiagnose durchgeführt wird und den Beteiligten präsentiert werden kann. Zweitens wie ein Arbeitskontrakt aussieht, der die Mitarbeit der Betroffenen verbindlich regelt. Drittens wie eine Arbeitsstruktur aussieht, die die Beteiligten einbezieht, Selbststeuerung ermöglicht und Metakommunikation garantiert, viertens Endergebnis und Prozess als gleichwertig behandelt, fünftens Korrekturen erlaubt und sechstens über eine länger dauernde Zeitspanne andauert.

Zu diesem Zwecke soll als Prozesserfahrung resultieren, wie es gelingen kann, die Stärken der verschiedenen und verschieden beteiligten Menschen für ein gemeinsames Arbeitsplatzproblem positiv zu nutzen und sowohl das Einleiten von Veränderungen als auch das Überwinden von Widerständen angepackt werden kann.

Und schließlich, wie eine Prozessanalyse aussieht, der es gelingt, die Stärke des Misslungenen zu sehen und produktiv zu nutzen.

Brief an Dr. Karl B., Landesschulinspektor, Wien, 2000

Lieber Karl,
Vielen Dank für Deine Grüße, die mir die Kollegin des Erich-Fried-Realgymnasiums bestellt hat. Ich kann mir sehr gut vorstellen, dass Du zurzeit und nach diesem Regierungswechsel über alle Ohren beschäftigt bist. Deshalb möchte ich Dir auf diesem Weg kurz berichten, wie ich das zweite Seminar mit dem Erich-Fried-Kollegium erlebt habe. Ich bin tief beeindruckt vom Engagement dieses Kollegiums und von der inhaltlichen Güte der Beiträge der Betriebseinheiten. Es muss, wie ich weiß, mit der Schulleitung zu tun haben. Eine Schulleiterin, wie Grete Hirsch sie verkörpert, habe ich noch nie erlebt. Ich stehe vor einem Rätsel. Prima vista wirkt sie auf mich eher ängstlich, scheu, sehr verhalten. Aber sie hat eine unglaubliche Wirkung auf ihr Kollegium, wahrscheinlich, weil sie diesem viel ermöglicht und auf ihre Art Sicherheit vermittelt. Dazu ein kleines Beispiel: Von einer Sprecherin einer Betriebseinheit wurde sie aufgefordert, einmal ihre Führungsphilosophie darzulegen. Sie ging nicht darauf ein. Am Nachmittag nahm ich dieses Thema wieder auf und fragte sie direkt vor allen, ob sie bereit wäre, einmal ihre Führungsphilosophie bekannt zu geben. Sie antwortete sofort und mit klarer, gelassener Stimme: „Ja, das will ich tun!“ Sie tat es nicht sofort, wohl weil sie sich darauf vorbereiten wollte. Es war mir aber sofort klar, dass sie es tun würde. Sie beherrscht die komplizierte Interaktion zwischen Schulleitung und Kollegium vorzüglich, vertraut weder starren Grenzziehungen noch der Aufhebung der Grenzen und floatet mit weiblichem Geschick im Gewässer der Flexibilität, was erfahrungsgemäß zu einer positiven Schulkultur führen kann.

Noch ein Beispiel: In der Steuergruppe hatten wir vereinbart, dass bei der Präsentation der Betriebseinheiten alle Gruppenmitglieder ihren Beitrag liefern sollen. Das führte in der Gruppe, die sich um Motivationsfragen kümmert, dazu, dass eine ältere Kollegin, eine ‚Schrulle‘, wie wir sagen, ihren Auftritt hatte. (Ich

erfuhr nachher, dass es sich bei ihr um eine speziell schwierige Frau und ungenügende Lehrerin handeln würde.) Nun, sie hatte ihren Auftritt und erzählte in umwerfender und selbstironischer Art und Weise Beispiele aus ihrem Unterricht. Sie erntete großen Applaus. Eine Zugabe wurde verlangt, die sie auch gewährte. Das habe ich auch noch nie erlebt, dass eine Außenseiterin derart in ihrem Sosein von einem ganzen Kollegium Beifall erhielt. Ich war tief beeindruckt, mehr: Ich war glücklich!
Lieber Karl, Wien ist ein guter Platz und ich grüße Dich ganz herzlich.

ABSCHIED (BELLE ÎLE en MER) Sommer, 2001

Die ersten Sonnenstrahlen berührten die weißen Wolkentürme über Le Palais. Männer zogen Körbe voller Fische über den Kai. lm Café des Hotels Atlantique saßen die ersten Gäste.

Die ‚Gerveur' glitt langsam zwischen den beiden Leuchttürmen ins offene Meer. Möwen flogen schreiend im Kielwasser. Ich stand am Heck des Schiffes und nahm Abschied von der Insel, den Bistros, den Menschen, den Wanderungen entlang der gelben Felsabbrüche der Atlantikküste, den Winden, den Regenschauern, dem Sonnenglast und Charme von Belle-Île.

Da bemerkte ich die junge Frau. Sie stand allein an der Brüstung des Leuchtturms auf der Hafenmauer. Ihr Haar und der weiße Sommerrock wurden von der aufkommenden Brise hochgewirbelt. Sie hatte beide Arme bis über den Kopf gehoben und senkte sie also gleich wieder bis zu den Oberschenkeln. Sie zeichnete derart einen nicht mehr aufhörenden, sich rhythmisch wiederholenden Kreis in die Luft, unterstützt durch das Wippen der Füße, der Beine, des ganzen Körpers.

Die ‚Gerveur' nahm Fahrt auf. Die See lag glatt im aufsteigenden Morgen. Der Abstand wurde größer. Der Körper der jungen Frau aber wiegte und wippte im Takt der kreisenden Arme, unentwegt, unermüdlich, mit Leichtigkeit und Eleganz. Die

‚Gerveur' hielt mit voller Kraft Kurs auf Quiberon. Viel Wasser lag mittlerweile zwischen dem Schiff und der Insel. Die Arme bildeten einen immer kleiner werdenden Kreis. Die weiße Figur erlosch allmählich im Dunst des anbrechenden Tages …

Brief von Boubou, meiner Frau, zu meinem 65. Geburtstag (1. November 2001)

Mein lieber Jögy,

Morgen früh kommst du nach Hause, am 1. November, deinem 65. Geburtstag. Ich werde dich abholen und mich freuen, dass du zurück bist, erleichtert sein, dass du wieder ein Seminar ‚wohlbehalten' überstanden hast.

Ich bewundere deine Kraft und Energie, mit denen du jede neue Herausforderung anpackst, bewundere, wie du dich mit deinem ganzen Wesen und Können in jede Arbeit eingibst.

Am Sonntag habe ich deine Bilder in unserer Wohnung betrachtet. Alle mag ich sie, und ich habe daran gedacht, wie du sie gemalt hast; meistens weiß ich auch, wo.

An deine drei Bücher habe ich gedacht, in die du so viel eigene Erfahrungen, ja Herzblut, geschrieben hast. Und ich wundere mich, woher du die Kraft für all das nimmst – und ich bewundere deine Kreativität.

Und das alles ist ja bloß so nebenbei entstanden, in deiner Freizeit, den Ferien. Dein Hauptanliegen war stets die Schule, u. a. waren es unsere Basler Schulen. Viel hast du getan für sie in den letzten 20 Jahren. Nicht nur hast du das ULEF in ganz neue Bahnen gelenkt, die Fortbildung in einen größeren Zusammenhang gestellt; du hast damit die Schulreform erst recht möglich gemacht. Ohne dich wäre die OS nicht dort, wo sie heute steht, auch wenn vieles noch mangelt und du es gerne besser, vollkommener hättest.

Manches ist nicht auf Anhieb gelungen, aber du ließest dich nie für lange klein kriegen. Und aus jedem Misserfolg hast du dazugelernt und bist daran gewachsen.

Auch andere Schulen im In- und Ausland hast du mitgeprägt, hast neue Wege aufgezeigt und den Menschen Mut gemacht. So vieles hast du beruflich erreicht, auch dafür bewundere ich dich.

Und ich liebe dich. Seit 20 Jahren gehst du an meiner Seite, unterstützt mich und forderst mich heraus. Du begleitest mich in meinem Prozess zu mir selbst und hast häufig viel Geduld mit mir. Und ich spüre, dass du mich magst, auch wenn ich unbequem und widerborstig bin. Ja, für all das liebe ich dich und ich danke dir, dass du da bist an meiner Seite.

Ich wünsche dir und mir noch ein gutes Stück gemeinsamen Weges und dass wir es von Tag zu Tag dankbar genießen.

Zu deinem 65. Geburtstag alle Liebe und Gute,
Dein Boubou

Wie Sie das Wohlbefinden anderer durch Ihr Führungsverhalten unterstützen können, 2004

1. Gesundheitsförderung in der Schule

Ihr Gesamtschultag steht unter dem Motto ‚Gesundheitsförderung in der Schule'. Deshalb scheint mir gut zu wissen, dass sich in diesen Zeiten des Wandels auch der Gesundheitsbegriff verändert hat.

„Die Kriterien für Gesundheit und Krankheit haben sich nicht nur über große Zeitepochen hinweg, sondern auch im Verlaufe des letzten Jahrhunderts grundlegend verändert. Es lassen sich mindestens drei unterschiedliche Konzeptionen voneinander abgrenzen, welche die Psychiatrie im 20. Jahrhundert nacheinander geprägt haben."

Ordnung (19. Jahrhundert, Anfang 20. Jahrhundert)
„Als Erbe des 19. Jahrhunderts herrschte zunächst das Kriterium der Ordnung vor. Krank war, was einer geistigen oder physiologischen Ordnung widersprach. Psychisch Kranke hatten deshalb zur Vernunft gebracht zu werden oder man hatte das Gleichgewicht ihres inneren Stoffwechsels wieder in Ordnung zu bringen."

Anpassung (Mitte 20. Jahrhundert)
„Nach und nach wurde, unter dem Einfluss des Darwinismus und der davon beeinflussten Psychoanalyse, Ordnung mehr und mehr funktional verstanden. Gesund wurde mit anpassungsfähig, krank wurde mit funktionsgestört gleichgesetzt. Damit rückten neurotische Anpassungsstörungen in den Vordergrund. Die klassische Verhaltenslehre ging noch einen Schritt weiter und setzte psychische Störungen mit inadäquatem Verhalten gegenüber der Umwelt gleich."

Wohlbefinden (Ende 20. Jahrhundert)
„Gegen Ende des 20. Jahrhunderts wurde ein weiteres Unterscheidungsmerkmal wichtig. Gemäß der aktuellen Definition der Weltgesundheitsbehörde ist ein Mensch krank, wenn sein Wohlbefinden gestört ist. Damit bekommt die Befindlichkeit des Menschen Vorrang vor den Kriterien der Ordnung und Anpassung. So ist es auch zu verstehen, dass etwa Homosexualität als potenziell lustvolles Verhalten das Stigma einer psychischen Störung verloren hat, während es früher als ordnungswidriges und (bezüglich Fortpflanzung) dysfunktionales Verhalten – und damit als krank – eingeschätzt wurde. Demgegenüber erhalten Befindlichkeitsstörungen, die früher zum normalen Leben einer Frau gezählt wurden, wie etwa depressive Verstimmtheit vor der Menstruation, Krankheitswert.

Eine solche Veränderung des Krankheitsverständnisses ist nur auf dem Hintergrund eines tiefgehenden Wandels von Gesellschaft und Kultur zu verstehen. Je mehr der spätmoderne Mensch von Technik und Naturwissenschaft bestimmt wird, desto mehr wächst offenbar auch sein Bedürfnis, den unpersönlichen Werten von Ordnung und Funktionalität die Hochachtung des eigenen Selbsterlebens entgegenzusetzen."

(Daniel Hell, Seelenhunger, Der fühlende Mensch und die Wissenschaften vom Leben, Verlag Hans Huber, Bern-Göttingen-Toronto-Seattle, 2003.

2. Was ist eine „Lernende Organisation"? Was bewirkt sie? Was benötigt sie an Mitarbeit?

1. Was ist eine „Lernende Organisation"?

   Kürzlich musste ich definieren, was eine „Lernende Organisation" ist. Ich habe die folgenden Indikatoren gefunden:

- Kollegium und Schulleitung lösen ihre Probleme, sie haben aufgehört, über Probleme zu jammern bzw. Probleme zu leugnen. Sie haben den Schritt vollzogen vom „Problemlösungen lernen" zum **„Probleme lösen lernen"**.
- In einer solchen Schule ist viel los. Es gibt Rituale *und* Regeln *und* definierte Schulversuche. Feste und Feiern haben ihren festen Platz im Jahreslauf *und* die Schüler werden gefordert. Es gibt eine fürsorgliche Atmosphäre *und* wenig bis keine Aggression.
- Einer solchen Schule gelang, ihre Unterrichtsstrukturen den Lernbedürfnissen der Schüler anzupassen. Die Unterrichtsorganisation folgt nicht mehr ausschließlich dem Lektionentakt.
- Schüler und Lehrkräfte reden von **ihrer** Schule. Sie sind stolz, hier zu sein. Sie haben akzeptiert, dass es beim schulischen Lernen eine Sachlogik *und* eine Prozesslogik gibt *und* dass es beides braucht.

- Die Lehrkräfte arbeiten in Betriebseinheiten zusammen. Feedback ist keine Worthülse.
- Die Schulleitung praktiziert „Leadership“. Es ist einem wohl in ihrer Nähe. Sie verfolgt Ziele, die sie mit ihren Lehrkräften zusammen erreichen will. Die **Verbesserung des Unterrichts** ist ihr zentrales Anliegen *und* sie will nicht herrschen.

2. Was benötigt sie an Mitarbeit und was bewirkt sie?

   Schulen, die „Lernende Organisationen“ geworden sind, haben begriffen, dass ihr Lernen nie mehr aufhört, dass es keine Ziele gibt, die man hat, die man abhaken kann, die man ‚behandelt‘ hat, um dann zur alten Form zurückzukehren.

   Sie benötigen zwei Pädagogische Tage Pro Jahr von jeweils eineinhalb Tagen Dauer zur gemeinsamen Standortbestimmung mit entsprechender Vor- und Nachbereitung durch eine Steuerungsgruppe, und wenigstens einen Tag/ein Quartal pro Arbeitsgruppe. Es ist also Arbeit zu leisten.
   Sie erreichen aber drei Ziele, die außerordentlich kostbar sind:

- Sie schaffen den Wandel, die *Anpassung* an gesellschaftliche Verhältnisse, wie sie heute sind.
- Sie fördern die *Erfolgszuversicht* ihrer Lehrkräfte und ihrer Schüler/innen, die sich nicht mehr erschöpfen, nicht mehr ausbrennen, nicht mehr gemobbt werden.
- Sie erreichen bei Lehrern und Schülern und Schülerinnen ein *neues Lernverständnis*, das sich durch Entscheidungsfähigkeit und Verantwortungsübernahme auszeichnet.

Dabei kommt der Schulleitung eine Schlüsselrolle zu. Sie ist nämlich die Schlüsselperson für Sozialisationsprozesse, die in ihrer Schule stattfinden.

3. **Mein Anliegen: Schulen helfen, „Lernende Organisationen" zu sein und zu werden, um drei Ziele zu erreichen:**

- Schaffung des Wandels, Anpassung an gesellschaftliche Veränderungen, wie sie heute sind;
- Förderung der Erfolgszuversicht der Schulangehörigen, die sich nicht mehr erschöpfen und sich nicht mehr mobben;
- Erreichen eines neuen Lernverständnisses bei den Lehrkräften (Probleme lösen lernen).

(Oberbergischer Gesamtschultag, Gummersbach, Information zuhanden der Zuhörer/innen, 24.03.04)

Führungsseminar „Ringier-Print" (2005)

Führen und Zusammenarbeiten (Leadership)

Die Eroberung des Südpols: Amundsen und Scott
Als die Welt beinahe entdeckt war, blieb als letzter weißer Fleck der Südpol. Ihn zu erreichen, kam einer Eroberung gleich. Nationaler Ruhm stand auf dem Spiel. Es war die letzte große Herausforderung einer patriarchalisch-orientierten Welt.

Die Eroberung des Südpols war der Kampf zweier ungleicher Männer und ihrer Leute: des Engländers Scott und des Norwegers Amundsen.

Beide wollten dasselbe. Ihr Problem war: *Wie komme ich als erster zum Südpol?*

Stefan Zweig hat darüber eine bewegende Geschichte mit dem Titel „Der Kampf um den Südpol, Kapitän Scott, 90. Breitengrad, 16. Januar 1912" geschrieben. (Zweig 1943/10) Es ist eine Lobrede auf das Heldentum und den Mannesmut von Robert Falcon Scott, Angehöriger der Royal Navy. Es ist die Legende vom Märtyrer am Südpol. Es ist die Geschichte eines Verlierers, der zum Helden gemacht wird.

„Scott: irgendein Kapitän der englischen Marine. Irgendeiner. Seine Biografie identisch mit der Rangliste. Er hat gedient zur Zufriedenheit seiner Vorgesetzten, hat später an Shackletons Expedition teilgenommen. Keine sonderliche Conduite deutet den Helden an, den Heros. Sein Gesicht rückgespiegelt von der Photographie, das von tausend Engländern, von zehntausend, kalt, energisch, ohne Muskelspiel, gleichsam hartgefroren von verinnerlichter Energie. Stahlgrau die Augen, starr geschlossen der Mund. Nirgends eine romantische Linie, nirgends ein Glanz von Heiterkeit in diesem Antlitz aus Willen und praktischem Weltsinn." (Zweig 1943/10)

Scott und seine Mannschaft bezahlen ihr Abenteuer mit dem Leben. In seiner Sterbestunde in der Antarktis schreibt er „bescheiden für sich selbst, aber voll herrlichen Stolzes für die ganze Nation, als deren Sohn er sich in dieser Stunde begeistert fühlt: ‚Ich weiß nicht, ob ich ein großer Entdecker gewesen bin, aber unser Ende wird ein Zeugnis sein, dass der Geist der Tapferkeit und die Kraft zum Erdulden aus unserer Rasse noch nicht entschwunden ist', was Zweig zu den Sätzen verleitet: ‚Nichts aber erhebt dermaßen herrlich das Herz als der Untergang eines Menschen im Kampf gegen die unbesiegbare Übermacht des Geschickes, diese alle Zeit großartigste aller Tragödien, die manchmal ein Dichter und tausendmal das Leben gestaltet." (Zweig 1943/10)

Amundsen wird in diesem Aufsatz kaum erwähnt. Der zivile Polarforscher verblasst neben der heroischen Gestalt.

Nicht so im Videofilm eines Basler Weltkonzerns. Dort wird die Leistung der beiden Männer unter den Gesichtspunkten „Führen" und „Zusammenarbeiten" kritisch unter die Lupe genommen. Der Film basiert auf neuen Erkenntnissen von Historikern, verhilft zu überraschenden Einsichten und kommt zu erstaunlichen Ergebnissen:

- Während Scott die Eskimos als „schmutzige, unzivilisierte Bande" betrachtete, ohne sie je kennenzulernen, studierte

Amundsen vor Ort deren Kleidung und *lernte*, welche Felle für welche Kleidungsstücke am besten taugen. Amundsen und seine Crew kleideten sich wie Eskimos. Scott hätte spätestens bei den ersten Gehversuchen am Südpol die Unzulänglichkeit der Tuchkleidung erkennen müssen, als seine Männer Erfrierungen an verschiedenen Körperteilen erlitten. Diese wurden zwar fotografiert, die untaugliche Kleidung aber wurde beibehalten.

- Scotts Verpflegung orientierte sich am englischen Standard. Als er und seine Männer aber die Lagerkost mit den unzureichenden Schlittenrationen tauschen mussten, stellten sich rasch Ernährungsprobleme ein. Amundsen dagegen *lernte* von den Eskimos, wie man im Eis fischt und Robben fängt und wie Frischfleisch vor Skorbut bewahrt. Die Verpflegung von Amundsens Crew war den gegebenen Verhältnissen angepasst.
- Während Scott und seine Leute sich erst in der Antarktis mit Skiern vertraut machten, waren Amundsen und seine Getreuen mit Skiern aufgewachsen. Sie nützten die Zeit im Basislager zu ausgedehnten Exkursionen auf Skiern. Derweilen vertrieb sich Scotts Mannschaft die Zeit mit erbaulichen Vorträgen und ab und zu einem Fußballspiel im Freien. Die Skier aber blieben meist auf den Schlitten.
- Während der Offizier und Torpedofachmann Scott auf Härte, Disziplin und blinden Gehorsam pochte (in seinem Gepäck fanden sich auch Handschellen), in Sachfragen aber auf Improvisation vertraute, war der Zivilist Amundsen in Ausrüstungsfragen unerbittlich. Noch kurz vor Aufbruch zum Pol verbesserten er und seine Mannschaft kleinste Details an der Packung.
- Während Scott für sich und seine 17 Männer eine Tonne Proviant in ungenau markierten und liederlich geschützten Depots anlegte, schafften Amundsen und seine kleinere Crew drei Tonnen in wohlmarkierte Depots.
- Während man in Scotts Nachlass 3,5 Tonnen unergiebiger Gesteinsproben, ja selbst zerschlissene Proviantsäcke fand, konnte sich Amundsen von allem trennen, was nicht mehr

gebraucht wurde, z. B. von seinem schwarzen Zelt, das er am Südpol zurückließ.

- Während Scott seine Mannschaft nach Gesichtspunkten, die seiner gesellschaftlichen Klasse entsprachen, zusammenstellte (Rittmeister Lawrence J. E. Oates von den Inniskilling Dragonern z. B. war zwar wegen einer Kriegsverletzung gehbehindert, hatte aber bei Scotts Unternehmen Adel und Kavallerie zu vertreten), suchte Amundsen Leute aus, die sowohl körperlich als auch fachlich tüchtig waren und sich im Team ergänzten. Sie mussten zudem Probleme lösen können und sich zu helfen wissen. „Es wird berichtet, dass er einem Anwärter für die Gjoa den Auftrag gab, Stockfisch (als Nahrung für Hunde) im hinteren Laderaum zu verstauen. ‚Das geht nicht', war die Antwort, ‚da ist kein Platz.' ‚Für Sie ist auf diesem Schiff auch kein Platz', sagte Amundsen und Zorn stieg ihm ins Gesicht. ‚Packen Sie Ihre Sachen und gehen Sie!'" (Huntford)
- Während Scott dank Pferdespezialist Oates auf Ponys baute, vertraute Amundsen auf Schlittenhunde. Bei den Eskimos hatte er *gelernt*, dass Schlittenhunde allesfressende Abfallverwerter sind, die sich durch Schnelligkeit und Ausdauer auszeichnen. Alles, was sie benötigen, ist Zuwendung.
  Scott schaffte denn auch nur Tagesetappen von zwölf Meilen in jeweils zehn Stunden, Amundsens Crew legte täglich 15 Meilen in fünf Stunden zurück. Die drei Raupenschlepper, die Scott dabeihatte, fielen im Übrigen bald aus. Sie hatten so viel wie 2000 Schlittenhunde gekostet. Die Ponys waren den ungewohnten Strapazen nicht gewachsen und kamen um.
- Während Scott ein Karrierist war und unter Wiederholungszwang litt, war Amundsen ein teamfähiger Leadertyp, der sich durch Umsicht und Bescheidenheit auszeichnete.

Amundsens Sieg am Südpol schlug in der damaligen zivilisierten Welt ein wie später der Sputnikschock. Weil Britannien aber einen Helden brauchte, wurde die Legende vom Märtyrer am Südpol geboren. Die Leistung der beiden Männer wurde in ihr Gegenteil verkehrt. Erst heute kommt man darauf, wie unvergleichlich größer die *Lernfähigkeit* des zivilen Polarforschers Roald Amundsen war. Sein Verhalten ist Vorbild für das, was ein großer Chemiekonzern in Basel von seinen Mitarbeiterinnen und Mitarbeitern bezüglich Leadership und Teamfähigkeit gefordert hat.

Brief von Helmut Lambauer, GIBS Graz (Graz International Bilingual School) zu meinem 70. Geburtstag 2007

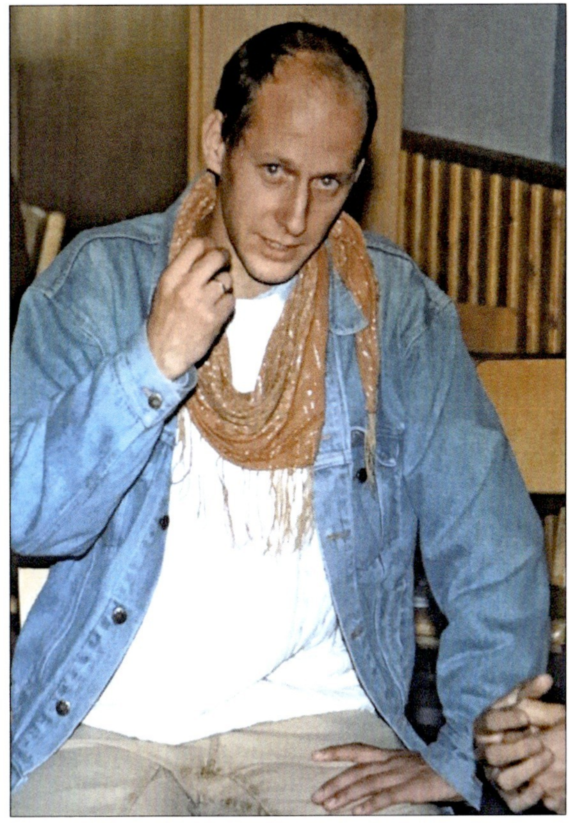

HELMUT LAMBAUER GRAZ

Lieber Elmar,
Es ist schon einige Jahre her, ich war ungefähr drei Jahre an der GIBS und war es gewöhnt, dass meine Direktorin für unsere Fortbildung aus der ganzen Steiermark, ja aus ganz Österreich, Pädagogen und Organisationsentwickler für die Fortbildung der Lehrer an die Schule holte.

Gute Leute waren dabei, namentlich erinnere ich mich an Michael Schratz – ich glaube, der kam aus Innsbruck. Lisi versäumte auch nie zu erwähnen, dass diese hochqualifizierte Fortbildung weder selbstverständlich noch billig sei und nahm uns auch in die Pflicht, die Sache ernst zu nehmen.

Aber diesmal sollte wer kommen, der jeden Rahmen sprengte. Elmar Osswald, so hieße er, käme aus der Schweiz, sei der beste deutschsprachige Schulentwickler weit und breit, sei natürlich noch teurer (das ist jedem Österreicher klar, der je in der Schweiz war), und – er brächte sein Auto mit.

Du glaubst gar nicht, wie beeindruckend und gleichzeitig unverständlich diese Tatsache auf mich gewirkt hat. Da hat jemand den Nerv und verlangt, dass er sein Auto mit dem (natürlich teuren) Autozug nach Graz bringen kann, wo man doch in Graz wirklich alles leicht zu Fuß oder mit wenig Geld mit dem Taxi erreichen kann.

Und Lisi, die eigentlich immer noch sehr gut sparen kann, nimmt es hin, widerspricht nicht. Was muss das für ein Mann sein?

Ich war sehr gespannt auf Dich, vielleicht sogar etwas voreingenommen, habe wohl einen Manager erwartet, der genau weiß, wo es langgeht und uns das in klaren Worten erklärt. Dann warst Du da, ich weiß jetzt nicht mehr genau, wie es losging, aber ich weiß noch gut, dass Du sofort nicht nur sehr kompetent, sondern auch sehr freundlich auf mich gewirkt hast.

Ein gelungener erster Halbtag, dann das Mittagessen im Lendbräu, ein gutes Lokal mit eigener Brauerei. Nur beim Einkassieren waren sie etwas langsam, wie gesagt ein Lokal, welches den Gast etwas länger – vielleicht beim Kaffee – noch sitzenlässt.

Dann zurück zur Nachmittagseinheit. Wir sind etwas zu spät, kein Beinbruch nach österreichischer Konvention, aber Du sitzt da mit versteinerter Miene, und ich weiß, dass Du Lisi gedroht hast, nach Hause zu fahren. Du warst nicht mehr so freundlich, hast uns erklärt, wie das ist mit der ZEIT, die man sich nimmt oder eben nicht. Ich suche seither nie mehr nach Ausreden, wenn ich zu spät bin, sondern ich weiß schlicht, dass ich damit meine Priorität zum Ausdruck gebracht habe, und nicht immer ist mir das so recht.

Als Du dann wieder nach Graz kamst (natürlich wieder mit Auto, wieder widerspricht Lisi nicht), hast Du mich für einen Vormittag zur Planung freistellen lassen. Ich weiß nicht, ob es das erste Mal war, dass ein Lehrer bei uns während seiner Unterrichtszeit im Haus anwesend war und trotzdem für ihn suppliert wurde – ich war aber ziemlich stolz darauf, und es hat mich sehr motiviert.

An den darauffolgenden zwei Tagen wurden die Grundsteine für das Kurssystem gelegt. Ich weiß noch, wie ich mit völlig aus der Luft gegriffenen Stundenplänen meinen Kollegen und Kolleginnen Mut zur Veränderung gemacht habe.

Es hat damals geschneit, und ich Deinem Auto, welches im großen Hof der Grenadiergasse einsam geparkt war, als kleinen Denkanstoß „Was tue ich hier?" in den frischen Schnee auf die Windschutzscheibe geschrieben habe. Ich weiß nicht, ob das Auto darauf je eine Antwort gegeben hat.

Als Du dann zum dritten Mal bei uns an der GIBS warst, waren wir alle schon so weit befreundet, dass Du kein Auto mehr mitgebracht hast. Ich glaube, Lisi hat ihr Schweigen damals gebrochen, und ich habe Dir dafür ein kleines Matchboxauto geschenkt.

In meiner Erinnerung vermischen sich die Ereignisse und ich weiß wirklich nicht mehr, was wann genau passiert ist. Aber ich weiß, dass ich, je besser ich Dich kannte, mich immer mehr auf Dein Wiederkommen gefreut habe, und dass ich fast ein wenig traurig war, als unsere Zusammenarbeit vorbei war.

Dann kamen Deine Karten und Mails, persönlich, oft fast poetisch, und ich war froh und geehrt, dass Du mich nicht vergessen hast, ja, noch mehr, dass Du mir schreibst. Und ich habe zurückgeschrieben, Dir auch von mir und meinen Lieben erzählt. Durch das Teilen des privaten Bereichs entstehen Freundschaften.

Als Du das letzte Mal in Graz warst, haben wir gefeiert und ich hatte die Gelegenheit, Deine Großzügigkeit kennenzulernen. Dafür hast Du meinen Sohn kennengelernt. Und ich weiß noch, wie Du in Deiner Rede meine Bescheidenheit gerühmt hast. Auf die Idee, dass ich bescheiden bin, wäre ich nie gekommen, aber ich denke immer wieder darüber nach. Und ich denke darüber nach, dass Du Lisi und mir zwei Attribute gegönnt hast, nämlich Bescheidenheit und – das andere fällt mir nicht mehr ein, es war irgendwo im Bereich Einsatz und Kompetenz. Aber Lisi bekam „Courage" extra. Ich habe Dich danach gefragt und Du hast gesagt: „Courage habe ich bei Dir noch nicht erlebt."

Wieder ein Denkanstoß – weniger bezogen auf unsere Arbeit, da war Courage nicht meine Rolle – sondern mehr für mein Leben: Bin ich couragiert, wenn es nötig ist oder sage ich zu oft, dass es jetzt noch nicht nötig ist?

Elmar, Du hast bei jedem Besuch mein Leben bereichert. In Dir finde ich einen älteren Freud, jemanden, dem ich gerne zuhöre, dessen Lebenserfahrung mir hilft, den ich auch gerne frage und dessen Antworten ehrlich und wertvoll sind.

Dass Du mich auch zu Deinem Fest einlädst, ist eine große Freude und Ehre für mich. Und ich wünsche Dir von ganzem Herzen, dass Du Dein Leben noch lange in Gesundheit* *und Zufriedenheit im Kreise Deiner Familie und Freunde genießen kannst.*

Und ich freue mich, wenn Du mir wieder einmal schreibst.

* Fest zu meinem 70. Geburtstag

(Helmut Lambauer. Mathematik- und Physiklehrer an der GIBS Graz, verantwortlich für die Einführung des von ihm konzipierten Kurssystems, was dank seiner Fähigkeit, komplexe Sachverhalte einfach und verständlich, aber auch ehrlich und liebenswürdig darzustellen, auch gelang. Eine der beeindruckendsten Lehrerpersönlichkeiten, die ich kennenlernen durfte, Dezember 2007.)

NIE WIEDER! 2012

Bildergrüße Oliver Greuter 2013

Abert Schudel (1) war im Herbst 1942 32 Jahre alt. Er tat im Stadtkommando Basel Dienst als Telefonsoldat. Als Zivilperson war er Redaktor der „Riehener Zeitung“. Ab und an bekam er Urlaub, um zu Hause nach dem Rechten zu sehen.

Eines Tages im Herbst 1942 kam es zu einem Ereignis, das er nicht mehr vergessen sollte. Früh am Morgen sah er beim Erlensträßchen in Riehen eine aufgeregt diskutierende Gruppe von Menschen vor dem Polizeiposten. Dort stand eine fünfköpfige jüdische Familie, zwei Frauen, die eine alt, die andere jung, und drei schulpflichtige Kinder. Sie sahen furchtbar elend und erschöpft aus. Wochenlang waren sie unterwegs gewesen, nachts durch die Wälder vor den Nazischergen geflüchtet. Am Tag versteckten sie sich und kriegten ab und zu von einem Bauern eine Kleinigkeit zu essen. Die beiden Frauen weinten. Die Mutter warf sich auf die Knie und bettelte um ihr aller Leben. Die Polizeibeamten erklärten kühl und sachlich, sie hätten Befehl aus Bern, jüdische Flüchtlinge sofort wieder an die Grenze zu stellen. Befehl sei Befehl! Albert Schudel versuchte seinerseits zu intervenieren und bettelte um Erbarmen für die Flüchtlinge, wurde dabei auch zornig. Die Polizeibeamten schoben ihn zur Seite und die fünf Menschen in den vergitterten Polizeiwagen. Dann fuhren sie zum Grenzübergang und übergaben sie dem sicheren Tod. (1)

Ein Nationalsozialist war drei Leitsätzen verpflichtet. 1. Befehl ist Befehl! 2. Ordnung muss sein! 3. Meine Ehre heißt Treue! Diese drei Leitsätze führten neben der Zerstörung weiter Teile Europas zum größten Völkermord aller Zeiten. Die Stelen in Berlin erinnern an diese Schrecken. Es muss 1998 gewesen sein, als ich sie erstmals durchschritt. Ich erlebte seine Wirkung: Verwirrung, Beklemmung, Verlassenheit, Atemlosigkeit, Hoffnungslosigkeit, Trauer.

Und nun, 2012, in der tragischen Einsamkeit des Stelenwaldes, ein Mädchen. Es dürfte so neun oder zehn Jahre alt sein, hat Stöpsel in den Ohren und hört Musik. Es springt im Rhythmus der Musik elegant und sich kräftig abstoßend von einer Stele zur nächsten. Sein Blick wirkt entrückt. Die ganze Bewegung ist

Jugend, ist Leichtigkeit des Seins, ist LEBEN. Es ist ein wunderbares Bild. Und es ist eine Mahnung an alle alten und neuen Autoritären dieser Welt. Das LEBEN lässt sich nicht ausradieren. Das LEBEN ist heilig.

1) Albert Schudel, Nie wieder! In: Lukrezia Seiler, Jean-Claude Wacker (Hrsg.), „Fast täglich kamen Flüchtlinge", Riehen und Bettingen – Zwei Schweizer Grenzdörfer in der Kriegszeit. Erinnerungen an die Jahre 1933-1948, Verlag z'Rieche, Riehen 1997, 2. Auflage, S. 111f.)
Das Bild hat Oliver Greuter gemacht, ein ehemaliger Schüler von mir. Er erzählte mir, er hätte einen ganzen Tag auf der Lauer gelegen, bis ihm dieses großartige Bild gelang. Es ist das Titelbild des folgenden Buches: Oliver Greuter, Bildergrüße aus Basel, Amsterdam, Berlin und von der Alpen-Südseite, Verlag watchthebirdies, Feierabendstraße 56, CH-4051 Basel, ISBN 978-3-033-03876-9, o.J.
Oliver Greuter verstarb am 18. August 2018.

Nachruf von Felix Osswald, geb. 08. November 1946, gest. 08. Februar 2003

Felix mit Ruth und Elmar

Felix Osswald wurde am 8. November 1946 in Gossau SG geboren. Er war das achte Kind von Eduard Osswald und Ida geb. Scheiwiller. Er kam im Kinderheim an der Bischofszellerstraße zur Welt, einem Ort, wo damals die Wöchnerinnen ihre Kinder zur Welt brachten.
Im Unterschied zu früheren Geburten der Mutter bewegten sich die Menschen nur flüsternd und mit betroffenen Gesichtern im Vorzimmer. Das kleine Kind war nicht „normal", wie sie es nannten. Felix war mongoloid und mit einem Klumpfüßchen zur Welt gekommen, das schon bald nach der Geburt im Kantonsspital St. Gallen operiert werden musste.

Als das Kind in der Folge der Operation nicht mehr zu weinen aufhörte, wurde der Gipsverband nach einigem Zögern nochmals entfernt und eine Vereiterung des ganzen Fußes festgestellt. Felix war einer der ersten Menschen der Schweiz, die deshalb mit Penicillin aus Amerika behandelt wurden, was eine rasche Heilung der Infektion zur Folge hatte.

Felix wuchs im Kreise seiner Geschwister als Sonnenschein der Familie auf. Er war meist guter Dinge und steckte mit seiner Fröhlichkeit seine Umgebung an.

Als der Vater 1958 im Alter von 52 Jahren starb, stand die Mutter mit ihren meist minderjährigen Kindern allein da. Felix wurde neben ihren Töchtern Edith und Ruth ihr wichtigster Helfer und Wegbegleiter. Er lebte nach dem Tode des Vaters über dreißig Jahre in Wil mit ihr zusammen. Ganz allmählich wechselten die Rollen. Er wurde im zunehmenden Maß ihr Helfer und Beschützer, zweimal sogar ihr Lebensretter.
In dieser Zeit war er noch einmal sterbenskrank. Die Ärzte im Spital in Wil stellten nicht mehr zu operierende, stark vereiterte Magengeschwüre fest. Er aber überlebte diese „Katastrophe". Schon nach kurzer Zeit war er wieder, picobello gekleidet, sein Handtäschchen unter den linken Arm geklemmt, in Wils Straßen unterwegs, überallhin freundlich grüßend und manchen Gruß ebenso freundlich entgegennehmend.

Er entwickelte sich zum Original. Er war ein von starkem Lebenswillen geprägtes Stehaufmännchen. Dieser Lebenswille gab ihm etwas Souveränes. Er hatte die außerordentliche Fähigkeit, Eigeninteressen durchzusetzen und gleichzeitig die Klugheit, Grenzen des Möglichen zu erkennen, was in Anbetracht seiner Behinderung eine außerordentliche Lebensleistung darstellt.

Als die Mutter 1991 im Alter von 85 Jahren starb, gestaltete sich die Zukunft von Felix weniger dramatisch als befürchtet. Er verarbeitete ihren Tod mit realistisch–pragmatischer Gelassenheit und fand zunächst in einem Wohnheim in Wil Unterkunft. Da sich dieser Ort als wenig geeignet erwies, boten ihm die Geschwister Cyrill und Ruth für einige Zeit Unterkunft. Schließlich kriegte er nach einigem Warten einen Platz im Wohnheim „Buecherwäldli" in Uzwil. Das war ein großer Glücksfall, kam er doch an einen Ort, wo sich Menschlichkeit und Professionalität nicht ausschließen, sondern die Hand reichen.

Zunächst in der Gruppe „Flippers" beheimatet, erhielt er die Möglichkeit, jedes zweite Wochenende eines der Geschwister zu besuchen, wovon er regen Gebrauch machte. Zum Abschied dieser Besuche erklärte er aber dann meist, wie gerne er wieder in „sein Buecherwäldli" zurückkehren würde. Es war eben sein Heim, und er kehrte dankbar zu seinen Freundinnen und Freunden zurück.

Später, als sich sein Zustand durch die Alzheimerkrankheit verschlechterte und er nicht mehr selbstständig reisen konnte, ja rollstuhlabhängig wurde, wurde er in die Gruppe Triangel versetzt. Hier intensivierte sich seine Betreuung bis zu seinem Tode, der wegen einer Lungenentzündung am 8. Februar eintrat. Typisch für ihn war, dass er zuletzt die Einnahme von Antibiotika verweigert hat. Seine Lippen blieben fest geschlossen, als ob er gewusst hätte, dass seine Zeit jetzt gekommen war. Er starb so, wie er gelebt hatte: entschlossen, selbstbestimmt und friedlich.

Im Namen von Felix danken wir dem Leiter des Wohnheims „Buecherwäldli" Matthias Sieber und seinen Mitarbeiterinnen und Mitarbeitern für die liebevolle und professionelle Betreuung während seines dritten und letzten Lebensabschnittes.

Lieber Felix, erinnerst du dich an Theo, deinen Freund, dem neben deiner Mutter vielleicht wichtigsten Menschen in deinem Leben? Du bist ihm jetzt nachgefolgt und triffst ihn dort, wo die unsterblichen Seelen sind.

Erinnerst du dich an unsere Mutter? Mama war mit Edith und Hanspeter eine Woche im Skilager. Du hattest sie eine ganze Woche nicht gesehen. Als sie an der Lindenhofstraße aus dem Auto stiegen, kamst du vorne um die Ecke. Weil du von Weitem Mama nicht erkanntest, stutztest du, liefst ein paar zögerliche Schritte. Plötzlich schriest du „Mueter" und ranntest mit ausgebreiteten Armen auf Mama los. Wenn Edith Mamas Standfestigkeit nicht unterstützt hätte, wärt ihr wohl beide am Boden gelandet.

Weißt du noch, wie du am Sonntagmorgen ein ausgedehntes Frühstück geliebt hast? Zopf oder Weggli, Butter und Konfitüre waren deine Leibspeise. Du hattest jene Tischmanieren, die du selbst gut fandest, trankst gerne Kaffee und kamst nie ohne Krawatte zu Tisch.

Weißt du noch, dass dir Kleider wichtig waren? Sie hatten einen hohen Stellenwert in deinem Leben. Dass Kleider Leute machen, war dir eine Binsenwahrheit, und darüber, was deiner Meinung nach gut und schön war, hattest du deine ganz eigenen Vorstellungen.

Weisst du noch, dass du deine Arbeit im Buecherwäldli geliebt hast und dass du gerne zur Arbeit gegangen bist, ja, dass du stolz warst, arbeiten zu können?

Erinnerst du dich noch an die vielen Kreuzworträtsel, die du „gelöst" hast?
Du konntest dich stundenlang mit großer Ernsthaftigkeit damit befassen, und niemand merkte auf Anhieb, dass du statt Buchstaben Punkte eingesetzt hast.

Weißt du noch, wie du zusammen mit deinen Freunden und Freundinnen des Buechwäldli Theater gespielt hast? Ihr spieltet „Wilhelm Tell“, und du spieltest einen Knecht. Die Zuschauer und Zuschauerinnen amüsierten sich köstlich und ihr erhieltet am Schluss alle eine Rose. Du aber behieltest die Rose nicht für dich, sondern überreichtest sie deiner Schwester Ruth.

Weißt du noch, wie du dich an Familienfesten auf deine Ansprachen vorbereitet hast? Du hast deine Gedanken fein säuberlich in einer nur dir vertrauten Miniaturschrift auf ein Blatt Papier gebracht. Wenn du dann zur Ansprache schrittest, hast du alles von diesem Blatt abgelesen, hast dich in Schwung geredet und warst nicht mehr zu bremsen. Manchmal, lieber Felix, gingst du uns auch ganz schön auf den Wecker.

Weißt du noch, wie wir miteinander die Hünenburg südwestlich von Straßburg besuchten? Die schmale Straße führte lange Zeit durch ein großes Waldgebiet, als wir unverhofft mitten im Wald die auf einer Anhöhe stehende Burg erreichten. Während der Hitlerzeit war sie ein wichtiger Treffpunkt der elsässischen Nationalsozialisten. Jetzt aber ist sie in Privatbesitz und wir zwei hatten keinen Zutritt. Da sich aber eine Gesellschaft vor dem Haupttor eingefunden hatte, die sich ganz offensichtlich zu einem festlichen Mittagessen in der Burg treffen wollte, nahm ich dich an der Hand und wir schlossen uns der Gesellschaft an. So erreichten wir das Innere der Burg. Es gab einen mauerumrandeten großen Wiesenplatz mit einigen Sitzbänken, von denen aus man einen schönen Ausblick auf die Wälder hatte. Die Gesellschaft verschwand im Hauptgebäude der Burg, wir aber setzten uns auf eine Bank und verzehrten das mitgebrachte Lunchpaket. Nach geraumer Zeit ergingen sich die Gäste im Schlosspark, niemand sprach uns an oder wies uns zurecht. Ich hatte geschichtliche Interessen und fotografierte alles und jedes. So auch dich, der mir den Zugang zu dieser Burg ermöglicht hatte.

Lieber Felix, weißt du, dass du von deinen Nichten und Neffen geliebt wurdest, weil du so warst wie du warst? Deine Behinderung

war nie ein Thema, deine herzliche und ehrlich gemeinte Hilfsbereitschaft aber schon, weil sie selten anzutreffen ist. Weißt du, dass du Sandra gelehrt hast, Menschen so zu nehmen, wie sie sind, ohne auch nur ein Wort darüber zu verlieren?
Danke, Felix!

In der Schweiz gibt es keinen Konsens in Sachen, Bildung ist Bürgerrecht', 2011

Bestünde dieser Konsens, müssten die Schulen eine Allgemeinbildung einrichten, die integrativ ausgerichtet ist. Dass dem nicht so ist, zeigt die neueste Entwicklung an der Sekundarstufe I im Zusammenhang mit HARMOS der Nordwestschweizer Kantone. Hier wurde unter Führung des Kantons Aargau zunächst lauthals die Integration verkündet, nunmehr wird wiederum unter Führung des Kantons Aargau kleinmütig zur altbekannten Dreigliedrigkeit (Realschule, Sekundarschule, Gymnasium) zurückgekehrt. Damit werden sich die längst bekannten Probleme an dieser Stufe fortsetzen. Wer glaubt, im jetzigen Schulsystem ließen sich die Probleme durch Optimierung der bestehenden Verhältnisse lösen, sieht die Ideologie nicht, die hinter allem steckt, und die PISA erstmals entlarvt hat. PISA zeigte, je integrativer ein System ist, desto besser ist seine Leistung. Erfolgreiche Staaten (Finnland) haben die Integration vollzogen, nicht erfolgreiche Staaten (die Schweiz) selektieren nach sozialem Hintergrund.

Brief an Hans–Werner S., IFL Hamburg (1)

Lieber Hans-Werner,
Neinsagenkönnen ist auch für den sogenannten Freischaffenden nicht so leicht. Man verliert nämlich einen Auftrag, und wenn man zu oft Nein sagen muss, verliert man die Existenzgrundlage. In meinem Fall handelt es sich allerdings nicht um die Existenzgrundlage, materiell könnte ich gut ohne diese Aufträge

leben. Ich bin gut abgesichert und habe keine finanziellen Sorgen. Ich verlöre was anderes, viel Wichtigeres: einen zentralen SINN meines Daseins, dieses leidenschaftliche Verlangen, unserem Berufsstand aus der existenziellen Krise, in der er steckt, herauszuhelfen.

*Ich bin überzeugt, dass wir alle, die wir diese Arbeit tun, NEIN-sagen lernen müssen. Sich nicht alles gefallen lassen, müssen (muss im Sinne von Realität) offenbar die Lehrer*innen heutzutage neu lernen. Sie müssen jemanden erleben, der oder die sich von ihnen nicht alles gefallen lässt. Liefere Dich nie aus! Mache Dich nie abhängig von Entscheidungen anderer! Behalte Deinen Entscheidungsspielraum! Sage notfalls NEIN! Solche Sätze habe ich verinnerlicht, und notfalls handle ich auch danach. Meine Erfahrung ist, dass das eine ganz schöne Wirkung hat. Plötzlich verhalten sich Kollegen viel disziplinierter, und darum geht es genau. Ich erinnere mich an ein Kollegium in Graz. Ich war das erste Mal dort und erlebte, dass die Kolleginnen und Kollegen es nicht so exakt nahmen mit der Zeit. Die Zeitblöcke waren bekannt und akzeptiert, trotzdem kamen sie scharenweise zu spät. Ich ließ den Tag vergehen und sagte ihnen am Abend: „Ich habe festgestellt, dass Sie einen sehr freien Umgang mit der Zeit pflegen. Sie kommen scharenweise zu spät, obwohl wir die Zeiten gemeinsam vereinbart haben. Wenn das morgen auch noch so sein wird, dann haben Sie mich gesehen. Ich werde abreisen und nicht mehr wieder kommen.“ Von diesem Moment weg war dieses Kollegium pünktlich, drei Jahre lang. Sie spürten, dass sie auf einen gestoßen waren, der meint, was er sagt und sagt, was er meint.*
Am Schluss unserer Zusammenarbeit hat mir dieses Kollegium einen Bildband mit dem Titel ‚Für ELMAR vom GIBS-Team‘ geschenkt. Da waren dann ihre Portraits eingeklebt mit den jeweiligen Bemerkungen zu unserer Zusammenarbeit. Da finden sich Äußerungen wie die folgenden:

- *It’s been a unique experience working with you. Many thanks.*
- *Danke für eine Erfahrung der anderen Art.*

- *Vielen Dank für Deine Arbeit mit uns! Sie hat nicht nur für unsere Schule, sondern besonders auch für mich persönlich eine wichtige Weiterentwicklung bedeutet.*
- *Thanks a lot for having met you!*
- *Der gute Geist.*
- *Thank you for your wisdom and guidance!*
- *Es ist jedes Mal wieder beeindruckend, wie effizient wir unter Deiner ‚guidance' arbeiten. Vieles, das wir in den letzten Jahren erreicht haben, wäre ohne Deine Strukturen nicht möglich gewesen!*
- *Es war für mich sehr beeindruckend, wie ruhig und souverän Du unsere Seminare geleitet hast. Und auch, dass Du – wenn's nötig war – auch mal ordentlich Druck gemacht hast. Danke für Dein Beispiel!*
- *Es ist sehr viel passiert in den letzten drei Jahren, und ich denke, dass wir alle wohl recht stolz darauf sein dürfen, einige unserer Visionen verwirklicht zu haben. Dir persönlich möchte ich vor allem dafür danken, dass Du uns zu einer gewissen EFFIZIENZ im Umgang mit der ZEIT und unseren PERSÖNLICHEN KRAFTRESSOURCEN erzogen hast.*
- *Lieber Elmar! Vielen Dank, dass du uns so konsequent (gezeichnete Uhr) und einfühlsam (gezeichnetes Herz) zugleich zu schönen Resultaten geführt hast!*
- *Thank you so much for the experience!*
- *Wie kostbar ZEIT ist, hast Du mir immer wieder deutlich gemacht!*
- *Das war schon recht beeindruckend am Anfang, das mit dem Zeitraster. Und vielleicht auch ein bissl beängstigend, weil fremd. Im Endeffekt war es aber das, was mir geblieben ist. Nicht nur in Bezug auf die GIBS, sondern auch für mein ‚richtiges' Leben! (Ein Opinionleader der Schule.)*
- *It's been great working with you!*

Das sind nur einige dieser Rückmeldungen. Die persönlichsten und die nichtssagenden habe ich weggelassen. GIBS ist ein bilinguales Gymnasium mit österreichischen Lehrern und Lehrerinnen und auch Lehrkräften aus den USA und aus Kanada. Unterrichtssprache ist Englisch.

Lieber Hans-Werner!
Es ist mir nicht einsichtig, warum ihr nicht NEIN sagen sollt. Ihr bringt euch derart um die Früchte eurer Arbeit. Meine Empfehlung ist: Wagt den Turnaround im Geiste, nicht jetzt, aber auch nicht übermorgen, sondern bald! Die ZEIT nämlich ist unerbittlich. Sie läuft euch davon!

(1) IFL (Institut für Lehrerfortbildung)

Schulentwicklung und Lernkultur

Schulentwicklung lässt sich mit einem Lattenzaun vergleichen. Die Pfähle und Querlatten bilden den Rahmen, an dem sich die Angehörigen der Organisation entlanghangeln können, wenn sie sich unsicher fühlen. Die Zwischenräume bilden den GEIST der Schule, der diese beseelt. Beide zusammen sind aufeinander angewiesen.

Die Pfähle und Latten kann man benennen. Sie lauten: Vision, Leitbild, Unterricht sowie Projektmanagement, Kollegiales Feedback und Organisationsstatut.

Die Qualitätsverbesserung von Lehren und Lernen ist das ZIEL von Schulentwicklung. Sie hängt sowohl vom Rahmen eines Projektes als auch von der Güte der Kommunikation der Schulleitung/der Lehrkräfte untereinander ab.

Je sorgfältiger und disziplinierter die Angehörigen einer Schule die Rahmensetzung eines Projektes vorbereiten, desto wahrscheinlicher wächst ihre Problemlösefähigkeit.

Je klarer und einfühlender sich die Mitglieder eines Kollegiums zu äußern vermögen, desto wahrscheinlicher wächst ihr Durchhaltewille, ihr Mut, ihre Produktivität.

Für Schulen, die es mit Lehren und Lernen zu tun haben, ist der GEIST der Organisation entscheidend.

GEIST meint LEBENDIGKEIT (Zielklarheit–Wahrhaftigkeit–Empathie) und LERNWILLE (Interesse-Motivation–Ausdauer).

Der GEIST wird wesentlich von der Schulleitung beeinflusst. Sie praktiziert LEADERSHIP.

Schulreform vor 60 Jahren

GEHEEB – WAGENSCHEIN – COHN
So, wie ich GEHEEB und auch andere Landerziehungsheimpioniere und -pädagogen sehe, ging es ihnen um die Herausbildung einer sittlichen Haltung beim einzelnen ‚Zögling', die sich in der Gemeinschaft der ‚Familie' bewähren und sich auch auf diese beschränken sollte. Eine politische Absicht wurde nicht verfolgt.

WAGENSCHEIN ging es um etwas anderes: um ursprüngliches Sehen und exaktes Denken, sozusagen um den Mond des Dichters und jenen des Naturwissenschaftlers. Dass Denken durch Wahrnehmung genussvoll sein kann und dass gerade dies in Schulen stattfinden könnte, ist wohl sein Verdienst. Eine politische Absicht ist bei Wagenschein zwar zu erkennen (Demokratie), deren Realisierung aber bleibt außen vor.

Ganz anders bei COHN. Ihr ging es um eine Methode, einen Weg, den einzelnen Menschen immun zu machen gegen sein ihm innewohnendes Massenverhalten, das in die Abgründe des Nationalsozialismus geführt hat. Sie orientierte sich primär an Freud, dessen eigentliche Leistung ja nicht nur die Entdeckung des Unbewussten ist, sondern im Erfinden einer Methode, die zur Lebenstüchtigkeit verhelfen sollte. Dort allerdings nur auf den einzelnen Menschen bezogen, durch Psychotherapie, hier durch antizipierende Therapie auf die Masse bezogen. Freud: Aus ES soll ICH werden. Cohn: Aus ES soll ICH werden und, noch wichtiger, der Mensch soll sein Geschick in die eigenen Hände nehmen, sein Bewusstsein erweitern, das eigene Potenzial realisieren, möglichst zielstrebend, umfassend und geduldig. Never surrender!

Geheeb hat seine Vorstellungen umgesetzt durch Gründung zweier Schulen. Diese brauchten Strukturen. Diese wiederum wirkten und wirken prägend. Sie sind von überragender Bedeutung und haben den Gründer weit überdauert, nicht zuletzt deshalb, weil er sie mit seiner ganzen Person erstritten, erlitten und erarbeitet hat. Auf diesem Boden konnten und können die wichtigen Erfindungen von Wagenschein und Cohn gedeihen. Diese wiederum sind Bäumen vergleichbar, die auf und in den Strukturen, die Geheeb und seine Frau geschaffen hatten, wachsen.

Weshalb gedeihen diese Bäume auf dem Grund der Staatsschulen so schlecht oder überhaupt nicht? Eben, die dortigen Strukturen sind schlecht. Sie verhindern genussvolles Denken und lebendiges Lernen.

Nicht das Alter, sondern die Lernfähigkeit der Protagonisten entscheidet über den Erfolg von Schulentwicklung, 2007

Wenn die erfahrenen Kollegen nicht mehr können, findet keine Schulentwicklung statt!

Ob dies auch meine Erfahrung sei, wollten die Herausgeber einer Hamburger Fachzeitschrift von mir wissen. Meine erste Reaktion war: „Klar, so ist es.“ Einige Tage später allerdings war ich nicht mehr so sicher und stellte mir folgende Fragen: Ist das alles nicht komplexer? Ist es statthaft, das Scheitern der Entwicklung einer Schule auf eine Gruppe von Protagonisten zu reduzieren? Ist das meine *wirkliche* Erfahrung? Wenn nicht, was *ist* meine Erfahrung?

Meine Erfahrung ist, dass es nicht einen, sondern wenigstens vier Protagonisten gibt, die bei der Entwicklung einer Schule eine maßgebende Rolle spielen:

1. Die Schulleitung,
2. das Kollegium,
3. den externen Berater,
4. die Behörde.

Das Zusammenwirken dieser vier Protagonisten entscheidet darüber, ob sich eine Schule auf den Weg der eigenen Entwicklung begibt, oder resignativ verbittert, ab und zu auch scheinheilig jammernd auf Reformruinen sitzen bleibt. Nach meiner Erfahrung ist dabei die *Lernfähigkeit der Protagonisten* entscheidend, nicht das Alter.

Zunächst also ein Wort zur *Lernfähigkeit*. In den vergangenen zehn Jahren habe ich mit über 40 Schulen in D (Sek. I und II), A (Sek. II) und CH (P) Schulentwicklungsprojekte bearbeitet. Das geschah immer zusammen mit den Schulleitungen und deren vollständigen Kollegien, seit etwa drei Jahren in zunehmendem Maße auch mit der jeweils zuständigen Behörde. Bei einigen dieser Schulen endete die Zusammenarbeit schon nach einem Tag. Andere Vorhaben dauerten länger. Immer aber blieb die Möglichkeit des sofortigen Abbruchs gegenseitig bestehen. Bei etwa der Hälfte dauerte die Schulentwicklungsarbeit drei oder vier Jahre. Von diesen wiederum schaffte etwa die Hälfte den Sprung zur ‚Lernenden Organisation'.

Die meisten dieser Schulen praktizierten am Anfang ihres Entwicklungsprozesses ‚*Problemlösungen lernen*'. Das entsprach der Lernsozialisation ihrer Lehrkräfte und dominierte auch deren Schulalltag. Damit standen diese Schulen oft in eklatantem Widerspruch zu ihrem Umfeld, z.B. den Eltern, aber auch den Abnehmern und Abnehmerinnen ihrer Schüler, die in ihrer täglichen Arbeit dem ‚*Probleme-lösen-Lernen*' den Vorzug gaben und geben.

Das möchte ich näher erläutern. Der Einfachheit halber nenne ich die beiden Lernarten *‚Altes Lernen‘* und *‚Neues Lernen‘*.

‚Altes Lernen‘ vermittelt *Wissen*. Das Ergebnis zu kennen bzw. das Ergebnis zu lernen ist das Ziel. Es werden deshalb *Problemlösungen* gelehrt und gelernt. Die Lehrperson ist Lehrperson, nicht mehr, aber auch nicht weniger. Sie setzt auf Wettbewerb, Einzelleistung und Noten. Wichtig ist der Wissensbestand. *Der Beste ist der, der möglichst fehlerfrei lernt, bzw. das Gelernte möglichst fehlerfrei wiedergeben kann*. Deshalb sind Vorsicht und Risikovermeidung geboten. Der Leistungsbegriff wird entsprechend synonym definiert und gehandhabt. Diese Art von Lernen hat eine breite Anhängerschaft, die Bildungsbürger, und wird vorwiegend in Schulen der Sekundarstufen I und II, aber auch im Tertiärbereich praktiziert.

‚Neues Lernen‘ ermöglicht *Erfahrung*. Der Weg zum Ergebnis ist so wichtig wie das Ergebnis. Das Ziel heißt *‚Probleme lösen lernen‘*. Die Lehrperson ist Teamleader. Sie setzt auf Kooperation, Teamarbeit und Feedback. Wichtig ist der Umgang mit selbstgemachter Erfahrung. *Der Beste ist der, der aus Fehlern lernt*. Auch hier definiert sich der Leistungsbegriff entsprechend synonym und wird auch so gehandhabt. Diese Art von Lernen erfordert Bereitschaft zum Risiko und hat ebenfalls eine breite Anhängerschaft, die unzähligen Problemlöser, die die Wirtschaft heutzutage benötigt und die tagtäglich vor neuen, häufig sehr komplexen Lernproblemen stehen.

In Wahrheit muss eine Schule heute beides tun: *Sicherung der Wissensbestände* und *Verbesserung der Problemlösefähigkeit*. *‚Neues Lernen‘* spielt im täglichen Leben der meisten Berufe die zentrale Rolle, ist aber für viele Lehrkräfte wirklich neu und ungewohnt. *‚Neues Lernen‘ muss deshalb von den Angehörigen eines Lehrkörpers gelernt werden*. Dies geschieht in Projekten einer systematisch konzipierten Schulentwicklung. Erst, wenn sich eine gewisse Verhaltenssicherheit herausgestellt hat, erfolgt die Integration in den Unterricht.

Die Lernfähigkeit einer Schule zeigt sich darin, ob die vier eingangs erwähnten Protagonisten willens und in der Lage sind, *‚Neues Lernen'* zu praktizieren und in ihren Alltag zu integrieren. Überall, wo das gelingt, erleben die Beteiligten eine *Revitalisierung ihrer eigenen Lernfähigkeit.* Sie sind auf dem Wege, eine *‚Lernende Organisation'* zu sein und zu werden. Dies wiederum ist altersunabhängig.

Was ist eine *‚Lernende Organisation'*?

1. Kollegium und Schulleitung lösen ihre Probleme, sie haben aufgehört, über Probleme zu jammern bzw. Probleme zu leugnen. Sie haben den Schritt vollzogen vom ‚Problemlösungen-Lernen' zum *‚Probleme-lösen-Lernen'.*
2. In einer solchen Schule ist viel los. Es gibt *Rituale und Regeln und* definierte Schulversuche. Feste und Feiern haben ihren festen Platz im Jahreslauf, *und* die Schüler werden gefordert. Es gibt eine fürsorgliche Atmosphäre *und* wenig bis keine Aggression.
3. Einer solchen Schule gelingt, ihre *Unterrichtsstrukturen* den Lernbedürfnissen der Schüler anzupassen. Die *Unterrichtsorganisation* folgt nicht mehr ausschließlich dem Lektionentakt.
4. Schüler und Lehrkräfte reden von *ihrer* Schule. Sie sind stolz, hier zu sein. Sie haben akzeptiert, dass es beim schulischen Lernen sowohl um die Sache als auch um die Kommunikation geht *und* dass es beides braucht.
5. Die Lehrkräfte arbeiten in Betriebseinheiten zusammen. *Feedback* ist keine Worthülse.
6. Die Schulleitung praktiziert *‚Leadership'.* Es ist einem wohl in ihrer Nähe. Sie verfolgt *Ziele*, die sie mit ihren Lehrkräften zusammen erreichen will. Sie stützt sich auf Verbündete, die zugleich die *‚richtigen Personen'* sind. Das sind jene, die innerhalb der Organisation glaubhaft sind, denen die anderen vertrauen, deren Wort zählt. Sie hat *viel Zeit für die Nöte und Sorgen ihrer Mitarbeiter*innen*, oder jemanden zur Hand, der diese Aufgabe übernehmen kann. Die *Verbesserung des Unterrichts* ist ihr zentrales Anliegen und sie will nicht herrschen.

Was benötigt eine *'Lernende Organisation'* an Unterstützung, und was bewirkt sie?

Schulen, die auf dem Weg zu einer *'Lernenden Organisation'* sind, haben begriffen, dass ihr Lernen nie mehr aufhört, dass es keine Ziele gibt, die man abhaken kann, die man 'behandelt' hat, um dann zur alten Form zurückzukehren. Sie bleiben lernend.

Sie benötigen eine externe Beratung, die ihnen den Weg durch den Dschungel der Komplexität zu finden hilft.

Sie benötigen zwei Pädagogische Tage pro Jahr von jeweils einem bis eineinhalb Tagen Dauer zur gemeinsamen Standortbestimmung mit entsprechender Vor- und Nachbereitung durch eine Steuergruppe und wenigstens *einem Tag im Quartal pro Arbeitsgruppe*. Es ist also Arbeit zu leisten.

Sie benötigen eine unterstützende Behörde, die ihnen wohlgesinnt ist.

Sie erreichen aber drei Ziele, die außerordentlich kostbar sind:

- Sie schaffen den Wandel, die *Anpassung an gesellschaftliche Verhältnisse*, wie sie heute sind.
- Sie fördern die *Erfolgszuversicht* ihrer Lehrkräfte und ihrer Schüler, die sich weniger erschöpfen, weniger ausbrennen, weniger gemobbt werden.
- Sie erreichen bei Lehrern und Schülern ein *neues Lernverständnis*, das sich durch Entscheidungsfähigkeit und Verantwortungsübernahme auszeichnet.

Dabei kommt der Schulleitung eine Schlüsselrolle zu. Sie ist nämlich die Schlüsselperson für Sozialisationsprozesse, die in ihrer Schule stattfinden.

Was sind die *Mindestanforderungen* an die vier Protagonisten, wenn Schulentwicklung im Sinne der *'Lernenden Organisation'* gelingen soll?

Ich nenne die jeweils drei zentralen Punkte, die sich im Laufe meiner bald zwanzigjährigen Schulentwicklungsarbeit in Basel und anderswo ergeben haben.

1. Schulleitung

➡ Erfolgszuversicht

Die Schulleitung (Rektor/in, Konrektor/innen) will mit den Kollegen und Kolleginnen zusammen definierte Ziele erreichen, und zwar *ganz*, nicht ein bisschen, sozusagen notgedrungen, oder nur scheinbar. Voraussetzung ist Konsens im Schulleitungsteam. Meine Frage als externer Berater an die Schulleitung lautet: „Zu wie viel Prozent wird Ihrer Schule dieses Schulentwicklungsprojekt gelingen?" Wenn die Antwort weniger als 60% lautet, überlege ich mir, ob ich mit dieser Schulleitung zusammenarbeiten will. Ich überprüfe, ob ihr die eigene Schule ein Herzensanliegen ist, oder eben nur ein Job, den es verwaltungsmäßig sauber zu bewältigen gilt. Wenn ich das *feu sacré des Unternehmers* nicht zu erkennen vermag, lasse ich die Finger von einer weiteren Zusammenarbeit.

➡ Durchsetzungsvermögen

Die Schulleitung sorgt dafür, dass die von den Schulangehörigen getroffenen Entscheidungen (WAS) und Verantwortlichkeiten (WER) zu einem bestimmten Termin (WANN) eingehalten werden.

Schon bei der ersten Vorabklärung ist von einem Teilnehmer ein Protokoll zu erstellen. Falls dieses nicht eintrifft, oder nur sehr oberflächlich geschrieben ist, nehme ich das als Indiz dafür, dass das Durchsetzungsvermögen der Schulleitung beeinträchtigt sein könnte. Ohne hartnäckiges Einfordern von *Disziplin* aber lässt sich ein Schulentwicklungsprojekt nicht realisieren.

➡ Wille zum SINN

Die Schulleitung *will* das Projekt und ist, je nach Führungsstil, treibende Kraft, Architekt, Designer, aber – und das ist *wichtig* – kein Tyrann, kein Alleinherrscher, kein Despot. *Schulentwicklung ist eine politische Aufgabe*, die der Balance der Kräfte bedarf. Das geht nur, wenn man mit den Leuten redet. Das zentrale Erlebnis der Kollegen und Kolleginnen in diesem Zusammenhang ist: *Ich werde gesehen. Ich werde gehört. Ich werde gebraucht.* Schulentwicklung lässt sich nur demokratisch vollziehen.

2. Kollegium

➡ Wille zur Realität

Das Kollegium ist bereit, der eigenen Realität ins Auge zu schauen. Ich beginne deshalb mit einer Softanalyse. Daran beteiligt sich das ganze Kollegium im Rahmen eines Pädagogischen Tages. Alle Kollegiumsmitglieder erhalten die Anleitung, zu zwei simplen Aufgaben je drei Klebezettel zu schreiben und diese vor dem ganzen Kollegium zu erläutern. Ich ordne die Klebezettel an den Pinnwänden zu Clustern, die dem Erfassen der Problemlage dienen. Die zwei Aufgaben lauten:

1. In Ihrer Schule gibt es bestimmt Dinge, die aus Ihrer Sicht gut laufen oder gut gelaufen sind. Schreiben Sie die drei wichtigsten je auf einen Klebezettel.
2. Es gibt auch Dinge, die Sie stören, die verbessert werden könnten. Vielleicht sehen Sie auch Dinge auf sich und Ihre Schule zukommen, die Ihnen Sorgen bereiten. Schreiben Sie drei dieser Dinge auf je einen Klebezettel.

In aller Regel wird diese Aufgabe sehr ernst genommen. Wenn das nicht der Fall ist, weigere ich mich, mit dieser Schule weiterzuarbeiten.

➡ Akzeptanz der Projekthierarchie

Das Kollegium ist bereit, für die Dauer des Projektes eine gewisse Schulentwicklungshierarchie zu akzeptieren. Die zu bildenden Arbeitsgruppen müssen nämlich geführt werden. Diese

Führungsaufgabe beinhaltet nicht nur Pflichten, sondern auch Rechte. Wichtige Indikatoren für diese Aufgabe sind:

1. Zielklarheit, 2. Empathie, 3. Mut, 4. Verlässlichkeit, 5. Lernen aus Fehlern.

Führungspersonen werden aus dem Kollegium rekrutiert. Das geschieht am ersten Pädagogischen Tag. Falls sich für diese Aufgabe zu wenige Leute melden oder nur jene, die betonen, sie würden es nur tun, weil sich sonst niemand zur Verfügung stelle, ist das ein Zeichen dafür, dass meine Arbeit in diesem Kollegium beendet ist.

Die Mindestanforderung lautet:

Es melden sich mehr Kollegen und Kolleginnen für die Führung von Arbeitsgruppen, als benötigt werden. Das ist in aller Regel der Fall. Diese Personen haben sich der Wahl zu stellen. Die Gewählten bilden zusammen mit der Schulleitung und dem externen Berater die Steuergruppe des Schulentwicklungsprojekts.

➡ Durchhaltevermögen

Das Kollegium ist bereit, sich auf einen längeren Entwicklungsprozess einzustellen. Dieser dauert in der Regel ein bis vier Jahre. ‚*Neues Lernen*‘ bedarf der *ÜBUNG* und ist nicht auf die Schnelle zu realisieren. Fehlt diese Bereitschaft, lasse ich mich nicht auf eine externe Beratung ein.

3. Externer Berater

➡ Struktursetzer

Wenn Sie ein durchschnittliches Kollegium vor sich haben, brauchen Sie ihm nicht zu sagen, was es tun sollte. Das weiß es längst. Die Frage ist, *warum es das nicht kann.* Und wie ein externer Berater es aus dieser unbefriedigenden Situation, in der es lebt, herausholen kann, ist die *Aufgabe*. Ein externer Berater muss die richtigen Strukturen setzen. Diese ergeben sich aus der Problemlage eines Kollegiums. *‚Lerne wirken, ohne zu handeln'* lautet die Devise. Wer das nicht kann, sollte die Finger von dieser Aufgabe lassen.

➡ Problemlösungshelfer

Das wichtigste Ziel der Schulentwicklung heißt *OWNERSHIP*. Ownership meint, dass die Angehörigen einer Schule fähig werden, *ihre Probleme in die eigenen Hände zu nehmen* und sie nachhaltig zu lösen. Die wichtigste Voraussetzung dazu ist, dass sie die Probleme zu *ihrer* Sache machen. Das wiederum ist die zentrale Herausforderung einer externen Beratung.

Der externe Berater versteht sich deshalb als Problemlösungshelfer. Er ist fähig, eine Atmosphäre der psychologischen Sicherheit und Freiheit zu schaffen. Sein Balancedreieck lautet *‚STRUKTUR–PROZESS–VERTRAUEN'*. Vertrauen/Vertrauensaufbau/Vertrauenserhalt in einem Kollegium ist dabei nicht nur eine Frage der *Leistung*, die gut oder schlecht sein kann. Vertrauen ist auch eine Frage der *Moral*, die zwischen Gut und Böse unterscheidet.

Seine leistungsbezogenen Hauptaufgaben lauten: *Komplexität reduzieren*, *Zielklarheit herstellen* und *für Transparenz sorgen*.

Seine moralbezogenen Hauptaufgaben lauten: *Authentizität praktizieren* (statt Verlogenheit), *Selbstbewusstsein stärken* (statt Beschämung), *Realisierungswillen herausfordern* (statt Verzagtheit).

Ein externer Berater steht zwischen den beiden formellen Machtzentren einer Schule, der Schulleitung und dem Kollegium. Er darf sich weder von der einen noch der anderen Seite vereinnahmen lassen. Geschieht das trotzdem, gefährdet er den Entwicklungsprozess der Schule. Das ist schneller geschehen, als manche glauben.

Mit Komplexität reduzieren meine ich die Fokussierung auf ein bis drei zentrale Punkte, die beachtet werden sollen, wenn man ein anstehendes Problem klären, verbessern oder lösen will. ‚De quoi s'agit-il?', sagen die Franzosen. ‚Was ist das Problem?', heißt das auf Deutsch. Die Beantwortung dieser Frage fällt dem externen Berater, der unternehmerisch denkt, leichter als jenem, der wissenschaftlich denkt. Ein wissenschaftlich dominierter Geist erstellt meist eine zu differenzierte Auslegeordnung und erhöht damit die Komplexität, die er vermindern sollte.

➡ Rollenvielfalt

Der externe Berater formuliert Spielregeln und achtet auf deren Einhaltung. Er ist sehr gut vorbereitet und kann sich gerade deshalb während der Arbeit zurückhalten. Nicht er ist der Hauptredner, die Schulleitung und die Kollegiumsangehörigen spielen hier die Hauptrolle. Der externe Berater kann mit zwischenmenschlichen Schwierigkeiten umgehen und fühlt sich sicher und in der Lage, im geeigneten Moment zu intervenieren. Er praktiziert verschiedene Rollen: Planer, Leiter, Informationsvermittler, Coach, Advocatus Diaboli, Magier, Nussknacker, Hofnarr …, denn manches, was in einer Schule tabuisiert ist, kann (und darf) nur er ansprechen.

4. Behörde

Die Behörde steht für den Willen der politisch Verantwortlichen, den Schulen *‚Neues Lernen'* zu ermöglichen. Das zeigt sich an drei zentralen Verhaltensweisen:

➡ Unterstützt mit Zeitgefäßen

Die Behörde bewilligt *Zeitgefäße* für regelmäßige SCHILF (Schulinterne Lehrerfortbildung). Nach meiner Erfahrung sind nach der Rahmensetzung, die vier bis fünf Tage dauert, zwei Pädagogische Tage à einen bis eineinhalb oder zwei Tage pro Jahr nötig. Dazu kommen zwei Vorbereitungstage pro Jahr mit der Steuergruppe.

An den meisten Schulen, mit denen ich arbeiten durfte, finden bzw. fanden diese während der Schulzeit statt. Die Arbeit der Arbeitsgruppen aber findet in der unterrichtsfreien Zeit statt.

Wo das eine oder andere oder beides nicht möglich ist, fehlt die Basis für systematische Entwicklungsarbeit. Wer zudem glaubt, ein Pädagogischer Tag pro Jahr genüge, nimmt in Kauf, dass der Schwung verloren geht und der pädagogische Tag zur Sonntagspredigt verkommt.

➡ Unterstützt mit Geld

Die Schulbehörde bewilligt die *finanzielle Unterstützung* bzw. erlaubt Sponsoring. Die externe Beratung kostet im Jahr etwa 8000.- €/Schule. Wo das Geld dafür fehlt, fehlt die Basis für systematische Entwicklungsarbeit.

Manche Behörde ist der Ansicht, Schulleitung und Kollegium einer Schule könnten diese systematische Entwicklungsarbeit aus eigener Kraft leisten. Nach meiner Erfahrung ist das eine Illusion. Ich nenne drei Gründe:

1. Ein Schulentwicklungsprojekt läuft während der ganzen Dauer des Projekts parallel zum Alltagsgeschäft der Schule. Eine durchschnittliche Schulleitung ist aber mit dem Alltagsgeschäft bereits voll ausgelastet.
2. Die nötigen transparenzschaffenden Unterlagen und Entscheidungshilfen verlangen projektmanagementgewohnten Sachverstand. Dasselbe gilt für die Eingliederung der Projektergebnisse in den Schulalltag. Deshalb ist hier der externe Berater gefordert.
3. Das übliche Kommunikationsmuster eines Kollegiums, aber auch von Schulleitung und Kollegium untereinander, ist nicht problemlösungsfreundlich. Es ändert sich in der Regel erst unter Anleitung des externen Beraters im Laufe der Zeit.

Zurzeit fließt zu viel Geld in die Erstellung der Konzepte und zu wenig in deren Realisierung. *Die eigentliche Schwierigkeit aber ist die Umsetzung der Konzepte und nicht der Entwurf derselben.*

➡ Unterstützt mit Rahmenbedingungen

Die Schulbehörde bewilligt die *Rahmensetzung* eines Schulentwicklungsprojektes und veranlasst (allenfalls) die ‚*Externe Evaluation*' der Schule. Wo eine Behörde eine Schule mit eiligen Ad-hoc-Aufträgen eindeckt, fehlt die Basis für systematische Entwicklungsarbeit. Nach meiner Beobachtung geschehen hier viele Fehler, weil zu viele politisch Verantwortliche ihre persönliche Erfolgsbilanz von der Wahlperiode abhängig machen. Sie bedenken in der Regel zu wenig, dass wir in einem gesellschaftlichen Paradigmenwechsel stehen, dessen strategische Zielsetzung in den staatlichen Organisationen weit über eine vierjährige Wahlperiode hinausreicht.

Zusammenfassend stelle ich nun eine Vorgabe vor, die ich Kollegien, die unter meiner Leitung ein Schulentwicklungsprojekt durchführen wollen, aushändige und erläutere:

Ein Schulentwicklungsprojekt ...

1. hat zum Ziel, ein drängendes Problem einer Schule zu lösen, sodass ein unbefriedigender Zustand wirkungsvoll (Lernzuwachs) und nachhaltig (auf Dauer) verbessert werden kann. In Zeiten des Wandels heißt das in aller Regel, neue Dinge in die Wege zu leiten.	
2. ist sowohl Organisationsentwicklung als auch Personalentwicklung, will Strukturen verbessern und Verhalten ändern. In seltenen Fällen, nämlich dann, wenn für das eigentliche Projekt die Voraussetzungen geschaffen werden müssen, ist es entweder Organisationsentwicklung oder Personalentwicklung.	
3. ist eine mit Sorgfalt geplante Maßnahme von längerer Dauer, in der Regel ein bis vier Jahre, hat einen Anfang und ein Ende.	
4. setzt sich zusammen aus 1. Rahmensetzung (Schiffbau), 2. Realisierung (Überfahrt) und 3. Evaluation (Ergebnisüberprüfung).	
5. braucht eine Rahmensetzung und setzt sich aus einer Aufbau- und einer Ablauforganisation zusammen. Aufbauorganisation: Wozu geschieht was, wie durch wen, wann und womit? Ablauforganisation: Was geschieht wann? Die Rahmensetzung erfolgt durch eine vom Kollegium mandatierte Gruppe. Die Rahmensetzung ist von den Beteiligten und der vorgesetzten Behörde zu genehmigen. Nach der Genehmigung ist sie verbindlich einzuhalten.	Dauer: vier bis fünf Tage; die Rahmensetzung wird dem Kollegium an einem pädag. Tag präsentiert. Änderungswünsche werden bearbeitet. Dann wird abgestimmt. Nötig ist das absolute Mehr in geheimer Abstimmung.

6. benötigt zur Realisierung zwei Pädagogische Tage pro Jahr von einem bis eineinhalb Tagen Dauer, an denen alle Beteiligten teilnehmen. In der Zwischenzeit arbeiten die Arbeitsgruppen im Umfang von in der Rahmensetzung festgehaltenen Zeitgefäßen. Die Steuergruppe bereitet die Pädagogischen Tage vor und nach. Der Vorbereitungstag der Steuergruppe wird vom externen Berater geleitet. Die Pädagogischen Tage dienen der Standortüberprüfung und werden von der externen Beratung geleitet.	Die Steuergruppe ist zuständig für alle Entscheide, die im Zusammenhang mit dem Schulentwicklungsprojekt stehen. Pädagogische Tage: 1x Frühjahr 1x Herbst
7. läuft während der ganzen Dauer neben dem normalen Schulbetrieb (courant normal) einher, hat also mit dem normalen Schulbetrieb nicht unmittelbar zu tun.	
8. benötigt für den Schiffbau eine Rahmensetzungsgruppe (RSG) und für die Dauer des Projektes eine Steuergruppe (SG). Die Mitglieder der Steuergruppe leiten in der Realisierungsphase die Arbeitsgruppen. Die Schulleitung und die externe Beratung gehören beiden Gremien an.	
9. endet mit einer internen Evaluation der vorliegenden Ergebnisse. Die Evaluation orientiert sich an der Zielsetzung des Schulentwicklungsprojektes.	
10. Die Ergebnisse werden erst jetzt in den normalen Schulbetrieb integriert und werden so selbst zum courant normal.	

Der Ausgangspunkt dieses Aufsatzes lautet: Wenn die erfahrenen Kollegen nicht mehr können, findet keine Schulentwicklung statt! Meine Antwort, auf einen Satz reduziert, lautet: Ich teile diese Auffassung nicht.

Es geht um die Revitalisierung der Lernfähigkeit aller Beteiligten. Eine konzertierte Aktion zwischen Schulleitung, Kollegium, externer Beratung und Behörde ist nötig, wenn Schulentwicklung wirklich effektiv und effizient gelingen soll.

Dies allerdings ist nur mit großer *Disziplin* aller vier Protagonisten zu erreichen.

(Hamburg, Wenn die erfahrenen Kollegen nicht mehr können …, erweiterte Fassung, 19.02.07)

Mein lieber Köbi, 2016

Morgen ist dein Geburtstag, und ich beeile mich, dir dazu herzlich zu gratulieren. Ich tue es mit einem Kugelschreiber, dem besten und vornehmsten, den ich je in der Hand hielt. Ich erhielt ihn vom TCS zu meiner 50-jährigen Mitgliedschaft geschenkt. Erinnerst du dich noch an das Jahr, als unsere gemeinsame Zeit begann? Es war im Jahre 1977, als wir vom 28. Februar bis zum 5. März am Technischen Kurs Inf. Rgt. 59 in Heiden teilnahmen. Dort beschlossen wir an einem vergnüglichen Abend, dass wir uns in Zukunft pro Monat einmal einen halben Tag Zeit nehmen wollten, um uns, Abstand nehmend vom Tagesgeschäft, über Probleme, die uns gerade beschäftigten, auszutauschen. Und das immer verbunden mit einer Wanderung, einmal in den Wäldern von Strengelbach, einmal in der Umgebung von Basel. Jetzt schreiben wir das Jahr 2016.
Was ist in diesen 39 Jahren mit uns zwei geschehen? Zum einen erfolgte im Laufe der Jahre eine Zentrierung unseres Treffpunkts. Über viele Jahre war Eptingen der Ausgangspunkt unserer

Wanderung, ab und zu auch Langenbruck, ZIEL aber blieb der Bölchen.

Wir haben diese Wanderungen all die Jahre durchgehalten, uns immer wieder getroffen, sind zu Freunden geworden, du zu meinem wichtigsten Freund.
Ab und zu habe ich mich gefragt: ‚Was hat mich denn an Köbi so fasziniert?' Was mir zuerst einfällt, ist deine INTENSITÄT! Da war in deinem beruflichen Alltag einfach nichts von Oberflächlichkeit, sondern ein außerordentlich starker Wille, Probleme zu lösen, nichts dem Zufall zu überlassen, aber eben nicht verbohrt, eher spielerisch mit einer dir eigenen Lockerheit in der Herangehensweise.
Dann fällt mir deine stupende AUFFASSUNGSGABE ein. Wenn ich noch mittendrin stand, konntest du kurz und klar erklären, dass du nunmehr wüsstest, was zu tun sei. Du würdest die wichtigen Punkte noch schriftlich festhalten. Punkt! Ende der Diskussion!
Dann deine Leichtigkeit der KONTAKTNAHME, wer immer es auch war, verbunden mit der gleichzeitigen Kunst, Abstand zu halten. Mir war dann klar, dass man ‚so einen' nicht einfach vereinnahmen konnte.
Am meisten beeindrucktest du mich mit deiner Trennung von Tettamanti, ohne dass du in der Hinterhand eine gesicherte Lösung für deine berufliche Zukunft gehabt hättest. Das war MUT PUR, und das macht dir nicht so schnell jemand nach.
So – mein lieber Köbi – sehe ich dich. Ich wünsche dir ein schönes Geburtstagsfest in den Kreisen deiner Lieben und grüße dich herzlich,
Elmar

Köbi Strickler, Geburtstag, 2016

GOUMOIS, 29. bis 30. JULI 2016

Als wir aufwachen, hören wir das Rauschen des Wasserfalls. Sonst kein Laut. Es ist halb 9 Uhr am Morgen. Der Wirt hat spät am Abend ausrichten lassen, das Frühstück sei um 10 Uhr bereit. Die Haustür steht offen, als wir die Stiege hinunterkommen. Kein Mensch weit und breit. Auf dem Parkplatz nur unser Auto. Gestern Abend war er voll, und Menschenstimmen verloren sich im Wind.

Die Moulin Theusseret erreichen wir über eine holprige schmale Naturstraße, die oberhalb Goumois von der Kantonsstraße abzweigt und auf wenigen Kilometern zur Mühle führt. An allfällig entgegenkommenden Autos kommt man leicht vorbei dank vielen Ausweichstellen. Die Mühle liegt direkt am Doubs und gilt als gutes Speiserestaurant. Als Spezialität bietet der Wirt ganze Forellen oder Forellenfilets an. Die Sauce ist sein Geheimrezept.

Im oberen Stockwerk gibt es ein paar Zimmer als Übernachtungsmöglichkeit. Davon machen wir Gebrauch. Der Wirt sagt: „Die Übernachtung kostet CHF 120.- plus CHF 4.- Steuerabgabe an den Kanton." Er wünscht, dass wir sofort bezahlten, und zeigt uns Zimmer Nr. 5 im ersten Stock. „Mit hohen Ansprüchen können Sie hier nicht rechnen", sagt er zurückhaltend. Das Zimmer ist geräumig und sauber, ausgestattet mit zwei altertümlichen Betten ‚à la française', zwei Nachttischen, einem wackligen weißen Tisch, zwei Stühlen und einem neuen ‚salle de bain' mit Dusche. Das eine Fenster bietet Ausblick auf eine Gästeschar auf der ebenerdigen Terrasse. Das zweite Fenster gibt den Blick frei auf den laut tosenden Wasserfall. Der Wirt ist Deutschschweizer, den es in diese wilde Gegend am Doubs verschlagen hat. Das Servicepersonal, samt und sonders junge Frauen, kommt aus dem benachbarten Frankreich.

Die Jurassier, dieses stolze Volk aus den Franches-Montagnes, sind Schweizer und sprechen Französisch. Uns verbindet seit vielen Jahren eine heimliche Liebe mit dieser Gegend. Dabei spielt der Doubs als Grenzfluss zu Frankreich im Westen der

Schweiz eine besondere Rolle. Hier überquerten am 19./20. Juni 1940 etwa 12 000 Polen und Spahis die Brücke von Goumois und wurden in der Schweiz interniert. Sie waren ein Teil des 42 000 Mann starken französischen Korps unter General Daille, das sich hier und in benachbarten Orten vor den nachstoßenden Deutschen auf Schweizer Boden rettete, um so der Gefangenschaft zu entgehen. Einen Tag später stand der Kommandeur der deutschen 29. mot. Div. General von Langermann und Erlencamp mit Teilen seines Stabes auf der Brücke von Goumois, hart an der Schweizer Grenze.

Wir entschließen uns zu einer kleinen Wanderung doubsaufwärts. Der Wasserfall wird leiser. Bald hören wir nur noch uns selbst. Kein Vogel jubiliert. Nicht mal der Fluss ist zu hören, der träge über erstaunliche Menge an Gestein, Blättern, Totholz, entwurzelter Vegetation und Algen hinzieht. Der Fluss führt wenig Wasser. Eine Tafel warnt uns, dass sich das rasch ändern könne. Die Sonnenstrahlen haben den Talboden erreicht. Links und rechts geht es kilometerweit steil bergauf. Tannen, Eschen, Eichen sind von dichtem Moos überzogen. Die Steine am Ufer sind nackt.

Gegen 10 Uhr kehren wir zur Mühle zurück. Ein zweites Auto steht auf dem Parkplatz. Die Wirtschaft ist geöffnet, der Frühstückstisch für zwei Personen ist in der Gaststube gedeckt. Eine junge Frau begrüßt uns: „Bonjour. Avez-vous bien dormi?“

Führung und Leitung von Teams, 2004

Wir leben nicht irgendwo, wir leben mitten im Kapitalismus. Kapitalismus ist ein Spiel, das dann funktioniert, wenn es keine Verlierer gibt.(1) Geschäftspartner einigen sich, nachdem sie Vor- und Nachteile sorgfältig abgewogen haben. Das ist die intellektuelle Seite des Geschäfts. Eine funktionierende Geschäftsbeziehung aber ist mehr. Sie funktioniert auf Dauer dann gut, wenn beide Seiten das Gefühl haben, in Freiheit zu entscheiden und dabei nicht übervorteilt zu werden. Das ist die Gefühlsseite des Geschäfts.

Das ‚Geschäft' einer Schule ist das *Lernen*. Lernen ist ein Spiel, das dann funktioniert, wenn es keine Verlierer gibt. Die zentrale Frage lautet: Wie lernt der Mensch? Die zentrale Frage der Lehrperson heißt demzufolge: Wie muss ich lehren, wenn ich möglichst keine Lerner verlieren will? Ein Lehrer muss nichtnur seine Sache beherrschen, er soll auch Mut machen und Kontakt schaffen. Mut zu machen und Kontakt zu schaffen ist ein Balanceakt zwischen den positiven Polen eines Wertequadrats, dessen Zerrbilder Angst und Langeweile heißen.

Ein Team, also eine Arbeitsgruppe, zu führen ist eine schwierige Aufgabe. Was heißt ein Team (z.B. eine Schulklasse oder ein Lehrerkollegium; eine Organisation, z.B. eine Schule; einen Betrieb, z.B. ein Unternehmen; ein Subsystem, z.B. eine Gewerkschaft; ein Land, z.B. Deutschland) zu führen? Es hat mit *Lernen* zu tun, und mit *Lehren*. Und es hat mit Leadpersonen zu tun, die das Geschäft des Lehrens und Lernens beherrschen. Der Teamleader muss sich immer bewusst sein, *dass der Austausch zwischen zwei Partnern freiwillig geschieht und nur dann stattfindet, wenn beide Seiten das Gefühl haben, davon zu profitieren.*

Nach wie vor gilt, was Fritz Bohnsack 1979 als Standardsituation von Schulen wie folgt formuliert hat: „Das Grundproblem von Schule, nämlich als institutionalisiertes Zwangssystem der Belehrung die deklarierten Ziele einer Erziehung zur Selbstverantwortung zu verhindern, ist ungelöst."(2)

Ein erster Schritt aus dieser Sackgasse herauszukommen, ist der Vergleich von ‚Altem Lernen' und ‚Neuem Lernen'.

‚Altes Lernen' vermittelt *Wissen*. Das Produkt zu kennen bzw. das Produkt zu lernen, ist das Ziel. Es werden deshalb *Problemlösungen* gelehrt und gelernt. Die Lehrperson ist Lehrperson, nicht mehr, aber auch nicht weniger. Sie setzt auf Wettbewerb, Einzelleistung und Noten. Wichtig ist der Wissensbestand. *Der Beste ist der, der möglichst fehlerfrei lernt, bzw. das Gelernte möglichst fehlerfrei wiedergeben kann.* Deshalb sind Vorsicht und Risikovermeidung

geboten. Diese Art von Lernen hat eine breite Anhängerschaft, die Bildungsbürger, und wird vorwiegend in Schulen der Sekundarstufen I und II praktiziert.

‚*Neues Lernen*' ermöglicht *Erfahrung*. Der Weg zum Produkt ist so wichtig wie das Produkt selbst. Das Ziel ist, *Probleme lösen* zu lernen. Die Lehrperson ist Teamleader. Sie setzt auf Kooperation, Teamarbeit und Feedback. Wichtig ist der Umgang mit selbstgemachter Erfahrung. *Der Beste ist der, der aus Fehlern lernt.* Diese Art von Lernen erfordert Bereitschaft zum Risiko und hat ebenfalls eine breite Anhängerschaft, die unzähligen Problemlöser, die die Wirtschaft heutzutage benötigt und die tagtäglich vor neuen, häufig sehr komplexen Lernproblemen stehen.

In Wahrheit muss eine Schule heute beides tun: *Sicherung der Wissensbestände* und *Verbesserung der Problemlösefähigkeit*. Die neue Lernart spielt im täglichen Leben der meisten Berufe die zentrale Rolle, ist aber für viele Lehrkräfte wirklich neu und ungewohnt. Sie muss deshalb von den Angehörigen eines Lehrkörpers gelernt werden. Das scheint mir erfolgversprechender als der Versuch, Kollegen der oben geschilderten Art besseren Unterricht beibringen zu wollen.

Eine Schule, die neuem und altem Lernen verpflichtet ist, stellt auch den Schulleader vor neue Lernprobleme. Er muss seine Lehrkräfte nämlich *führen*, statt sie nur zu *verwalten*. *Es geht darum, dass die Mitglieder einer Arbeitsgruppe ihr berufliches Leben interessanter und befriedigender gestalten können.* Ein Leader muss wissen, was er will, Verbündete suchen und in der Lage sein, die nötigen Ressourcen zu erschließen, um das Ziel zu erreichen. Es ist zwar schön, wenn ein Leader alle Antworten weiß, aber es macht die Sache langweilig und es erstickt die Initiative der Teammitglieder. Die Chance liegt in der Balance von Gegensätzen, die ein erfolgreicher Leader tagtäglich übt (3).

Es geht darum, das gerade bei Männern immer vorhandene Konkurrenzverhalten nicht zur Rivalität entarten zu lassen, sondern die notwendige Verschiedenheit von Menschen zur Lösung eines Problems zu akzeptieren, zu fördern und zu unterstützen. *„In Wahrheit wollen die Leute zusammenarbeiten, um Probleme zu lösen. Die Aufgabe des Teamleaders ist es, das möglich zu machen."* (4)

(1) Paul Strathern, Schumpeters Reithosen, Die genialsten Wirtschaftstheorien und ihre verrückten Erfinder, Wissenschaftliche Buchgesellschaft, Darmstadt, 2003.
(2) Fritz Bohnsack, John Dewey, In: Hans Scheuerl (Hrsg.), Klassiker der Pädagogik II, Von Karl Marx bis Jean Piaget, Verlag C.H. Beck, München, 1991/2.
(3) Mihaly Csikszentmihalyi, Kreativität, Wie Sie das Unmögliche schaffen und Ihre Grenzen überwinden, Klett-Cotta, Stuttgart, 1999/4.
(4) Arnold Schwarzenegger, In: Bruno Giussani, Es beruhigt viele, dass ich die Nächte mit einer Demokratin verbringe, Interview mit Arnold Schwarzenegger, Die Weltwoche, Nr. 29, 15. Juli 2004.

Brief an Prof. Willi B., 2006

Sehr geehrter Herr Professor B.,
Mit der heutigen Konsultation geht eine lange Behandlungszeit zu Ende. Mit zunehmendem Vertrauen in Ihr Können und in Ihre Person habe ich Selbstvertrauen im Umgang mit meinem Diabetes gefunden, sodass ich heute damit weitgehend eigenverantwortlich umzugehen weiß.

Das wäre ohne Ihre Beratung und ohne die Wirkung, die Ihr Verhalten bei mir erzeugte, nicht möglich geworden, und das werde ich Ihnen bis ans Ende meiner Tage danken.

Als ich am 1. November 1936 in Gossau SG zu Welt kam, geschah dies unter speziellen Umständen. Meine Mutter hatte schon das Jahr zuvor einen Buben geboren, der aber kurz nach der Geburt aus ungeklärten Gründen verstarb. Sie war voller

Angst in Erwartung der zweiten Geburt, zumal auch ich Schwierigkeiten bereitete. Ich lag mit den Füßen voran im Becken und musste schließlich vom Landarzt mit der Zange zur Welt gebracht werden. Die tiefen Eindrücke, die die Backen der Zange hinter meinen Ohren hinterlassen hatten, waren noch 30 Jahre später gut zu sehen. Diese erste traumatische Lebenserfahrung bewirkte, dass ich zum Berufsstand des Arztes beinahe mein ganzes bisheriges Leben kein Vertrauen fassen konnte. Der verhängnisvolle Satz, der bei gegebenem Anlass in meinem Hirn auftauchte, war immer derselbe: ‚Er wird mir schaden!'

Als kleiner Bub hatte ich panische Angst vor dem Coiffeur, der ein wirklich patenter und liebenswürdiger Mann war, dem ich aber jedes Mal, kaum saß ich mithilfe meines Vaters auf dem Stuhl, entwischte. Ich suchte flugs das Weite, nur, weil er einen weißen Mantel trug. Eben genau gleich, wie das Dr. A. tat, wenn er in seinem kleinen Fiat Topolino seine Patienten besuchte oder sonst als Arzt tätig war.

Arztbesuche blieben mir ein Gräuel. Weil ich nach überstandenen Kinderkrankheiten über eine robuste Gesundheit verfügte, suchte ich einen Arzt nur im Notfall auf. Erst als ich in den 80er-Jahren des vergangenen Jahrhunderts akzeptieren musste, dass ich zuckerkrank war, konnte ich nicht mehr ausweichen. Und erst, als ich den Weg zu Ihnen fand, änderte sich alles grundlegend.

Bei Ihnen habe ich die folgenden Erfahrungen gemacht, die mich mit viel Bewunderung erfüllen:

- *dass es möglich ist, einen verwirrten Geist gleich bei der ersten Konsultation mit der Realität zu konfrontieren und sogleich auch die nötigen Schritte in die Wege zu leiten. Sie sagten damals nach halbstündigem Anhören meiner Krankheitsschilderung: „Lieber Herr Osswald, Sie haben zu wenig Insulin und müssen jetzt spritzen," und Sie griffen zum Telefon, um mich bei der Diabetes–Beratungsstelle zur Instruktion anzumelden. Sie fackelten nicht lange, und das war genau die richtige Maßnahme.*

- *dass es möglich ist, bescheiden zu sein, obwohl man viel weiß und kann. Mich hat Ihre Bescheidenheit tief beeindruckt.*
- *dass es unglaublich vertrauensfördernd ist, wenn die Bescheidenheit mit Leidenschaft verbunden ist, gebunden auch an einen ganz bestimmten Fall, an meinen Fall. So entstanden mein Gefühl und schließlich die Gewissheit, dass da ein Arzt war, der sich meiner Krankheit wirklich annahm, und dies nicht ein wenig, sondern ganz, leidenschaftlich eben. Ihre Leidenschaft wirkte nicht aufgesetzt, sie war einfach da und kam auf leisen Sohlen, was ihre Intensität verstärkte. Sie hinterließ bei mir den Eindruck, dass da ein Arzt seinen Beruf ausübte, der genau zu ihm passte, der genau für ihn und seine große Begabung geschaffen war, und dass da ein Arzt war, der mir nicht schaden, sondern helfen wollte. Es ist ein Glück, wenn einem das im Leben beschieden ist.*
- *Am 4. November 2005 sagten Sie am Ende der Konsultation, ob ich was dagegen hätte, wenn wir einmal den PSA–Wert kontrollieren würden. „Was ist der PSA–Wert?" „PSA heißt prostata-spezifisches Antigen." Ich hatte nichts dagegen. Nach der Blutentnahme läutete einige Tage später das Telefon. Ich ahnte, dass Sie am Apparat sein könnten, und sagte meiner Frau, dass ich das Telefon abnehmen würde. Sie waren es, der mir mitteilte, mein PSA–Wert sei erhöht und ich sollte einen Urologen konsultieren. Das habe ich getan. Mein PSA war über 40, organübergreifend. Nach einer Bestrahlungstherapie und zehnjähriger regelmäßiger Kontrolle wurde der Fall bei einem PSA-Wert von 0,08 als geheilt abgeschlossen.*
- *dass es von großem Nutzen sein kann, wenn sich Sorgfalt, Gewissenhaftigkeit und Exaktheit die Hände reichen. Ich erinnere mich, wie wir uns an meine Diabetesmedikation herangetastet haben, die ich auf Punkt und Komma genau befolgte und befolge, und die mir ein fast normales Leben ermöglicht. Nie hatte ich einen Hypo. Ich erinnere mich, mit welcher Umsicht Sie meine Blutdruckmedikation herausgefunden haben, die mir jetzt ohne erkennbare Nebenwirkungen normale Werte (130/80) beschert.*

Sehr geehrter Herr Professor, mit Ihren Interventionen, zunächst bei meinem Diabetes, dann bei meinem Prostatakrebs, haben

Sie zweimal, wohl im letzten Augenblick, also jeweils zu einem Zeitpunkt, als noch keine Folgeschäden eingetreten waren, in mein Leben eingegriffen. Bewirkt hat dies, dass ich in meinem 70. Altersjahr ein beinahe normales Leben führen kann. Ich habe vielmehr einen entscheidenden Zugewinn an Lebensfreude gewonnen. Ich lebe bewusster.

Dafür möchte ich Ihnen danken, verbunden mit den besten Wünschen für ihr zukünftiges Wohlergehen.

(B., Prof. Dr., Brief zum Abschied, 07.04.06)

Deutschland, im Herbst 2008

Am Donnerstag, den 18.09.09 verspricht das Wetter gut zu werden. Nach einem gelungenen Festakt am Vorabend begebe ich mich zu Fuß zum Hauptbahnhof Bremen und konsultiere auf dem Bahnsteig die Wagenstandsanzeige für den IC 2037, der Bremen um 10:09 in Richtung Hannover verlässt. An den Bahnsteigen wird zurzeit gearbeitet. Ziemlich viel Volk schlängelt sich um Absperrzäune in die Züge hinein. Im Gedränge spricht mich eine Stimme von hinten an: eine Kollegin vom gestrigen Abend. Wir fahren gemeinsam bis Hannover und unterhalten uns angeregt. Unser Zug erreicht Hannover zur vorgesehenen Zeit. Hier trennen sich unsere Wege.

Am Gleis 4 ist der Bahnsteig voller Menschen mit viel Reisegepäck. Die scherbelnde Stimme des Bahnhoflautsprechers kündigt an, dass der ICE 75 nach Basel, Abfahrt 11:41, ca. 10 Minuten Verspätung habe. Ich stelle mich beim Abschnitt A hin und freue mich über meinen neuen Koffer, der sich leicht auf vier Rädern rollen lässt. Unverhofft rasch fährt der Zug ein. Ich finde meinen Platz und installiere mich für die lange Heimreise. Die Süddeutsche Zeitung, die fabelhafte Biografie von Thomas Karlauf über Stefan George und das schön verpackte Mittagsbrot habe ich aus dem Koffer genommen. Diesen stemme ich auf die Gepäckablage. Da meldet sich der Zugspeaker: „Verehrte Fahrgäste. Die Abfahrt verzögert sich um wenige Minuten. Ein kleines Problem an der Lokomotive muss beseitigt werden." Na ja, kein Problem, kann ja mal passieren. Die Minuten verstreichen. Ich fühle mich entspannt und wohl in dem schönen neuen Zug. Da knackt es im Lautsprecher. Die Stimme meldet sich ein zweites Mal. „Verehrte Fahrgäste. Es tut uns sehr leid, aber dieser Zug endet hier. Das Problem der Zugmaschine lässt sich nicht beheben. Bitte verlassen Sie den Zug und achten Sie auf die Lautsprecherdurchsage." Nanu? Was ist denn das? Fahren unsere deutschen Freunde mit ungenügend revidierten Zugmaschinen? Ich hole meinen Koffer aus dem Gepäckabteil und rings um mich geschieht dasselbe. Schon meldet sich die Zuglautsprecherstimme ein drittes Mal. Sie nennt in rascher Folge in immer wieder unterbrochenen Stakkatosätzen mögliche Ersatzanschlüsse. Nun wird die Sache spannend. Jetzt haben sie ein Problem und müssen improvisieren. Wie gehen sie damit um?

Hunderte von Menschen verlassen mit ihren Koffern langsam ihre Wagen, begleitet von der Stakkatostimme aus dem Zuglautsprecher, die keinen ganzen Satz mehr zustandebringt. Ich werde immer fröhlicher. „Les vancances de Monsieur Hulot" geht mir durch den Kopf. Dieser alte Filmklassiker beginnt mit chaotischen Szenen auf einem Bahnhof, wo Hunderte von Feriengästen im Takte der unverständlichen Lautsprecheransage von Gleis zu Gleis irren. Hier in Deutschland meldet sich der diesmal gut vernehmbare Bahnhofslautsprecher. „Fahrgäste des ICE 75 von Hamburg über Hannover, Frankfurt, Mannheim, Karlsruhe, Basel können im Zug gegenüber auf Gleis 3 Platz nehmen." Nichts wie hin. Die Menschen mit ihren Koffern beeilen sich. Ich finde einen Platz in einem mittleren Abteil. Da sitzt schon eine Dame in der Ecke mit einer Medizinalmaske vor Mund und Nase. Ein stämmiger, etwa fünfzigjähriger Mann mit Vollglatze unterhält sich mit seiner Partnerin und ruft ein Hotel in Freiburg an. Sie würden erst nach 18 Uhr eintreffen. Es gebe Schwierigkeiten im Zugverkehr. Die Rezeption des Hotels verlangt die Angaben zu seiner Kreditkarte. Er zieht diese aus der Tasche und gibt die Zahlen durch. Da er der Sache nicht traut, macht er sich als Kundschafter auf die Suche nach einer verlässlichen Auskunftsperson. Die junge Frau an seiner Seite ist eine Schönheit, schlank, langes schwarzes Haar, große grüne Augen, reiner Teint, ebenmäßiges Gesicht. Sie ist entspannt und lacht. Ich spreche sie an und frage, ob sie Ähnliches auch schon erlebt habe. „Oh ja", sagt sie, gerade auf dieser Strecke sei das nicht ganz ungewöhnlich. Ihr Partner und sie wollen nach Freiburg zu einem Fest. Ich empfehle ihr den Schwarzwald, den sie nicht kennt. „Nur einmal kurz durchgefahren." Nun meldet sich der Zuglautsprecher. Die Stimme verkündet, dass dieser Zug die zugestiegenen Gäste des ICE 75 bis Göttingen mitnehme. Dort stehe auf dem gleichen Bahnsteig ein Ersatzzug nach Basel bereit. Ich wuchte meinen Koffer ins Gepäcknetz. Die Frau mit der Medizinalmaske blickt ängstlich zu mir hin. Schließlich packt sie ihre Siebensachen und geht weg. Es knackt erneut im Zuglautsprecher. Die Stimme verkündet seelenruhig, dass leider auch diese Zugmaschine defekt sei und beginnt gleich anschließend schön geordnet Ersatzzugmöglichkeiten in Richtung München, Stuttgart usw. aufzuzählen. Nur Basel vergisst sie. Der Zug leert sich. Die junge Frau und ich bleiben vorerst sitzen. Da erscheint eine alte Dame und sagt: „Ach, da sind ja noch welche. Ich dachte schon, ich wäre ganz allein."

Der Partner der jungen Frau kommt zurück. Der Zug nach Göttingen fährt in wenigen Minuten auf Bahngleis 9. Jetzt müssen auch wir raus. Das Paar setzt sich auf dem Bahnsteig in Trab. Ich hinterher. Die Stiege runter, trapp, trapp, trapp, durch das Gewusel der Menge in der Bahnhofpassage, am Gleis 9 die Stiege hoch, trapp, trapp, trapp. Unsinnigerweise fährt die Rolltreppe nur abwärts. Oben, leicht außer Atem, sehe ich auf Gleis 9 den Zug stehen. Gleich hin zu den Wagen der 1. Klasse. Wagen 1 ist randvoll, die Menschen stehen mit ihren Koffern wie die Sardinen bis zu den Eingängen. Wagen 2 und Wagen 3 genauso. Der Bahnhofslautsprecher verkündet: „Bitte einsteigen. Der Zug fährt ab." Ich renne am Bistrowagen vorbei den Fahrsteig entlang nach hinten. Neben mir schnurrt der Koffer, den ich mit der Hand über den Asphalt dirigiere. „The lightest Samsonite ever – experience it for yourself." Da, ein Wagen, wo die Leute nicht den Eingang versperren. Nichts wie rein. Hinter mir schließt sich die Türe, automatisch.

Der Wagen ist voll. Ich stelle mich vor dem WC an die Wand. Da entdecke ich die beiden Freiburgreisenden im Gang des nächsten Wagens. Wir grüßen uns. Die Frau lächelt. Weshalb nicht auf den Boden setzen? Gedacht, getan. Ich setze mich neben einen Polizisten in blauer Uniform, der es sich schon bequem gemacht hat am Boden, und strecke meine Beine in den Durchgang zum nächsten Wagen. Der ‚Freiburger' kommt und sagt, er habe für mich noch einen Platz entdeckt. Wie liebenswürdig, immerhin bin ich 72 Jahre alt, aber ich lehne dankend ab. So bequem wie gerade jetzt saß ich noch selten im Zug. Ich spreche den Polizisten neben mir an: „Fahren Sie auch nach Göttingen?" Er bejaht und sagt mir, er pendle zwischen Hannover und Göttingen. Er arbeite bei der Bundespolizei. „Was ist denn der Unterschied zwischen Bundespolizei und Landespolizei?" Nun, sagt er, sie seien für den Zugriff zuständig, die damit zusammenhängenden administrativen Arbeiten würden von den Kollegen der Landespolizei erledigt. „Also haben Sie den interessanteren Teil der Polizeiarbeit?" „Ach, wissen Sie", sagt er, „wenn man in die Jahre kommt, kriegt man genug von diesem Job. In aller Regel haben Sie es nicht mit normalen Menschen zu tun, gerade in den Bahnhöfen. Alkohol und Drogen. Und dann sind die in der Regel viel jünger. Und denen sollen Sie dann hinterherrennen?" Er starrt durch das Fenster ins Ungewisse.

In Göttingen steht der Ersatzzug auf dem Gleis gegenüber. Der Run auf die Plätze beginnt. Ich ergattere einen Sitzplatz in der Mitte eines alten Wagens der 1. Klasse. Da sitze ich zunächst allein. Dann füllt sich der Wagen bis zum letzten Platz. Ich nehme die Biografie über Stefan George aus dem Koffer und bringe diesen im Gepäcknetz unter. Hinter mir erkundigt sich eine Männerstimme bei einem vorbeiflitzenden Zugbegleiter, wo da ein Anschluss für seinen Laptop sei. Der sagt, er habe keine

Ahnung, ein solches Wagenmodell sei ihm noch nie begegnet. Der Zug fährt ab. Es knackt im Lautsprecher und eine Stimme verkündet, dass der Zug die Gäste des ICE 75 bis Mannheim transportiere. Wir würden rechtzeitig darüber informiert, wie es dort weitergehe. Der Zugchef verteilt Entschädigungsgutscheine der Deutschen Bahn AG. Nun habe ich Zeit und vertiefe mich in die Welt Stefan Georges. Vor Frankfurt am Main knackt es wieder im Lautsprecher. Der Zug werde außer Plan in Frankfurt Süd halten, weil die Zugmaschine ausgetauscht werden müsse. Die Stimme klingt vertrauenserweckend. Außer ihren Zugmaschinen haben sie jetzt scheinbar alles im Griff. Der Zugmaschinenwechsel erfolgt problemlos. Schon nach zehn Minuten fährt der Zug weiter Richtung Frankfurt Hauptbahnhof.

In Mannheim stehen wir wieder auf dem Bahnsteig. Der für uns vorgesehene Anschlusszug fährt in einer halben Stunde: ICE, Abfahrt 16:36. Die Wagenstandsanzeige führt diesen Zug zweimal. Einmal ist es ein Doppelzug, jeweils am Wochenende von Freitag bis Sonntag. Es ist Donnerstag. Von Montag bis Donnerstag wird der Zug nur einfach geführt. Der Bahnsteig ist voller Menschen. Na, dann Prost! Sie stehen herum, reden kaum miteinander und lassen die Sitzbänke frei. Ich setze mich hin. Neben mir verzehrt ein junger Bursche einen Hot Dog. In zwei Metern Entfernung steht ein junges Mädchen. Sie raucht eine Zigarette und weiß nicht so recht, ob sie sich zwischen uns setzen soll. Schließlich tut sie es und beginnt mit dem Burschen ein Gespräch. Sie ist in Süddeutschland aufgewachsen, lebt jetzt mit ihrer Mutter in Hamburg und möchte Freunde im Raum Freiburg besuchen. Sie hat Heimweh. Sie sagt: „Wenn jetzt noch einmal etwas passiert, drehe ich durch." Eine Viertelstunde ist vergangen. Mein ICE 75 hätte um 16:55 Uhr in Basel Bad Bahnhof sein sollen. Es ist jetzt 17:45. Der Junge entfernt sich. Das Mädchen beginnt, mit mir zu sprechen, und erzählt noch einmal die gleiche Geschichte.

Der ICE 15:36 Uhr nach Basel fährt in den Hauptbahnhof Mannheim ein. Ich erwische den Wagen der 1. Klasse am Schluss des

Zuges. Der Zug ist gut besetzt, die meisten Plätze sind reserviert. Ich setze mich auf einen Platz mit einer Reservation von Karlsruhe bis Freiburg. Bis Karlsruhe kann viel passieren. Meine Welt ist wieder jene von Stefan George. Sein Aufenthalt in Paris muss anstrengend gewesen sein. Die intellektuelle Atmosphäre der französischen Dichter des ausgehenden 19. Jahrhunderts, zu denen der junge George Zugang hatte, passte schlecht zu seinen mangelnden Kenntnissen der französischen Literatur und seiner gänzlichen Unerfahrenheit in der hochkarätig geführten Konversation.

Der komfortable Zug fährt schnell. Die rote Leuchtschrift zeigt 248 km/h an. Wir erreichen Freiburg kurz nach 18 Uhr. Wenn alles gut geht, müssten wir in Basel um 18:50 Uhr ankommen. Irgendwo in der Nähe des Isteinerklotzes bleibt er auf offener Fahrbahn erneut stehen. Der Zugspeaker meldet sich und sagt, dass sich die Weiterfahrt auf unbestimmte Zeit verzögere, weil Personen im vor uns liegenden Tunnel gesichtet worden seien. Die Bundespolizei sei avisiert und werde den Tunnel begehen. Ich denke: ‚Hoffentlich knallt der nachfolgende Zug nicht in unsere Komposition.' Es ist jetzt still im Wagen. Nur ein kleines Mädchen redet ab und zu mit seinem Papa am Mobiltelefon.

Mein Zug erreicht Basel Bad Bahnhof um 19:25 Uhr und bleibt dort stehen. Für die Weiterreisenden heißt es nochmals umsteigen, eine Viertelstunde auf dem Bahnsteig herumstehen, und dann im hinter uns herfahrenden Zug nach Zürich Platz nehmen. In Basel SBB geht meine Reise um 19:50 Uhr zu Ende, knapp drei Stunden zu spät. Ein Prosit auf die Deutsche Bahn AG!

Deutschland im Herbst 2008. At least the troubleshooting worked flawlessly.

Umgang mit widerständigen Kolleginnen und Kollegen, 2009

Welch ein Titel! Was meinen die Auftraggeber? Widerstand wogegen? Ich gehe davon aus, dass es um Schulentwicklung geht, denn sie haben *mich* gebeten, Stellung zu nehmen, und ich bin ein Schulentwickler.

Schulentwicklung heißt, *neue Dinge in die Wege zu leiten.* Das hat mit Lernen zu tun. Deshalb scheint mir angebracht, aufzuzeigen, wie ich es mit Lernen halte. Schulentwicklungslernen gehorcht anderen Gesetzen als das übliche Schullernen. Es geht um *Problemelösenlernen* und nicht um Problemlösungen zu lernen. Es soll deutlich werden, dass *Schulentwicklungslernen* mit *Gefühlen* und *Werten*, in unserem Fall mit dem *Dreigestirn Höflichkeit–Respekt-Selbstverantwortung* zu tun hat und *deshalb technokratisch nicht erfolgreich* sein kann. Die *Lernkultur* einer Schule muss sich ändern, wenn *Schulentwicklung erfolgreich* sein soll. Schulentwicklung funktioniert dann, wenn ein Kollegium ‚Selbstverantwortetes Lernen' zu seiner Sache macht, zunächst für sich selbst und dann für die Schüler*innen.

Ich beginne mit zwei selbst erlebten Lehrbeispielen:

Beispiel 1:
eine Lehrveranstaltung im Jahre 2004 in einer Schule in England, die ich als Schüler erlebt habe. Die Lerngruppe setzte sich aus acht Frauen und drei Männern zusammen: zwei Deutsche, zwei Französinnen, drei Japanerinnen, ein Japaner, eine Liechtensteinerin, eine Schweizerin und ich. Ein älterer Lehrer hatte sich zum Ziel gesetzt, uns in die Geheimnisse der englischen Sprache einzuführen. Viel Geschichte, Sprachfluss und Sprachrhythmus, die höfliche Art, Missfallen auszudrücken. Er wusste sehr viel und er ließ uns das auch deutlich spüren. Er redete ununterbrochen, anderthalb Stunden lang, so lang, wie eben die Lektionen dauerten. Wir durften lediglich erraten, welches Wort er gerade auf den Lippen hatte. Er deutete dies mit rasch wiederholten, durch die Lippen gestoßenen Press-, Zisch- oder

vollmundig formulierten Vokallauten an. Er malte Strichzeichen an die Wandtafel, wenn einer falsch riet, sodass schnell das Bild eines Männchens am Galgen entstand, was unsererseits mit gequält gepresstem Lachen quittiert wurde. Unverhofft fand ich mich in der Rolle eines Schülers wieder und erlebte ein Wechselbad der Gefühle. Einerseits war interessant, was er z.B. über die Einpfundmünzen zu berichten wusste, andererseits empfand ich das untätige Dasitzen in zunehmendem Maße als langweilig, ermüdend, demütigend und sein Verhalten als respektlos. Ich begann, den Unterricht zu protokollieren. Hier ein kleiner Auszug:

Der Lehrer spielt den Clown. Er marschiert grimassierend durch den Raum. Dann äfft er die Japanerinnen nach, weil sie Ausspracheschwierigkeiten haben. Sie können den Konsonanten R kaum aussprechen. Die Wandtafel ist vollgeschrieben, ungeordnet, verwirrend. Der Lehrer gibt einen Stapel Blätter in die Runde. "Please, take one and pass the rest!" „Sind diese Blätter für uns?, fragt eine. "That's for you!" Er betont "you" und zieht das Objekt in die Länge. „Sie können Marmelade drauftun", sagt er dann. Gequältes Lachen in der Runde. Es ist die kleine Form des Lächerlichmachens, dieses homöopathisch-ironisierende Vergiften der Lernatmosphäre unter gleichzeitig persönlicher Anstrengung der Lehrperson, die es sichtbar gut machen will. Nur – diese Anstrengung erreicht mich nicht, geht an meiner Art zu lernen vorbei. Ganz anders bei den Französinnen. Die finden den Unterricht amüsant und lehrreich. Jetzt singt der Lehrer zur Melodie eines gregorianischen Chorals "Have you got a different opinion?", und tritt damit den Katholiken in der Runde zu nahe. So geht es weiter, anderthalb Stunden lang Musik von vorne, ohne eine einzige sinnvolle Aktivität für uns Schüler. Es ist ein gutes Beispiel, aus Schülersicht zu erleben, wie schwierig es ist, eine Klasse gut zu unterrichten, das Potenzial der Schüler zu wecken, zu locken, zu entwickeln, zu stärken. Da lacht wieder eine, übertrieben laut und langandauernd auf eines seiner Späßchen. Wir lassen uns dies alles gefallen. Was sind Menschen für absurde Wesen.

„I love dentists, but I hate what they do", sagt der Lehrer. Viele lachen, die meisten beteuern, dass ihnen der Unterricht gefalle. Aber in der Pause bleibt der Lehrer allein.

Nach wie vor gilt, was Fritz Bohnsack 1979 als Standardsituation von Schulen wie folgt formuliert hat: „Das Grundproblem von Schule, nämlich als institutionalisiertes Zwangssystem der Belehrung die deklarierten Ziele einer Erziehung zur Selbstverantwortung zu verhindern, ist ungelöst." Ungelöst? JA! denn mit diesem Typus Lehrperson kriegen Sie es zu tun, wenn Sie die Lernkultur Ihrer Schule ändern wollen. Er denkt strukturkonservativ und ist in der Regel gegen jede Änderung.

Beispiel 2:
Besuch der Steuergruppe eines Gymnasiums im Januar 2008 in einem anderen Gymnasium in Stuttgart. Zweck: Erfahrungen sammeln, wie

‚Freie Stillarbeit' (FSA) funktioniert.

Die Schule wirkt aufgeräumt. Nichts liegt am Boden, die Anschlagbretter sind übersichtlich, PCs stehen entlang dem Fensterbrett in einem der Bibliothek vorgelagerten Durchgang, offensichtlich zur freien Verfügung. Der Schulleiter empfängt uns und führt uns in einen extra für Besucher vorgesehenen Raum. Schmale Schülertische sind zu einem Rechteck zusammengestellt. Wir nehmen auf den Stühlen rund um das Viereck Platz. Der Schulleiter setzt sich ans obere Ende. Im Plauderton erzählt er, wie FSA organisiert wird und wie sie funktioniert. Dann erteilt er uns den Auftrag, uns während der Besichtigung der FSA für ein Thema zu entscheiden und das entsprechende Material mitzunehmen, um es nachher im Besucherraum zu bearbeiten.

Beim Betreten der Freien Stillarbeitszone überkommt uns eine große Ruhe. Sieben Schulzimmertüren stehen offen. Sie führen alle auf den Gang, den wir soeben betreten haben. Dort sitzen auch vereinzelt zu zweit Kinder am Boden. Es scheint sich um Beratung und Hilfestellung, also nicht um Flucht und Wegtauchen zu handeln. In den Schulzimmern arbeiten jeweils 25–30 Kinder der Klassen 5 und 6. In jeder Klasse sitzt vorne eine

Lehrkraft, allerdings nicht als Aufpasserin, sondern als letztinstanzliche Ratgeberin. Die Schüler arbeiten konzentriert an ihren eigenen Themen und Programmen. Ein schwerbehinderter Junge im Rollstuhl arbeitet mit seinem Laptop am Programm ‚Bunte Welt der Insekten'. Ab und zu flüstern zwei miteinander, aber es ist sowohl in der Mimik als auch in der Gestik der Kinder nichts Aufgezwungenes festzustellen. Das Arbeitsmaterial macht offensichtlich Sinn, die Aufgaben können bewältigt werden. Die FSA-Stunde endet ohne Pausenglocke. Wie von Zauberhand berührt, lösen sich die Kinder von ihren Aufgaben, reden miteinander, tragen sich in den Organisationsplan an der Seitenwand ein und legen die Arbeitsmaterialien ins Regal zurück. Alle Arbeiten der Kinder werden regelmäßig durchgesehen, allerdings nicht, um sie zu benoten, sondern um festzustellen, ob die Aufgaben verstanden wurden. Wenn nötig gibt es entsprechende Hinweise zur Wiederholung einer Arbeit.

Zurück im Besucherraum erfahren wir von der Konrektorin, dass in den drei fünften Klassen die Klassengröße 29 Schüler*innen betrage. Mehr hätten wegen der Größe der Schulzimmer keinen Platz. Jährlich werden in der Regel 87 Schüler*innen neu aufgenommen, *bei über 300 Anmeldungen.*

Nun sollen wir unser mitgebrachtes Material durcharbeiten, um einen Eindruck dafür zu kriegen, welche Anforderungen die didaktisch aufbereiteten Materialien an die Kinder stellen. Dann ist die Konrektorin weg und wir sind allein. Nun passiert bei uns dasselbe wie vorhin bei den Kindern. Es wird still im Raum. Alle arbeiten an ihren Themen. Ich habe mir den ‚Zirkus Syntaki' vorgenommen. Es geht um Satzglieder, und ich erfahre als Erstes, was ein Prädikat ist. Es folgt ein Lückentext, wo Verben aus einem Angebot am Ende des Textes ausgewählt und nunmehr konjugiert eingesetzt werden sollen. Später folgen Aufgaben zum Subjekt. Ich habe den Eindruck, dass diese Aufgaben von einem Fünftklässler zu bewältigen sind, ja sogar Spaß machen. Allerdings müssen die Materialien zuerst hergestellt werden, was wohl nur pädagogisch interessierten Lehrkräften Spaß machen dürfte. Mir scheint es aber eine sinnvolle Aufgabe, weil die Materialherstellung die

Lehrkräfte herausfordert, sich in das intellektuelle Auffassungsvermögen und – vielleicht noch wichtiger – in die psychische Verfassung eines Fünftklässlers hineinzudenken. Dies ist eine wichtige Voraussetzung dafür, junge Menschen zu verstehen. Wer dies tut, wird sich über die Zuneigung der jungen Menschen freuen dürfen.

Die Konrektorin, die plötzlich wieder da ist, gibt uns einige interessante Hinweise. Sie sagt, die Inhalte der FSA würden zu 80% aus Stoff bestehen, der im normalen Unterricht nicht behandelt würde. In der Mathematik sei z.B. die gesamte Geometrie in die FSA ausgelagert worden. Natürlich würden auch diese Materialien mit Lernkontrollen geprüft. Es sei wichtig sicherzustellen, dass ein Schüler nicht alle seine Prüfungen auf den Schluss des Schuljahres verschiebe. Da die Schüler den Zeitpunkt der Überprüfung selbst festlegen könnten, sei seitens der Lehrer *Achtsamkeit* notwendig. Und genau dieses Sichkümmern gefällt mir an dieser Schule so gut. Auf die Frage, wer denn heute zum alten System zurückkehren möchte, sagt sie in trockener Kürze: „Niemand!“

„Wie ist die Schule zu diesem Geist des Lernens gekommen?“ „Das erste Mal“, so der Schulleiter, „haben wir es 1988 probiert. In den sechs nachfolgenden Jahren, in denen auch eine Erkundungsphase in befreundeten Schulen eingebaut war (Stichwort: Bodenseeschule), reifte die Einsicht, dass wir das vielleicht wollen sollen.“ Ein harter Kern von Lehrkräften hat sich gebildet, die einen Vorschlag erarbeiteten, wie die Umsetzung aussehen könnte. Eine knappe Mehrheit hat sich dann dafür ausgesprochen. Mit 21 Stimmen dafür, einer Gegenstimme und ganz vielen Enthaltungen wurde Zustimmung beschlossen. Darauf haben zwei bis drei Kollegen der Schule den Rücken gekehrt. Die Schule begann mit Klasse 5. Die Herstellung der Materialien erfolgte in den Fachschaften. Die Korrekturarbeit sei höher als vorher.

„Wozu ist das gut, was Sie machen?“ „Wir machen es nicht“, so der Schulleiter, „damit wir die Schüler besser im Griff behalten, dass wir weniger zu tun haben, dass die Schüler das beste Abitur des Landes machen. Wir sind eine katholische Schule, d.h. Morgengebet, Gottesdienste, es muss sich im Alltag tendenziell abbilden, was wir glauben. Der Schüler soll wissen, dass man aufmerksam auf ihn ist. Wir haben Schüler zwischen zehn und 19 Jahren. Wir prägen sie stark in einer Zeit, wo sich ein Kind zum lebensfähigen Erwachsenen entwickelt. Ein Schüler erhält bei uns die Chance, sich zu entwickeln. Natürlich kann sich nur etwas entwickeln, was immer schon da war. Unsere Aufgabe ist, zu gucken: Was ist im Schüler drin? Dazu muss man die jungen Menschen mögen."

Zur Materialherstellung sagt er: „Die Logistikarbeit am PC inklusive Intranet sind im Wesentlichen in der Hand eines Kollegen. Die Handarbeit, d. h. das eigentliche Herstellen der Materialien, erfolgt in den Sommerferien mit einem Jahr Vorlauf. Dafür gibt es eine Deputatsstunde Entlastung pro Lehrkraft. Die Sachkundelehrer sind am meisten gefordert, am wenigsten die Fremdsprachenlehrer. Unsere Erfahrung ist, dass sich auf diese Art deutlich bessere Ergebnisse erzielen lassen als durch den üblichen Unterricht, sowohl für die Schüler als auch für die Lehrer. Man ist gemeinsam unterwegs und stellt sich immer wieder die Fragen: „Was wollen wir? Was halten wir für sinnvoll? Was ist möglich?"

Das zweite Beispiel verdeutlicht, was Schulentwicklung bewirken kann.

Zurzeit arbeite ich als Coach mit einem deutschen Gymnasium. Ich berate den Schulleiter und seinen engsten Mitarbeiter in Schulentwicklungsfragen, nachdem ich vorher drei Jahre lang mit dem ganzen Kollegium dieser Schule gearbeitet habe. *ZIEL war und ist die Veränderung der Schulkultur durch innovative Massnahmen.* Das allerdings lässt sich mit dem bewährten wirtschaftlichen Führungsmodell (1. möglichst schnell, 2. möglichst reibungslos, 3. möglichst direkt) nicht realisieren. Schulen stellen keine Kühlschränke her. Sie haben es mit lernenden Menschen zu tun.

Meine aktuelle Zielsetzung für einen Schulentwicklungsprozess lautet deshalb wie folgt:

Nach 3 Jahren Aufbauarbeit sind Sie so weit, dass Sie das Geschick Ihrer Schule zu *Ihrer* Angelegenheit machen.

Zu diesem Zwecke

- *muss* der Schulleiter lernen, auf gewisse Zuständigkeiten zu *verzichten* (z.B. Leitung der Gesamtkonferenz) und gleichzeitig in zunehmendem Maße *Leadership* zu praktizieren (neue Dinge in die Wege leiten, angstarm kommunizieren).
- *müssen* die Lehrkräfte lernen, auf jegliche Beschämung und Schuldzuweisung untereinander und den Schülern und Schülerinnen gegenüber zu *verzichten* und gleichzeitig in Arbeitsgruppen die bedrängenden Probleme zu *klären.*
- *müssen* die Schülerinnen und Schüler lernen, ihre guten Gedanken in Erwachsenenarbeitsgruppen einzubringen und zu *vertreten.*
- *müssen* die Eltern lernen, ihre Anspruchshaltung zu *reduzieren* und gleichzeitig *zum Wohle der Schule mitzuarbeiten.*
- *muss* die vorgesetzte Behörde, insbesondere die Schulverwaltung, lernen, auf kleinliche Reglementierung zu *verzichten* und gleichzeitig die Schule an der langen Leine zu *führen.*
- *muss* der externe Begleiter lernen, den Problemknäuel dieser Schule zu *entwirren*, d.h.
  - ⇨ passende *Arbeitsstrukturen* zu schaffen und *Komplexität* zu reduzieren
  - ⇨ ein *Kommunikationsmuster* (Chairmanship, Ruth C. Cohn) zu praktizieren, das den Beteiligten erlaubt, sich in die Augen zu schauen,
  - ⇨ sich gleichzeitig in zunehmendem Maße *entbehrlich* zu machen.

Dies gelang bis dato mit folgenden Maßnahmen: Der große Wust an Verbesserungsvorschlägen und Beklagenswertem wurde auf zwei Maßnahmen reduziert: Vereinfachung der 13 verschiedenen Konferenzen dieser Schule und Erarbeitung eines Leitbildes. Das erste Projekt war relativ einfach, was bedeutete, dass es von mir als Externem geleitet werden konnte. Das Zweite stellte sich als hochkomplex heraus, was bedeutete, dass nunmehr aus systemtheoretischen Gründen der Schulleiter die Führung übernehmen musste und ich in die Rolle des Coaches wechselte.

Die Komplexität ergab sich u.a. aus der Tatsache, dass wir nicht einfach ein schönes und wohlformuliertes Leitbild aufschreiben konnten – was Lehrer ja gut können und auch gerne tun –, sondern dass es vielmehr darum ging, zuerst konkrete innovative Maßnahmen in die Wege zu leiten und umzusetzen und erst dann den Text des Leitbildes zu verfassen.

Diese UMSTELLUNG bereitete dem Kollegium erhebliche Mühe, weil die Kollegen und Kolleginnen es eben gewöhnt waren, in ihrem Unterricht deduktiv vorzugehen: am Anfang die Regel, die Definition. Hier nun war das Gegenteil verlangt, induktiv zu verfahren: am Anfang die Erfahrungen des Einzelnen. Genau das haben wir hingekriegt. Der Auslöser war der Besuch des oben erwähnten Gymnasiums in Stuttgart. Er erfolgte auf Veranlassung des Schulleiters, was ich als deutliches Zeichen werte, dass er den Schulentwicklungsprozess zu *seiner* Sache gemacht hatte. Weitere Lehrkräfte wollten auch nach Stuttgart fahren und ließen sich vom Gesehenen und Gehörten anstecken. An einem Pädagogischen Tag wurde beschlossen, FSA an der Schule einzuführen. Parallel dazu kam für die älteren Schüler/innen das Projekt ‚Vernetzter Unterrich'. Beide Projekte sind auf gutem Wege, weil sich u.a. zeigt, dass *eine neue Schulkultur dann gelingt, wenn sich auch die Kommunikation ändert.*

Ach ja, der Titel dieses Aufsatzes: Wie Sie sehen und hoffentlich auch bemerkt haben, war von widerständigen Kollegen nicht die Rede. Sie fragen sich vielleicht, weshalb? Darauf antworte ich mit einer gänzlich unpädagogischen, weil militärischen Gegenfrage: „Wo setzen Sie die Reserve ein, wenn der Angriff an einem Flügel stockt und am anderen gut vorankommt?" – Ja eben: Die Reserve, in unserem Fall die *Energie* wird dort eingesetzt, wo's vorangeht!

Lieber Paul M., 13.03.2009,

Nun ist es also so weit. Du gehst in Pension. Damit verliert das ULEF seine Seele, vielleicht auch den guten Geist. Deinetwegen haben wir unsere Ferien umgebucht und können so an deiner Verabschiedung teilnehmen. Ursprünglich wollte ich einige Worte zu deinem Abschied sagen, zumal wir zwanzig Jahre zusammengearbeitet haben. Als ich feststellen musste, dass dies als unangebrachte Einmischung in die nun herrschende Ordnung empfunden wird, habe ich darauf verzichtet. Deshalb werden meine Frau und ich nur als teilnehmende Gäste anwesend sein. Stattdessen hier nun schriftlich Folgendes:

Die zwanzig Jahre, die ich mit dir zusammenarbeiten durfte, waren die schönsten meines Berufslebens. Schon bald nach meinem Amtsantritt merkte ich, dass ich in dir einen Bruder im Geiste gefunden hatte. Am wichtigsten war mir der unternehmerische Aspekt meiner Aufgabe. Neue Dinge in die Wege zu leiten, war mir wichtiger als die Diskussion erziehungswissenschaftlicher Studien. Gleich zu Beginn hast du mich darauf aufmerksam gemacht, dass mein Vorgänger – Guido H. – ein Auftragsbuch geführt habe. Ich solle mir doch überlegen, ob ich es nicht gleich halten wolle. Mir leuchtete dein Vorschlag sofort ein. So haben wir denn gleich zu Beginn meiner Tätigkeit die Grundlage für eine Erfolgsstory geschaffen, die mancherorts mit Erstaunen zur Kenntnis genommen wurde und zum folgenden von Charles L. formulierten Feedback deiner Arbeit geführt hat:*

*„Die befragten Lehrpersonen wie Schlüsselpersonen aus dem Weiterbildungsbereich bezeichnen die innere Organisation des ULEF als perfekt und die Arbeit der ULEF–Mitarbeiterinnen als kompetent, schnell, verlässlich und auf die Anliegen der Nutzer*innen ausgerichtet. Das im Konzept formulierte Selbstverständnis als Dienstleistungsbetrieb und damit die hohe Kundenorientierung wird erkannt und in hohem Maße geschätzt*

(„sackstark, hohe Zuverlässigkeit, Superberatung, immer hilfreich und für Speziallösungen zu haben“).
Dieser Einschätzung kann sich der Gutachter anschließen, decken sich doch seine im Rahmen der Gutachtertätigkeit gemachten Erfahrungen mit denen der befragten Gewährspersonen.“

* Charles Landert, Das Institut für Unterrichtsfragen und Lehrer*innen-Fortbildung ULEF, Gutachten zur Tätigkeit 1996–1999, im Auftrag des Begleitenden Ausschusses, Zürich, 18. Juli 2000 CL.

Dieser Auszug möge dich immer wieder daran erinnern, welch großartige und nicht leicht zu kopierende Leistung du in all den Jahren erbracht hast. Das Auftragsbuch und die Aktennotizen waren die Grundlagen unserer Zusammenarbeit. Das Vertrauen war das Amalgam. Ich konnte mich in all den Jahren hundertprozentig auf dich verlassen. Du warst loyal. Dafür möchte ich dir danken. Vergessen werde ich es nie.

Nun wird eine schwierige Zeit folgen. Das brauche ich dir nicht zu sagen, das weißt du selbst. Ich habe diesen Übergang so erlebt, dass es darauf ankommt, einen neuen Sinn zu finden, ohne die täglichen Probleme und die tägliche Routine des Berufslebens. Ich bin überzeugt, dass du als lebenstüchtiger Mensch diesen Übergang schaffen wirst.

(Brief an Paul Moor, Chefsekretär ULEF, Basel, 13.03.2009)

Lieber Frédéric (Schulleitung Ecole d’Humanité, Hasliberg),

welch’ eine Überraschung! Danke vielmals für das Buch und Deinen Brief. Das Buch habe ich bereits von Hans Näf zugestellt erhalten, mich freut aber sehr, dass auch Du an mich gedacht hast.

Damals, als Du, Volker und ich zusammen einen Denkprozess in die Wege geleitet haben, was denn die Ecole eigentlich sei, was sie wolle und wie die gelebte Wirklichkeit denn aussehe, merkte ich schnell, dass ich in Dir einen Schulleiter vor mir hatte, der realistisch, mutig und organisationsintelligent war, alles Eigenschaften, die in Umbruchzeiten unabdingbar sind, und die leider bei sogenannten normalen Schulleitungspersonen kaum zu finden sind. Die sind oft verwaltungsmäßig gut, was ja auch nicht ohne ist, und sie vertrauen auf ihre sogenannten Managementqualitäten. Ein Manager will bewahren. Er konzentriert sich auf Systeme und Strukturen. Er verlässt sich auf Kontrolle. Seine Devise lautet: „Die Macht verschleißt den, der sie nicht hat." (Giulio Andreotti) Ich kenne einige Leitungspersönlichkeiten, die in diese Richtung tendieren. Die gegenwärtigen Probleme aber verlangen von den Leadern die Fähigkeit zur Entwicklung, die Fähigkeit auch, sich auf Menschen zu konzentrieren, die Fähigkeit, deren Bedürfnis nach den drei großen internen Motivatoren zu befriedigen:

„1. Die Möglichkeit, wirklich Verantwortung zu übernehmen und frei zu entscheiden.
2. Die Möglichkeit, Selbstachtung und Motivation aufzubauen.
3. Die Möglichkeit, das Gefühl zu erleben, dass man wirklich etwas beisteuern kann." (1)

All dies ist (Schul-)Managern weitgehend fremd. Wen wundert's, dass sie nicht begriffen haben, dass eine Organisation durch ihre Menschen lernt, die auf ihr Herrschaftswissen verzichten und sich austauschen, die sich regelmäßig treffen, statt sich in vertrauten Zirkeln abzuschließen, die ihre Türen offen halten, statt dahinter zu verschwinden, die Fehler machen und daraus lernen, statt sie zu vermeiden, die Feedback geben und nehmen, statt sich zu verweigern, die schließlich lebenslanges LERNEN als ihre vornehmste Aufgabe betrachten und sich entschieden dafür einsetzen.

Kurz: Schulmanager gehen an all dem vorbei. Sie haben nicht begriffen, dass es bei den jetzt anstehenden Problemlösungen

um die Korrektur eines technischen zu Gunsten eines sozialen Verständnisses von Organisation geht. Sie haben nicht begriffen, dass es um Machtteilung geht.
Du aber warst und bist ein Leader, der seinen großen Erfahrungsschatz weitergeben sollte, z. B. nach dem Sabbatical. Bedarf danach ist vorhanden, denn die durchschnittlichen Beratungspersonen bei Schulentwicklungsprozessen sind ebenfalls vom Managementvirus befallen. Leider! Leider! Leider!

Mir ist noch Folgendes durch den Kopf gegangen, als ich Deinen Brief gelesen habe: Vor einem Jahr waren Boubou (63) und ich (72) von meiner Nichte Jackie und ihrem Mann Peter, beide schon gegen 50 Jahre alt, eingeladen zu einer Bootsfahrt. Sie besitzen ein etwa zehnjähriges italienisches Motorboot, elegant und schnell, das sie in einer Werft am Obersee des Zürichsees parkiert haben. Es ist die Gegend, wo die Leute fast keine Steuern bezahlen müssen. Deshalb ist sie mit Millionären reich ‚gesegnet'. An besagtem Tag fuhren wir also los, aber anders, als ich es erwartet hatte. Peter, ein Typ à la Marcello Mastroianni, steuerte das Boot mit eleganter Gebärde äußerst sanft in die Mitte des Sees und stellte dort den Motor ab. Von Ferne grüßten die Türme von Rapperswil und auf der anderen Seite die schneebedeckten Spitzen der Glarner Alpen. Im Osten ragte der Speer sichelgleich in den wolkenlosen Himmel. Es waren nur wenige Boote auf dem Wasser. Peter und Jackie zogen ein Sonnensegel hoch und wir machten uns zum Schwimmen bereit. Das Wasser war sehr frisch. Wir umkreisten einige Male das Boot und stiegen dann über eine kleine Leiter am Heck des Schiffes in dieses zurück.
Ich wusste, das C. G. Jung am Obersee seine Schutz- und Trutzburg gebaut hatte, vieles davon mit eigenen Händen und oft ganz allein, monatelang, jahrelang. Sie ist nach dem etwa einen Kilometer entfernten Dorf Bolligen benannt und geheimnisumwittert. Peter kannte den Ort. Wir steuerten ihn an und warfen ca. zweihundert Meter vor dem kleinen Schloss den Anker. Nun hatten wir ausgiebig Zeit, miteinander zu reden. Und da geschah etwas Eigenartiges. Zum einen waren es die

drei Menschen, die mit mir zusammen auf diesem Boot waren. Sie sind alle drei ganz anders als ich, aber eben Menschen, die weder sich noch den anderen etwas vormachen mussten. Und so kam es an diesem sonnigen Tag zum wundersamen Erlebnis, dass man stark ist, wenn man sich selbst sein darf. Mein Erlebnis war aber auch, welch tiefe, gelassene Kraft von diesem See ausgeht, den ich bis dahin eher als Appendix des Zürichsees betrachtet habe, ein scheinbar überflüssiges Anhängsel, unnütz und unwichtig.
C. G. Jung baute seine Burg in der Zwischenkriegszeit des letzten Jahrhunderts. Sie kam ganz ohne die Segnungen der Neuzeit aus, kein Elektrisch, kein Badezimmer usw. Das deshalb, weil er hier allein und nur auf sich gestellt mit seinem Unbewussten experimentierte. Er wollte zu sich finden und zu sich kommen. Er war überzeugt, dass Vor-sich-selbst-Fliehen unglücklich mache, Sich-selbst-Finden aber das Glück der zweiten Lebenshälfte bedeute. Damit war er nicht weit von Rousseau entfernt, der ca. 150 Jahre früher formuliert hatte, dass Übereinstimmung mit sich selbst der einzige glückliche Zustand des Menschen sei.

In unserem Schlafzimmer hängt ein Bild, das ich 1988 gemalt habe. Zwei Männer schreiten auf einer Straße in eine ungewisse Zukunft. Beide sind gleich gekleidet. Sie unterscheiden sich aber in der Größe und im Farbton. Der Größere ist schwarz, der Kleinere grau. Der Größere hat den Kleineren an der Hand genommen. So schreiten sie einträchtig in die gleiche Richtung. Damals war ich knapp nach 50. Mir war klar, dass ich mich mit meinem Unbewussten verbünden musste, sollte die wie auch immer gefahrvolle Lebensreise lebenswert bleiben. Schon früher, nun aber erst recht, habe ich mich auf meine innere Stimme verlassen, meiner eigenen Melodie vertraut, den großen schwarzen Mann ernst genommen. Jetzt habe ich ab und an das Gefühl, dass er umgekehrt mich, den kleinen grauen Mann, ernst nimmt und mir hilft, die richtigen Entscheidungen zu treffen.
Und hier schließt sich der Kreis. Massenmenschen sagen in aller Regel JA, wenn sie NEIN sagen sollten und NEIN, wenn sie JA sagen sollten. Leader aber sagen JA, wenn sie JA meinen

und NEIN, wenn sie NEIN meinen. Sie sind realistisch, mutig und organisationsintelligent Sie sind authentisch.
Ich wünsche Dir und Fränzi, der Ecole und dem Hasliberg alles Gute.

(1) John Whitmore, Coaching für die Praxis, Frankfurt am Main

Pubertät

Schüler/in: Ich werde gesehen! ich werde gehört! Ich werde respektiert! Lehrer/in: Hinsehen und *einschreiten! Dabei locker bleiben* und *nicht lockerlassen!*

Die Sekundarstufe I hat die schwierigsten Lerner des staatlichen Schulwesens zu betreuen. Was man bei diesen Jugendlichen feststellen kann, lässt sich in drei Aussagen zusammenfassen:

- mangelnde Selbstkontrolle,
- reduziertes Urteilsvermögen,
- ungenügendes Organisationsvermögen.

Alle drei Aussagen beziehen sich auf die *Pubertät*, einem häufig als unheimlich empfundenen Prozess des NICHTMEHR und NOCHNICHT.

Bei Menschen, die professionell mit pubertierenden Jugendlichen zu tun haben, braucht es deshalb die Bereitschaft, diese auf dem Weg durch die Krise zu begleiten, damit sie dereinst ihr Leben in die eigenen Hände nehmen können.

Was heißt Krise? Krise heißt „Entscheidungssituation, Schwierigkeit, Wendepunkt“. Die *Pubertätskrise* gehört zu den *existentiellen Entscheidungssituationen.* Sie ist mit der Austreibung aus dem Paradies vergleichbar, die bei manchen jungen Menschen kaum erkennbar, bei anderen allerdings klar ersichtlich und nicht selten dramatisch verläuft.

Wer Wegbegleiter/in sein will, tut gut daran, die *langfristige Reife* und *Chairmanship* (Ruth. C. Cohn) als mögliche Resultate einer bewältigten Lebenskrise im Auge zu behalten *und* gleichzeitig auf kurzfristige Verhaltensverbesserung zu setzen. Durch Übung entsteht Gewohnheit und schließlich Verhaltenssicherheit. Es geht dabei nicht darum, eine Verhaltensänderung zu erzwingen, wohl aber darum, bei Normverletzung *einzuschreiten* und ein *Gespräch zu führen*, das des Öfteren auch ein *Streitgespräch* sein mag und als Ziel die vom Lehrkörper beschlossene *Normsetzung* zu beachten hat. Es geht um *stellvertretende Richtungsweisung.* Es geht um

- Hilfestellung zur Selbstkontrolle,
- Hilfestellung für das eingeschränkte Urteilsvermögen,
- Hilfestellung für das ungenügende Organisationsvermögen.

Sehr gut ist, wenn helfende Personen die Tugenden Selbstkontrolle, Urteilsfähigkeit *und* Organisationsfähigkeit vorleben *können, weil diese im eigenen Charakter fest verankert sind und deshalb eine verbale Intervention nachhaltig zu unterstützen vermögen.*

Wenn dies in einer Schule der Sekundarstufe I, die es vorwiegend mit Pubertierenden zu tun hat, gelingt, *leistet sie als Institution* einen *großen Beitrag zur Krisenbewältigung.* Dazu ist allerdings eine *kollektive Willensanstrengung* nötig, die auf vereinbarten Werten und Normsetzungen basiert.

Die eigentliche Schwierigkeit wird die Umsetzung der Konzepte sein. *Was nötig sein wird, ist* individuelle Disziplin *in den Diensten einer gemeinsam beschlossenen Sache.*

Wenn Sie diesen Ratschlag beherzigen, bin ich zuversichtlich, dass dies Ihrem Kollegium gelingen wird.

(Elmar Osswald, Pubertäts-Krise, 10.02.06)

Ernst R. (gest.28.09.2020), Die Grundwerte, 2011

Mein lieber Ernst,

Was ist der Sinn unseres Lebens? Ich vertraue darauf, dass sich der Sinn an Werten orientiert. Hartmut von Hentig hat zwölf Grundwerte eruiert, die ich vor zwanzig Jahren, mit meinen eigenen Gedanken angereichert habe:
***das LEBEN**, insbesondere die Fähigkeit, das eigene Leben zu leben und fremdes Leben zu erhalten, zu schützen, zu bewahren, Lebendigem und seinem Wachstum ehrfurchtsvoll zu begegnen;*
***die FREIHEIT**, die Autonomie, insbesondere die Fähigkeit, sich innerhalb bedingender innerer und äußerer Grenzen entscheiden zu können und der Glaube, dass die Erweiterung der Grenzen möglich ist;*
***die SEELENRUHE**, insbesondere die Fähigkeit, mit Gefühlen umgehen zu können, Gefühlen der Angst, der Scham, der Schuld nicht ausgeliefert zu sein;*
***die SOLIDARITÄT**, die Gemeinsamkeit, insbesondere die Fähigkeit, gemeinsam Probleme zu lösen, synergetisch zu handeln, gemeinsam statt einsam zu sein;*
***die BILDUNG**, das Wissen, insbesondere die Fähigkeit, ein Leben lang ganzheitlich zu lernen, zu denken **und** zu fühlen, wahrzunehmen **und** der Intuition zu vertrauen;*
***der FRIEDEN**, insbesondere die Fähigkeit, Konflikte gewaltfrei zu lösen, was auch heißt, dass es keine Verlierer, nur Gewinner geben kann, dass Nachgeben so wichtig wie Beharren sein kann und dass niemand sein Gesicht zu verlieren braucht;*
***die GERECHTIGKEIT**, insbesondere die Fähigkeit, die Perspektive zu wechseln, sich selbst nicht mehr als Beherrscher einer dem Menschen ‚gegenüberstehenden Natur, sondern als Teil eines größeren Lebenszusammenhanges zu sehen, der beide umgreift‘;*
***die WAHRHEIT**, insbesondere die Fähigkeit des Menschen, wahrhaftig zu sein, ‚das Selbst zu sein, was man in Wahrheit ist‘;*

die GESUNDHEIT*, insbesondere die Fähigkeit, sich angemessen und selbstverantwortlich zu ernähren und zu bewegen, den eigenen Tageslauf dem Takt des Lebens anzupassen, zur Besinnung zu kommen und bei Besinnung zu bleiben;*
die EHRE*, insbesondere die Fähigkeit, vor sich selbst zu bestehen, sich selbst zu achten, gegenüber den eigenen Fähigkeiten bescheiden und gegenüber den eigenen Schwächen nachsichtig zu sein;*
die SCHÖNHEIT*, insbesondere die Fähigkeit, Harmonien und Dissonanzen sowohl zu erzeugen als auch auszuhalten, dabei das menschliche Maß zu finden, das immer unvollkommen sein wird und ertragbar sein muss;*
die LIEBE*, insbesondere die Fähigkeit, das Leben anderer zu fördern, ohne sich dabei aufzugeben, zu vergessen.*

Der wichtigste Grundwert ist meines Erachtens das LEBEN. Das wird einem gerade am Lebensabend besonders deutlich bewusst. Es geht um die Anerkennung einer höheren göttlichen Macht, die sich menschlicher Interpretation entzieht. Es ist der Grund, weshalb ich dir zu deinem Geburtstag das Buch von Tiziano Terzani, „**Das Ende ist mein Anfang**" schenken möchte.

(R. Ernst, Geburtstag, 16.09.2011)

Lebenslauf/Nachruf für Norbert Osswald, geb. 26.01.1943, gest. 28.08.2012.

Lieber Norbert,
als Du im Kinderheim an der Bischofszellerstraße in Gossau das Licht der Welt erblicktest, fand gerade die Wende des Zweiten Weltkrieges statt. Die Deutsche Wehrmacht wurde an allen Fronten in die Defensive gedrängt und erlitt in Stalingrad die entscheidende Niederlage, die schließlich zum Ende des Krieges im Frühjahr 1945 führte. Nicht jedem Menschen ist es gegeben,

an einem entscheidend wichtigen Wendepunkt der Weltgeschichte zur Welt gekommen zu sein.

Du warst das Fünfte von sieben Kindern, ein aufgeweckter kleiner Junge, der gerne zur Schule ging und eine Besonderheit aufwies, die in späteren Jahren dein Leben maßgeblich beeinflusste: Deine ausgeprägte Lernfähigkeit über die Jahre hinweg. Als unser Vater im Frühjahr 1959 einem Herzschlag erlag, warst Du gerade mal 16 Jahre alt. Geplant war, dass Du nach der Realschule in Wil in die Kantonsschule Frauenfeld wechseln solltest. Dieser Wechsel wäre das Richtige für Dich gewesen, war aber wegen des plötzlichen Todes des Vaters nicht mehr möglich. Die Mutter stand da mit ihren sieben Kindern. Das Geld fehlte. Wir mussten schauen, wie wir mit dieser Situation zurechtkamen. So hast Du Dich für eine Bauzeichnerlehre entschieden und später am Institut für angewandte Psychologie in Zürich studiert. Du warst eben ein echter Osswald, denen eigen ist, mit schwierigen Lebensumständen zurechtzukommen.
1975 lerntest Du Tilly Schulze-Niehoff an einem Englischkurs in England kennen. Ihr habt im August 1976 geheiratet. Im März 1977 kam eure Tochter Fabienne zur Welt. Ihr seid in die niedersächsische Heimat Deiner Frau gezogen, habt zunächst in Duderstadt, dann viele Jahre in Göttingen gelebt. Es stellte sich die Frage, was und wo Du denn dort arbeiten könntest. Als Erstes hast Du Dich dem Bau von Einfamilienhäusern zugewandt, deren eines ich im Rohbau gesehen habe. Es steht in Brochthausen, unmittelbar an der damaligen Zonengrenze (ein Nachbardorf von Zwinge, ehemals DDR). Häuserbauen wurde Dir später untersagt, weil Du den dazu nötigen Berufsausweis nicht erbringen konntest. Das war schade, weil Häuserbauen Dir im Blut lag. Stattdessen habt Tilly und Du am Nikolausbergerweg in Göttingen ein Haus gekauft und gemeinsam umgebaut. Ab 1976 hast Du über Jahre weg in Tillys Arztpraxis in Göttingen die Agenda geführt, die Infrastruktur organisiert und die Patienten empfangen. Als Tilly 1983 an Brustkrebs erkrankte, kam für euch beide eine schwierige Zeit. Tilly starb 1994. Du wurdest selbstständiger

Immobilienberater und hast in den 90er-Jahren mit der ‚Göttinger Gruppe' zusammengearbeitet, einer Vereinigung von Steuerberatern und Rechtsexperten. Für sie warst Du nach dem Mauerfall vorwiegend in der ehemaligen DDR tätig. Mit Deinem Wohnmobil durchquertest Du die ehemalige Volksrepublik auf der Suche nach passenden Immobilien, die zum Kauf angeboten wurden. Das war eine interessante, aber äußerst anstrengende Arbeit (bis zu 100 Stunden Arbeitszeit pro Woche). Du hast sie mit der Dir eigenen Präzision bis Ende der 90er-Jahre erfolgreich ausgeübt. Dann eröffnete sich Dir in der Firma ‚Adams' in Göttingen ein neues befriedigendes Arbeitsfeld und blieb es bis zuletzt.
Die Angebote der Seniorenuniversität in Göttingen hast Du mit Gewinn genutzt. Du warst ein geschätzter Experte für kirchliche Baukunst und hast Dich eingehend mit der Backsteingotik in Norddeutschland und im Ostseeraum auseinandergesetzt. Dann war da noch Pu Chung, euere Hündin und bis zuletzt (sie starb 1999) Deine ganz spezielle Freundin. Sie war die gleiche Rasse und trug den gleichen Namen wie der Hund, den Du unserer Mutter schenktest.

Lieber Norbert, es muss im Januar dieses Jahres gewesen sein, als Du mich über Deine starken Rückenschmerzen informiert hast. Du versuchtest, sie mit Physiotherapie zu bekämpfen. Doch das half wenig. Im Gegenteil, die Schmerzen wurden so unerträglich, dass Du den Rat der Ärzte der Universitätsklinik suchtest. Sie punktierten Deine Wirbelsäule und fanden Krebsmetastasen. Den eigentlichen Tumor fanden sie zunächst nicht. Irgendwann ab Mitte Jahr telefonierten wir in regelmäßigem Abstand miteinander. Du informiertest mich mit zurückhaltend sachlicher Stimme über den Verlauf Deiner Krankheit. Nie warst Du wehleidig, nie hast Du Dich beklagt. Die eingeleitete Radiotherapie reduzierte Deine Rückenschmerzen. Die Bluttherapie verfehlte ihr Ziel und die homöopathischen Mittel hatten große Wirkung. Sie reduzierten von einem auf den nächsten Tag den langen verheerenden Bluthochdruck. Allerdings konnten sie gegen den Krebs nicht mehr helfen, obwohl Du die Tropfen bis zuletzt

gewissenhaft nahmst. Alle Entscheidungen hast Du selbst getroffen. Du wusstest, was Du wolltest.
Nun traten neue Probleme auf. Der Bronchialschleim in den Lungen nahm überhand und führte zu unerträglicher Atemnot. Dazu kam die übergroße Müdigkeit, die keine Erholung mehr zuließ. Zwei Tage vor Deinem Tod telefonierten wir ein letztes Mal miteinander. Hinrich, der das Telefongespräch vermittelt hatte, hielt Dir den Hörer. Du sagtest: „Hoj, Elmi." Ich sagte: „Hoj, Nörbi." Du sagtest: „Es geht nicht mehr. Ich denke, es ist das letzte Telefon." Ich sagte: „Alles Gute auf Deiner Reise." Als ich am Dienstag, 28. August bei Dir eintraf, lagst Du, liebevoll hgebettet, mitten im Esszimmer. Du lagst auf dem Bauch, der Kopf ruhte, nach links gewendet, auf Kissen. Eine leichte Decke schützte Dich. Ich setzte mich auf einen Stuhl neben dem Bett und sagte: „Hoj Nörbi, do bin i, dä Elmi." Da hoben sich Deine Mundwinkel leicht an, als ob Du lächeltest. Du atmetest schwer. Ich streichelte Deine stark ausgeprägten Handlinien mit meinen Fingerkuppen. Immer wieder setzte Dein Atem für kurze Zeit aus. Nebenan hörte ich die Stimmen der beiden Mädchen Yunalene und Mayalin und ihrer Eltern. Ich spielte mit Yunalene, die mich quicklebendig zu einem Scherenschnittspiel aufforderte und erlebte das Geheimnis von Leben und Tod, die hier zu dieser Stunde so friedvoll zusammentrafen.

Es war, als hätt' der Himmel
die Erde still geküsst,
dass sie im Blütenschimmer
von ihm nun träumen müsst'.
Die Luft ging durch die Felder,
die Ähren wogten sacht,
es rauschten leis die Wälder,
so sternklar war die Nacht.
Und meine Seele spannte
weit ihre Flügel aus.
Flog durch die stillen Lande,
als flöge sie nach Haus.

(Josef von Eichendorff)

Brief von Hartmut von H.,

Lieber Herr Osswald,
Die guten Wünsche aus Schottland aus Anlass meines Geburtstags haben mich sehr berührt. Ich selbst schreibe nur meinen (allerdings zahlreichen) Geschwistern, von denen ich weiß, wann sie geboren sind, weil wir diesen Tag Jahrzehnte hindurch gefeiert haben; die Eltern und Großeltern wurden natürlich auch bedacht; dann der jeweilige ‚einzige' Freund. Sie haben mich zweimal nach Basel eingeladen – das ist drei bis vier Jahrzehnte her – und gelegentlich sind wir uns auf Tagungen begegnet. Seither halten Sie mir ‚die Treue' – schenken mir und dem, was ich geschrieben habe, Aufmerksamkeit und können nicht wissen, wie gut mir das tut. Wenn ich (was ich nicht immer getan haben werde!) dafür auf einem halben Bogen gedankt habe, ist das ja eine Reaktion und mit Ihrer spontanen Zuwendung nicht zu vergleichen. Nehmen Sie's also hin, dass heute in großen Buchstaben DANKE schreibt: Ihr Sie herzlich grüßender Hartmut H.

(Handgeschriebener Brief vom 23.10.12)

Brief von Daniel Osswald,

Lieber Großpapa, liebe Ruth,
Ich möchte mich nachträglich noch herzlich bedanken, dass ihr meinen, für mich sehr wichtigen, 18. Geburtstag nicht vergessen habt. Umso mehr schäme ich mich, dass ich beinahe vergessen hätte, für eure Aufmerksamkeit und euer Geschenk zu danken. Es bedeutet mir sehr viel, dass selbst nach 18 Jahren der Kontakt zwischen uns aufrechterhalten bleibt und gesucht wird.

So würde es mich sehr freuen, sollten wir uns nebst dem 5.1.13 wieder einmal bei euch treffen können. Darüber würde sich auch Benjamin sehr freuen, der sich ebenfalls schon auf unser nächstes Treffen freut.

Oft denke ich über unsere Gespräche nach. Gott und die Welt, die Politik Schweiz–Europa–Amerika, der Wandel der Jugend und natürlich unsere Zukunft. Während bei dir, Großpapa, langsam die Fragen aufkommen mögen, was habe ich alles erreicht, was hätte ich anders machen können, schlicht das Reflektieren über alles Erlebte, stellt sich bei mir die Frage der Existenzsicherung. Was ist mein Ziel, gibt es Alternativen, wie gleite ich in eine sorgenfreie Zukunft?
Ich hoffe sehr, dass wir beim nächsten Mal dort fortfahren können, wo wir aufgehört haben.

So verabschiede ich mich hier und jetzt und wünsche euch alle Gute.

Grüße Daniel + Grüße der ganzen Familie

(Brief von Daniel Osswald, Enkel, und Sohn von Adrian und Madeleine Osswald Horner, wohnhaft in 9506 Lommis. Der Brief ist ohne Datum und eine Antwort auf mein Schreiben zu seinem 18. Geburtstag vom 19. November 2012.)

Lieber Daniel,
Vielen Dank für Deinen Brief. Du hast uns damit eine Freude gemacht. Ich habe Freude an jungen Menschen, die sich über ihr eigenes Menschsein Gedanken machen und ihr Geschick in die eigenen Hände nehmen wollen. In der Tat geht es darum, sich in jungen Jahren die Frage zu stellen, wie denn die eigene Existenz zu sichern sei. Heute wissen wir, dass es diese Sicherheit nicht gibt, dass es deshalb darum geht, ein ganzes Leben lang lernfähig zu bleiben und das **nie** *zu vergessen oder sogar sein zu lassen.*

„Alles leben ist Problemlösen!“, hat Karl Popper, ein berühmter Philosoph, sehr einfach und eingängig formuliert. Die gängigste Form des Problemlösenlernens ist das Lernen in und an Projekten, wo die Zusammenarbeit darüber entscheidet, ob ein Problem gelöst werden kann.

Trotzdem bleibt eine wichtige Frage für junge Menschen, wofür man sich denn eignen könnte, was man denn werden sollte, um

1. *in diesem Leben zu bestehen und*
2. *an der eigenen Wahl auch noch Freude zu haben.*

Dafür scheint es zwei grundlegend verschiedene Verhaltensmuster zu geben. Das Erste vertraut auf die Karriere. Menschen, die diesen Weg wählen, wollen etwas erreichen. Sie vertrauen auf das gute Erfüllen von Anforderungen, die von außen an sie gestellt werden. Ihnen sind die ‚Noten' wichtig, die Zustimmung ihrer Umwelt, die Belohnung für erbrachte Leistungen. Dieses Muster ist in unseren Breitengraden sehr verbreitet.
Das zweite Verhaltensmuster vertraut auf die innere Stimme, die einem den Weg weist. Der wichtigste Vertreter dieses Weges ist Sokrates, der Urvater der westlichen Philosophie. Menschen, die dieses Verhaltensmuster wählen, wollen etwas bewirken, sie vertrauen sich selbst und wandeln Niederlagen in Siege um. Wichtig ist ihnen die Ehre, also die Fähigkeit, vor sich selbst bestehen zu können. Ihre Belohnung sehen sie in gelebten Grundwerten, die ihr Leben bereichern: Liebe, Leben, Freiheit, Seelenruhe, Solidarität, Bildung, Frieden, Gerechtigkeit, Wahrheit, Gesundheit, Schönheit und eben Ehre.

Ich habe den zweiten Weg gewählt. Ich lege diesem Schreiben mal bei, was ich bei meiner Pensionierung beim Abschieds-Apéro und in zwei Interviews gesagt habe.
Nun lieber Daniel, da gäbe es noch viel zu sagen und zu schreiben. Am besten machen wir das doch wie schon begonnen. Wir laden Dich und Benjamin zu uns ein und vereinbaren das am 5. Januar, wenn eure ganze Familie zu uns kommen wird.

Bis dann liebe Grüße und alles Gute zu Weihnachten und Neujahr,

Großpapa

Dem dauernden Weiterlernen verpflichtet …
Elmar Osswald verlässt das ULEF 2001

Elmar Osswald, seit 1981 Vorsteher des Instituts für Unterrichtsfragen und Lehrerinnen- und Lehrerfortbildung Basel (ULEF), tritt Ende November in den Ruhestand. Sein Wirken fiel in eine Zeit, die geprägt war von tiefgreifenden Veränderungen im Bildungswesen, allem voran der Basler Schulreform. Viele Fortbildungskurse, welche während seiner Zeit am ULEF angeboten wurden, haben weitherum große Beachtung gefunden. In einem Gespräch mit dem Basler Schulblatt stellte sich Elmar Osswald den Fragen zu seiner Vergangenheit am ULEF und wagte auch einen Blick in die Zukunft.

Interview: Thomas H.

Basler Schulblatt: Herr Osswald, wieviel Fortbildung braucht der Mensch?
Elmar Osswald: Ich glaube, das ist verschieden. Dort, wo bei einem Menschen von der Anlage her schon viel vorhanden ist, braucht es weniger, dort, wo von der Anlage her nicht so viel da ist, mehr. Im Sinn von permanentem Weiterlernen ist herauszufinden, wie groß der individuelle Lernbedarf ist. Dieser sollte aber überprüft werden an gewissen Standards, die der Partner – in unserer Arbeitswelt der Schulerhalter – stellt. Dieser hat einen Anspruch darauf, dass die Qualität der intellektuellen *und* sozialen Leistung seiner Mitarbeiter*innen hoch ist.

Schulblatt: Fortbildung steht also im direkten Zusammenhang mit Qualität?
Osswald: Fortbildung im Berufsleben ist stark mit Qualität verbunden. Zusätzliche Fortbildung, welche sonst noch gemacht wird, wirkt sich unterschiedlich aus, ist aber sicher gut. Oft wird dann Fortbildung dort gemacht, wo die persönlichen Stärken liegen und demzufolge ein persönliches Erfolgserlebnis leichter zu erreichen ist.
Schulblatt: Während der Zeit als Vorsteher des ULEF, sind Ihnen dort eher Berufsleute oder Individualisten begegnet?

Osswald: Ich sehe die Lehrkräfte einerseits als Berufsleute, die gewisse Standards einfach so beherrschen müssen, wie das in jedem anderen Beruf auch üblich ist:

1. Fachliches Wissen situationsgerecht anwenden können,
2. methodisches Wissen situationsgerecht einsetzen können,
3. sich situations- und personengerecht verständigen können,
4. ein realistisches Selbstbild besitzen und die eigene Person wirkungs- und rücksichtsvoll sowie aufgabengerecht zum Einsatz bringen können. Anderseits müssen die Lehrkräfte *unterrichten* können und das ist gar nicht so einfach, wie viele Leute meinen. Die menschliche Seite ist ebenso wichtig, wenn eine Lehrperson ihren Beruf auf Dauer mit Erfolg ausüben will. Ich würde nie dafür plädieren, dass nur die Professionalität zählt!

Schulblatt: Stimmt es, dass das ULEF wenig Fachfortbildung anbietet?

Osswald: Ja, das stimmt und es lässt sich auch begründen. Aufgrund einer Budgetkürzung im Jahre 1992 wurde hier am ULEF die Fortbildung neu konzipiert. Damals wurde klar, dass das Zentrum des Lernens von Lehrerinnen und Lehrern in Zukunft im Schulhaus sein wird. Wenn wirklich Schulentwicklung betrieben werden soll, dann muss miteinander auf produktive Art kommuniziert werden. Dazu braucht es in aller Regel ein Umlernen, da es sich zeigt – nicht nur in Basel – dass die übliche Kommunikationsform in vielen Kollegien erwiesenermaßen nicht unbedingt dazu führte, dass die Probleme besser gelöst werden konnten. Es brauchte also ein neues Instrument, nämlich das APT (Arbeitsplatzbezogenes pädagogisches Trainingsprogramm), das zum Ziel hat, das selbstverantwortliche Handeln des Individuums im Rahmen einer wohlwollenden Gruppe zu stützen und zu fördern. Das war über Jahre hinweg ein innovativer Schwerpunkt des ULEF, welcher sich als sehr erfolgreich erwiesen hat.

Schulblatt: Ist das APT Ihr Liebkind?

Osswald: Das APT war die Speerspitze der inneren Reform. Es handelt sich bei diesem Angebot um ein Zehnwochenprogramm, welches nirgendwo sonst angeboten wird. Wir werden um dieses Programm sehr beneidet.

Schulblatt: Über die Kantons- und Landesgrenzen hinaus?
Osswald: Ja.

Schulblatt: Ist das den Behörden und den Lehrkräften auch bewusst?
Osswald: Ich glaube nicht. Ich glaube eher, dass es als selbstverständlich betrachtet wird.

Schulblatt: Macht Ihnen das zu schaffen?
Osswald: Nein, das ist so! Der Mensch ist so! Wenn er etwas auf sicher hat, so ist es für ihn selbstverständlich. Wenn er es aber vergleicht mit anderem, dann ist es schon nicht mehr so selbstverständlich. Wenn er es nicht mehr hat, dann ist es überhaupt nicht mehr selbstverständlich!

Schulblatt: Besteht die Gefahr, dass APT nach Ihrem Weggang vom ULEF nicht mehr angeboten wird?
Osswald: Das kann ich nicht einschätzen. Es ist in der Regel so, dass alle, die eine solche Dienststelle leiten, dieser ein Gesicht verleihen wollen, das nicht nur durch die eigene Meinung geprägt ist, sondern mit den Kunden zusammen erarbeitet werden muss. Es ist eine komplexe Situation – verglichen mit einem Hausbau, bei welchem die Architektin oder der Architekt die Meinung der Bewohner*innen auch einfließen lassen muss, da es ansonst kein gutes Haus wird. So gibt es unverwechselbar neue Gesichter. Das ist auch richtig so und es ist denkbar, dass es auch hier im ULEF ein neues Gesicht geben wird.

Schulblatt: Vor kurzem ist Ihr Buch „In der Balance liegt die Chance" erschienen. Wurde es geplant zum Abschluss der Karriere als ULEF-Vorsteher oder zum Beginn einer neuen Lebensphase?

Osswald: Es ist beides! Ich bin dem dauernden Weiterlernen in meinem Leben hochverpflichtet gewesen. Das hatte immer damit zu tun, dass etwas zu Ende gegangen ist und etwas Neues angefangen hat. Im Buch wird das Bisherige aufgearbeitet und gleichzeitig bedeutet es für mich auch bereits einen Schritt ins Neue hinein. Für mich ist es klar, dass es in diesem Sinne weitergehen wird, denn ich habe nicht im Sinn, nur noch den Hund spazieren zu führen!

Schulblatt: Was wissen Sie noch von Ihrem ersten Arbeitstag im ULEF?

Osswald: Nichts! Rein gar nichts! Ich habe keine Ahnung mehr, was an diesem Tag geschah. Ich weiß nur noch – das muss ich aber ablesen –, was ich damals für Ziele gehabt habe. (Steht auf und hängt hinter dem Vorhang ein gerahmtes Bildchen ab, lacht und liest vor …)

Es sind elf Ideen:

1. Kontaktgespräche führen und dann Entscheide fällen.
2. Den kleinen Personalbestand des ULEFs nicht überfordern, aber dessen Erfahrungen und Ideen für neue Vorhaben nutzen.
   Beides habe ich gemacht!
3. Führungsinstrumente wie Projektgruppen oder autonome Arbeitsgruppen erhalten, beziehungsweise neue schaffen.
4. Orientierende Übersichten vermitteln.
   Habe ich auch gemacht!
5. Theoretiker und Praktiker an bestimmten Vorhaben zusammenführen.
   Das waren vor allem die verschiedenen Kongresse in den 80er-Jahren.
6. Anschluss an die außerschulische Welt suchen.
7. Die Umwelt in die Schule hineinführen.
   Wir hatten eine Zeitlang einen engen Kontakt mit Wirtschaftsstellen. Das ist dann im Rahmen der Schulreform in den Hintergrund getreten.

8. Der Lehrer ist Schlüsselfigur in der Schulreformdiskussion – ohne ihn können Reformen im Schulwesen nicht verwirklicht werden.
   Das war und blieb mir über die Jahre weg immer sehr bewusst.
9. Interessierte Gremien an der Fortbildung beteiligen – Einzelinitiativen unterstützen.
   Das habe ich beides gemacht! Wobei ich die Einzelinitiative in hohem Maß unterstützt habe.
10. Der Verschiedenheit von Fortbildungswünschen Rechnungtragen.
    Das ist auch geschehen, außer, dass ich den fachdidaktischen Teil vernachlässigt habe. Ich habe früher am Seminar in Liestal Allgemeine Didaktik unterrichtet, habe auch gesehen was fachdidaktisch gemacht wird und wie wenig davon in der Schule umgesetzt wird. Mir ist es immer um das Umsetzen gegangen. Ich wollte vor allem mithelfen, die Wirklichkeit zu verbessern.
11. Die Information über geleistete Arbeit beachten.
    Es gab den Infoservice des ULEF. Das war also damals und davon ist heute noch vieles gültig.

Schulblatt: Das war nun eine Qualitätsüberprüfung Ihrer Arbeit!
Osswald: (lacht …) Ja, das war eine interne Selbstbeurteilung. Das, was aber in der Zukunft eine Rolle spielen wird, ist die *Qualitätsverbesserung im Unterricht* der einzelnen Schulen und Schulhäuser. Solche Qualitätsverbesserungen und -sicherungen sind heute ‚en vogue' – nur wird Verschiedenes unter Qualität verstanden. Ich meine es sowohl pädagogisch wie auch didaktisch, nicht ökonomisch.

Schulblatt: Gibt es ökonomisch nichts zu verbessern?
Osswald: Es gibt einen großen ökonomischen Anteil. Die ganzen administrativen Abläufe müssen optimiert werden, damit die Schulhausleitungen nicht so viel Zeit für Arbeiten verwenden, die in kurzer Zeit zu machen wären.

Schulblatt: Und im pädagogisch-didaktischen Bereich?

Osswald: Im pädagogischen, psychologischen und im *didaktischen* Bereich muss es ein Bedürfnis werden, dass das Kerngeschäft der Schule – der Unterricht – sich verbessert. Nicht nur für Einzelne, sondern für alle, damit sich daraus so etwas wie ein standespolitisches Bedürfnis entwickelt. Es geht um das Image unseres Berufsstandes *und* es gilt eine Form der Überprüfung zu finden, welche auch einer individuellen Verbesserung dient.

Schulblatt: Wie soll das geschehen?

Osswald: Sicher nicht mit einem normativen Fragebogen, wie er zurzeit im Kanton Zürich benützt wird, der die Lehrperson in ein Prokrustesbett zwängt und deshalb absurd ist. So kann Qualität nämlich nicht verbessert werden – das Gegenteil wird damit erreicht.

Lernen ist viel komplexer als etwa die Herstellung eines Gegenstandes. Der Gegenstand lässt sich wortlos gefallen, dass er bearbeitet wird. Beim Lernen ist sehr unsicher, ob es zu einer produktiven Zusammenarbeit zwischen Lehrperson und Kind kommen kann. Ein Kind kann sich dem Anspruch des Lernens verweigern, Erwachsene können das auch. Deshalb sind beim Geschäft des Lehrers – dem Lernen – das Kind und seine Eltern genauso mitverantwortlich für den Erfolg. Auch lernt das Kind in der Schule nicht allein, sondern im Kollektiv, und das bedeutet eine nochmalige Erhöhung der Komplexität. Da muss auch der Schulerhalter die Verantwortung mittragen, damit organisiertes Lernen überhaupt funktionieren kann. Es ist das Gebot der Stunde, dass alle mithelfen *müssen*, damit es besser wird. Qualitätsverbesserung darf auf keinen Fall mit untauglichen Maßnahmen verhindert werden.

Schulblatt: Ihr Schlusswort?

Osswald: Ich habe zwanzig Jahre in Basel-Stadt gearbeitet, vorher zwanzig Jahre in Baselland und noch einige Jahre im Kanton St. Gallen. Dabei ist mir aufgefallen, dass in der Stadt Basel die Schulreformdiskussion schon immer im Gang war, wo an anderen Orten in dieser Hinsicht noch Grabesruhe herrschte. In Basel wurde in dieser Zeit bereits wild über Bildung und Schule diskutiert. Das habe ich damals sehr reizvoll gefunden, dass sich so viele Leute über das Schulwesen Gedanken machten. Es gibt aber einen merkwürdigen Gegensatz in dieser Stadt: Für den sogenannten musealen Teil von Basel, also die Museen etc., werden, wie ich höre, mehr finanzielle Mittel zur Verfügung gestellt als für das Schulwesen. Wenn das stimmen sollte, wäre es doch sehr wünschenswert, dass mehr Geld ins ‚Lebendige' fließen könnte! Beides ist ja im gleichen Departement zu Hause.

(Interview Basler Schulblatt, 20.11.01)

Für Elmar Osswald anlässlich seiner Abschiedsfeier vom 28. November 2001 Hier, wo man steht

Den Jünglingen, die zum ersten Mal zu ihm kamen, pflegte Rabbi Bunam die Geschichte von Eisik, Sohn Jekels, in Krakau zu erzählen. Dem war nach Jahren schwerer Not, die sein Gottvertrauen nicht erschüttert hatten, im Traum befohlen worden, in Prag unter der Brücke, die zum Königsschloss führte, nach einem Schatz zu suchen. Als der Traum zum dritten Mal wiederkehrte, machte sich Eisik auf und wanderte nach Prag. Aber an der Brücke standen Tag und Nacht Wachtposten, und er getraute sich nicht zu graben. Doch kam er an jedem Morgen zur Brücke und umkreiste sie bis zum Abend. Endlich fragte ihn der Hauptmann der Wache freundlich, ob er hier etwas suche oder auf jemanden warte. Eisik erzählte, welcher Traum ihn aus fernem Land herbeigeführt habe. Der Hauptmann lachte: „Und da bist Du armer Kerl mit Deinen zerfetzten Schuhen nach Prag gepilgert, nur um einem Traum zu gefallen? Ja, wer den Träumen traut! Da hätte ich mich ja auch auf die Beine machen müssen, als es mir einmal im Traum befahl, nach Krakau zu wandern und in der Stube eines Juden, Eisik, Sohn Jekels sollte er heißen, unterm Ofen nach einem Schatz zu graben. Eisik, Sohn Jekels! Ich kann's mir vorstellen, wie ich drüben, wo die eine Hälfte der Juden Eisik und die andere Jekel heißt, alle Häuser aufreiße?" Und er lachte wieder.

Eisik verneigte sich, wanderte heim, grub den Schatz aus und baute das Bethaus, das Reb Eisik Reb Jekels Schul heißt.

Chassidische Geschichte,
gesammelt und aufgezeichnet von Martin Buber

Die Geschichte sagt: Es gibt etwas, das man nur an einem einzigen Ort finden kann. Es ist ein großer Schatz. Man mag es die Erfüllung des Daseins nennen oder wie auch immer. Wichtig ist aber, dass der Ort, an dem dieser Schatz zu finden ist, der Ort ist, wo man steht.

Man kann die Metapher auf den einzelnen Menschen beziehen und auf die einzelne Schule.

Auf die Entwicklung unserer Schulen übertragen heißt das: Der Schatz an Ideen für die Schulentwicklung findet sich unter dem Ofen der einzelnen Schule – dort, wo wir arbeiten. Man muss den Schatz, der in den Menschen liegt – in den Lehrkräften, in den Schülerinnen und Schülern, die dort arbeiten – heben – gemeinsam statt einsam. Das ist Schulentwicklung pur: Schulentwicklung, die die einzelne Schule zum Nukleus der Entwicklung unserer Bildungssysteme erklärt. Schulentwicklung ist nicht delegierbar: Die einzelne Schule als Systemeinheit, als Wirkungseinheit, als lernfähiger Organismus, als Basis von Entwicklungs- und Veränderungsprozessen. Das ist nicht nur Schulentwicklung pur, sondern auch Elmar Osswald pur.

Allerdings: Die chassidische Geschichte sagt uns auch, dass man vielleicht einen Umweg machen muss, bis man den Schatz findet, einen Umweg über die Karlsbrücke in Prag, dass man gleichsam den fremden Blick braucht, bis man den Ort, wo man steht, entdeckt. Ist es verfehlt, unter dem fremden Blick auch und vor allem Fortbildung zu verstehen?

- Fortbildung kollegiumsbezogen, weil wir den Schatz unter dem Ofen der Schule gemeinsam heben müssen.
- Fortbildung, die das macht, was jede gute Bildung macht: Das Fremde, das Neue zumuten.

Fortbildung ist der nötige Umweg über die Karlsbrücke zum Goldschatz unter dem eigenen Ofen.

(Hans Georg Signer, Leiter Ressort Schulen, Erziehungsdepartement Basel–Stadt, November, 2001)

Lieber Hans Georg,
Kaum sitze ich am Schreibtisch – am Tag danach – möchte ich dir danken.
Deine Würdigung meiner Person und meiner Arbeit hat mich berührt. Ich war und bin der Meinung, dass der Mensch nur „jene Gesetze befolgt, die er sich selbst gibt" (J. J. Rousseau). Deshalb ist Demokratie so wichtig heute, nicht nur als Staatsform, sondern als Lebensform in den Institutionen, in den Schulen.

Ich war und bin der Meinung, dass „NPM in Schulen", „Schulen mit Profil", „Teilautonome Schulen", also all diese Projekte scheitern werden, wenn dieser einfachen Aussage von Rousseau nicht Folge geleistet wird. Deshalb heißt die Devise für heutige Leader, die Mitarbeitenden zur Selbstleitung zu befähigen und sie dann ihre Arbeit tun zu lassen.

Dir wünsche ich viel Erfolg in deinem schwierigen politischen Job. Aber du hast ja mehrfach bewiesen, welch politische Begabung du bist.
Alles Gute, lieber Hans Georg,
und Salut gen Himmel,
Elmar Osswald

(Brief an Hans Georg Signer, Basel, 19.11.01, ein Tag nach meiner Verabschiedung.)

Handout Abschieds-Apéro, 28.11.01, ULEF

Lehrer aus Leidenschaft
Ich wollte nicht so sehr etwas erreichen, ich wollte etwas bewirken.
Ich profitierte von einer glücklichen Konstellation mehrerer Umstände.

- *Ich kam 1981 aus BL, war frisch und nicht verbraucht durch die hartgeführte Schulreformsdiskussion der 70er-Jahre in BS.*
- *Ich konnte etwas Neues beginnen, unternehmerisch tätig sein und niemand hat mir das verboten.*
- *Die Kongresse der 80er-Jahre waren wichtige Wegmarken für die innere Reform der Basler Schulen.*
- *Ich hatte in Hans Gygli* einen wichtigen Verbündeten zur Durchsetzung von APT als Langzeitfortbildung von Kollegiumsgruppen.*
- *Ich konnte bei APT auf Kursleitungspersönlichkeiten zurückgreifen, von denen ich wusste, dass sie spitze waren und sind.*
- *Die äußere Schulreform, der Umbau der Sekundarstufe I zur Orientierungsschule in den 80er-Jahren, fiel zusammen mit der Erkenntnis, dass ALFB das Mittel sein wird, diese Reform wirkungsvoll umzusetzen.*
- *Die Globalisierung Anfang der 90er-Jahre und die damit zusammenhängende Verwaltungsreform förderte die Bemühungen des ULEF, die Autonomie von Lehrpersonen, Kollegien und Schulen zu unterstützen.*
- *Dies alles war nur möglich, weil das Basler Schulwesen durchdrungen war und ist von einem liberalen Geist, dem Erbsenzählerei und Reglementierungswut abhold ist. Dass ich so arbeiten konnte, war ein Glücksfall. Deshalb habe ich zu danken:*
- *einer Stadt, die mir im Laufe der Jahre lieb und teuer geworden ist;*
- *einem Bildungswesen, das in meinen Augen am Ende des letzten Jahrhunderts die richtigen Veränderungsschritte eingeleitet hat;*
- *Schulleitungen und Kolleginnen und Kollegen, die mir im Laufe der Jahre mit immer größer werdendem Vertrauen begegnet sind;*
- *den Kindern dieser Stadt, die dank ihrer Multikulturalität ein überragendes Vitalitätspotenzial aufweisen;*

- *Kursleitern und Kursleiterinnen von FKA, APT, ALFB, die zum guten Ruf des ULEF entscheidend beigetragen haben;*
- *einem ULEF-Team, das unter Leitung von Paul Moor zu einem effektiven und effizienten Dienstleistungsbetrieb geworden ist;*
- *den Menschen dieser Stadt, die – wie sonst nirgends in der Schweiz – die große Fähigkeit haben, mit einem Augenzwinkern zu leben und*
- *einem Erziehungsdirektor und seinem Stab, die dank einem klugen Führungsstil vertrauensbildend wirken und lösungsorientiert handeln.*

Ich verabschiede mich mit drei Wünschen für unser Bildungssystem:

1. *Die Macht teilen.*
2. *Gemeinsam statt einsam.*
3. *In der Balance liegt die Chance.*

* Dr. Hans Gygli, Rektor Gymnasium Bäumlihof, Altphilologe und in der damaligen Schweizerarmee Oberst im Generalstab.

(Osswald, Text Abschieds-Apéro im ULEF; November, 2001)

Wissen, Können und auch Wollen?

Mit großem Interesse habe ich den Beitrag von Regina Kuratle im Basler Schulblatt 2013/08 gelesen. Angesichts eines so nie dagewesenen und sorgfältig vorbereiteten Umbruchs im Staatschulwesen des Kantons Basel-Stadt schreibt jemand an verantwortlicher Stelle, was **Kompetenzorientierung** bedeuten soll. Ich frage mich, was dieser Beitrag bezweckt. Soll er einen Beitrag leisten, Klarheit zu schaffen, was mit Kompetenzorientierung gemeint ist? Soll er MUT machen, sich der neuen Herausforderung zu stellen? Oder soll er etwas bewirken, das ich nicht erkannt habe? Mir kam beim Lesen ein Schlüsselsatz des französischen Maréchal Foch in den Sinn: „De quoi s'agit-il?" Worum geht es eigentlich?

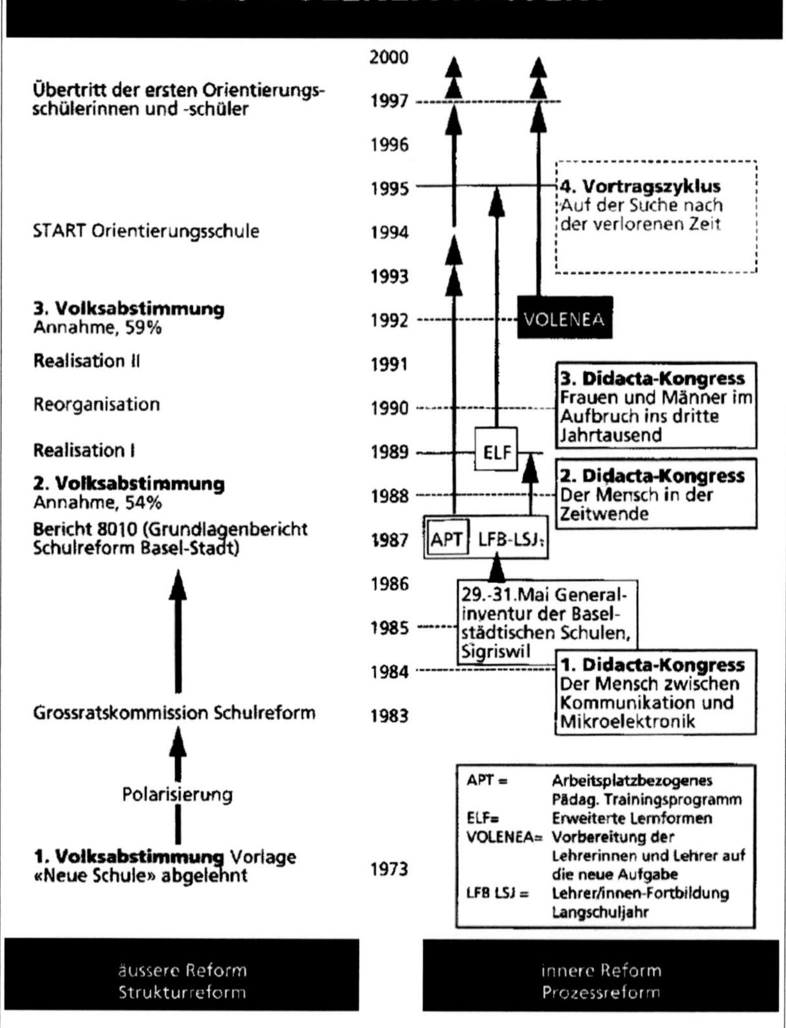
Schulreform Basel-Stadt
DAS VOLENEA-PROJEKT
2000
Übertritt der ersten Orientierungs-schülerinnen und -schüler
1997
1996
1995
4. Vortragszyklus
Auf der Suche nach der verlorenen Zeit
START Orientierungsschule
1994
1993
3. Volksabstimmung
Annahme, 59%
1992
VOLENEA
Realisation II
1991
3. Didacta-Kongress
Frauen und Männer im Aufbruch ins dritte Jahrtausend
Reorganisation
1990
Realisation I
1989
ELF
2. Volksabstimmung
Annahme, 54%
1988
2. Didacta-Kongress
Der Mensch in der Zeitwende
Bericht 8010 (Grundlagenbericht Schulreform Basel-Stadt)
1987
APT
LFB-LSJ
1986
29.-31.Mai General-inventur der Basel-städtischen Schulen, Sigriswil
1985
1984
1. Didacta-Kongress
Der Mensch zwischen Kommunikation und Mikroelektronik
Grossratskommission Schulreform
1983
Polarisierung
1. Volksabstimmung Vorlage «Neue Schule» abgelehnt
1973
APT = Arbeitsplatzbezogenes Pädag. Trainingsprogramm
ELF= Erweiterte Lernformen
VOLENEA= Vorbereitung der Lehrerinnen und Lehrer auf die neue Aufgabe
LFB LSJ = Lehrer/innen-Fortbildung Langschuljahr
äussere Reform
Strukturreform
innere Reform
Prozessreform

Wenn es in einer ersten Phase der Umgestaltung des Basler Schulwesens darum ging, die Rahmenbedingungen der Neuorientierung zu formulieren, so darf festgestellt werden, dass dieser erste schwierige Teil der Reform geglückt ist. Wenn es nun in einer zweiten Phase darum geht, die Neuerungen im Schulwesen des Kantons Basel-Stadt zu implementieren, darf vermutet werden, dass damit **die eigentliche Herausforderung** auf die Verantwortlichen und die Betroffenen zukommen wird. Beide Teile der Reform sind zutiefst schulpolitische Vorgänge. Wenn aber die Politik ins Spiel kommt, also das Spiel von Menschen mit Macht und Machtverteilung, muss – wenn Erfolge erzielt werden sollen – die Sprache möglichst einfach sein. Und das ist **nicht** die Wissenschaftssprache, wie sie Frau Kuratle in ihrem Beitrag verwendet. Mit intellektuell ausgewogenen Sätzen kann man im günstigsten Fall Menschen von der Notwendigkeit des Wandels überzeugen; Menschen **bewegen**, diese Einsichten auch umzusetzen, kann man kaum.

Dazu wäre die einfache und auch vereinfachende Politsprache nötig, die, in Verbindung mit symbolischen Handlungen der Leadpersonen, die Herzen der Betroffenen erreicht, ihnen **MUT** macht. Beispiele dafür gibt es: Margaret Mead, Winston Churchill, Eleonore Roosevelt, John F. Kennedy, Henry Guisan, Papst Johannes der XXIII., Martin Luther King. Gerade am Bespiel von Margaret Mead lässt sich zeigen, dass diese Sprache nicht den höchsten Politämtern vorbehalten bleiben muss.

Wem nützt also die um sich greifende Wissenschaftssprache, wie sie neuerdings im Zusammenhang mit der Verbesserung der Unterrichtsrealität um sich greift? Meine Antwort ist: Sie nützt weder den Lehrkräften, die angesprochen sind, weil sie die Komplexität erhöht, statt verringert, noch den Schülerinnen und Schülern, den letztlich Betroffenen. Sie nützt höchstens jenen, die diese Sprache benützen und pflegen in der trügerischen Hoffnung, in der großen Wissenschaftsfamilie endlich ernst genommen zu werden.

Guter Unterricht stärkt das Selbstvertrauen

Die Lehrperson steht in Kontakt mit sich selbst, mit ihrer Sache und mit den Lernenden. Die schönste Beschreibung der Notwendigkeit dieses Sachverhalts liefert Epiktet, dargestellt an seiner Sache, der Philosophie:

„Das Wichtigste. Der erste und wichtigste Teil der Philosophie ist ihre Anwendung im Leben, wie zum Beispiel, dass man nicht lügt. Das Zweite sind die Beweise, z. B. warum man nicht lügen soll. Das Dritte ist die Begründung und scharfe Untersuchung der Beweise selbst, z. B.: Woraus ergibt sich, dass dies ein Beweis ist; was ist überhaupt ein Beweis, was eine Frage, was ein Widerspruch; was ist wahr und was ist falsch? Das Dritte ist wegen des weiten nötig, das Zweite wegen des Ersten. Das Notwendigste aber bleibt das Erste, und bei ihm soll man verweilen. Wir aber machen es gewöhnlich umgekehrt. Wir verweilen bei dem dritten Teil, und all unser Eifer gilt diesem, während wir den ersten Teil ganz außer Acht lassen.“ (1)

Das liest sich – in die heutige Zeit versetzt – wie folgt: „Ich schaue meinem Sohn zu. Mit glühenden Wangen ging er ins Gymnasium, gut drei Jahre lang. Jetzt glühen die Wangen nicht mehr. Es fehlt die geistige Nahrung. Es fehlen Fantasie, Realitätsbezug, Passion der Wissensvermittlung – nicht durchgehend, aber die weißen Inseln der Langeweile wachsen weiter. Ich gebe Ihnen ein Beispiel. Auf dem Münsterplatz (zu Basel) findet die kirchliche Friedenskonferenz statt. Was für ein Stoff! Kaiser Heinrich, Rudolf von Habsburg, das Basler Konzil, die Hussiten, Isaak Iselins Geschichte der Menschheit, die Revolutionsfeier auf dem Münsterplatz, der Basler Frieden des Peter Ochs, die sozialistische Internationale – nichts dringt durch die Mauern. Die Herren im Lehrerkollegium sind beschäftigt mit internen Positionskämpfen und Reformpapieren. Das Ungenügen, Schulstoff und somit Bildung mit dem tatsächlichen Weltgeschehen vor der Tür zu verknüpfen, wird nicht einmal gesehen, die ‚Aurea Mediocritas‘ feiert Urstände. Man kann nur noch nachlesen, wie Gymnasiasten vor 100 Jahren einem

Jacob Burckhardt, vor 50 Jahren einem Alfred Hartmann oder Karl Meuli gelauscht haben. Gegen diesen Skandal erhebt sich keine Stimme." (2)

Was ist „Lebendiges Lernen"? „Lebendiges Lernen" heißt in Kontakt mit sich zu sein, mit der Sache und den Menschen. Es scheint, dass die einschlägigen Wissenschaften systematisch davon wegführen, dass sie die Komplexität erzeugen, die sie bekämpfen sollten. „Lebendiges Lernen" ist die Umkehrung des bisherigen Lehrverständnisses, ist das „Zurück-zu-den-Wurzeln" und das Verknüpfen von Gegensätzen. Methodisch gesehen ist „Lebendiges Lernen" das inhaltlich Einfache und das verfahrungsmäßig Differenzierte. Das übliche Lehren ist inhaltlich zu komplex und verfahrungsmäßig zu einfach. Beides hängt eng mit der Lehrer*innenpersönlichkeit zusammen. Nach C. G. Jung „ist die Persönlichkeit dann gesund und integriert, wenn sie einander entgegengesetzte Kräfte wie männliche Aggressivität und weibliche Sensibilität innerhalb sich selbst in der Balance hält". (3) Die Lehrer*innenpersönlichkeit sollte deshalb über ein Methodenrepertoire verfügen, das diesem Bild entspricht: Vortrag UND Coaching, Lehrgespräch UND Projektmethode, „das Definieren und Entschlüsseln von Begriffen UND intuitives Erfassen von Bildern, Gedächtnis UND Erraten, Erfinden, Erhoffen". (4)

(1) Epiktet, Handbüchlein der Moral, herausgegeben von Heinrich Schmidt, neubearbeitet von Karin Metzler, Alfred Kröner Verlag, Stuttgart, 1984/11.

(2) Markus K., Publizist und Historiker, in einem Brief an Elmar Osswald zur Basler Schulreform, 19. April 1990.

(3) Philip G. Zimbardo, Psychologie, bearbeitet und herausgegeben von Siegfried Hoppe-Graff und Barbara Keller, Springer Verlag, Berlin Heidelberg, 1974/5.

(4) Hartmut von Hentig, Kreativität, hohe Erwartungen an einen schwachen Begriff, Carl Hauser Verlag, München und Wien, 1998.

Boubous 70. Geburtstag, Basel, 13. Juli 2015

Mein lieber Boubou,

Kürzlich waren wir in Môtiers, einem kleinen Ort im Val de Travers, wo ich wohl nie hingekommen wäre ohne deine Neugier, die dich immer dann überfällt, wenn du findest, unsere Beziehung hätte einen kleinen Tritt in den Hintern verdient. Etwas Neues zu entdecken, zu erwandern, zu erfahren ist dir immer wieder wichtig in deinem und in unserem Leben. Anlass war die ‚Art en Plein Air', die dort alle vier Jahre zur Durchführung kommt und diesmal vom 20. Juni bis 2. September 2015 dauert. Ich bin leider nicht so neugierig, ich bin ein Bücherwurm. So muss ich mich jedes Mal, wenn du mit einem neuen Vorschlag kommst, richtiggehend aufraffen, mein Bündel zu packen, um auf Tour zu gehen. Wir sind einmal mehr aufgebrochen. Die Fahrt mit dem ICN von Basel nach Neuchâtel war schön. Hier zeigte sich speziell deutlich eine Besonderheit unseres Landes, der so unproblematisch scheinende Wechsel der Landessprachen Deutsch und Französisch. Wir fuhren zunächst durch das Laufental, das bis über Laufen hinaus deutschsprachig ist, dann aber unverhofft ins Französische wechselt. Delémont, der Hauptort des Kantons Jura, gibt sich an Geist und Angesicht schon sehr Französisch. Nach dem Tunnel von Moutier kommt man nach Grenchen im Schweizer Mittelland, wo Deutsch gesprochen wird. Später in Biel/Bienne sind beide Sprachen heimisch. Neuchâtel, die Hauptstadt des gleichnamigen Kantons, wiederum ist sehr Welsch, sowohl sprachlich als auch in der Art, wie gebaut wird.
In Neuchâtel wechseln wir den Zug und machen mit einer neuen Zugskomposition Bekanntschaft. In gemächlicher Fahrt geht es über Auvernier, Noiraigue, Travers, Couvet nach Môtiers. Mir fällt die unaufgeregte Art der Menschen auf, ein wenig wie aus einer anderen Welt. Ich werde ganz entspannt, friedlich und friedfertig. Jetzt sind wir im französischsprachigen Jura, wo offenbar andere Gesetze gelten als in anderen Gegenden der Schweiz. Eher Kontemplation denn Zielorientierung. Der Absinth ist hier heimisch. Môtiers präsentiert sich uns mit wunderbar hingesetzten

Gebäuden, herrschaftlichen Anwesen und ehemaligen Bauernhäusern entlang einer überdimensioniert breiten Grande-Rue, einer Art Allee, die zum Flanieren einlädt. Mittendrin ein Container, wo wir die Tickets zur Ausstellung kaufen können. Die Ausstellung umfasst 61 Kunstwerke, die scheinbar planlos in der Natur und in Gebäuden dieses einzigartigen Ortes Platz fanden. Gleich zu Beginn, hinter dem Container, steht in einem Innenhof eine Eisenplastik von Etienne Krähenbühl, ein großartiges Quadrat voller Rost und Sonne, auf einem Bein stehend; eine Skulptur, die physikalische Gesetze herausfordert und exakt zu diesem Innenhof passt. Diese Eisenplastik trifft mich mitten ins Herz, macht mich hellwach und präsent. Ich bin angekommen.
Und so geht es mir während der ca. dreistündigen Wanderung immer wieder, jedes Kunstwerk belebt und drängt zu neuen Entdeckungen, auch dann noch, wenn der Weg steil wird, hinauf zur Buvette. Dieses dauernde Zuführen neuer Energie gleicht einer Art Perpetuum mobile, einer permanenten Selbsterneuerung, die mich nicht ermüdet, sondern stärkt.

Meine Frau Boubou, 2020

Und je länger ich es bedenke, desto klarer wird mir, dass dieser Rundgang ganz und gar unserem Leben gleicht. Auch mein Zusammensein mit dir, das nunmehr seit 34 Jahren andauert, ist begleitet von Glücksgefühlen, vom Frieden der Seele, immer wieder angestoßen und herausgefordert durch deine Lebensfreude, deine unglaubliche Fähigkeit, mit Menschen jeglicher Art in Kontakt zu treten, deiner Verzagtheit, deiner Strenge, deiner zupackenden Art und Lebendigkeit. Als ich vor 34 Jahren zu dir nach Basel zog, war ich am Ende meines Lateins. Dir gelang es, ähnlich dieser wunderbaren Ausstellung in Môtiers, mich immer wieder zurückzuführen ins Leben, ins Aushalten von Gegensätzen, von Spannungen, von Glück.
Wir fahren zurück nach Basel. Ich lasse meine Seele baumeln, überwältigt vom Erlebten und vom Glück, das ich empfinde, wenn ich an unser gemeinsames Leben denke. Ich danke dir, dass ich mit dir zusammen sein darf. Deshalb aufs Neue, und hoffentlich noch für lange Zeit ‚Salut gen Himmel!' sowie herzliche Gratulation zu deinem 70. Geburtstag,

Dein Jogy

Dienen–Leben–Durchhalten, 2014

An der Eidgenössischen Abstimmung vom 18. Mai 2014 hat das Volk wohl zum ersten Mal eine Armeevorlage abgelehnt. Die Mehrheit der Wählenden will den „Gripen" nicht. Damit ist, so scheint mir, eine ganz neue Lage entstanden, die dazu dienen könnte, sich grundsätzlich zu besinnen und zu handeln.

Wohin steuert die Schweiz in dieser Umbruchzeit? Aus aktuellem Anlass steht die Armee im Fokus. Wie war das damals? Im Zweiten Weltkrieg lautete die Devise für die Soldaten der kriegführenden Mächte: Töten und Sterben! In der Schweiz setzte General Guisan andere Akzente: Dienen–Leben–Durchhalten! Es galt, die Schweiz und ihre Werte zu verteidigen.

Dienen

Dienst zu leisten war selbstverständliche Pflicht für alle Männer des Landes. Jene, die gesundheitliche Probleme hatten, waren hilfsdienstpflichtig. Die eigene Kompanie, Batterie, Schwadron war der Ort, wo man sich zugehörig fühlte. Auf die eigene Waffengattung waren viele stolz.

Leben

Nicht Sterben stand im Vordergrund, sondern Leben. Überleben, heil aus diesem Wahnsinn herauskommen. Deshalb genügte die auch in der Schweiz verbreitete Sichtweise nicht, dass die Aufgabe des Soldaten Töten und Sterben sei. Auf Anordnung des Generals wurde eine Organisation geschaffen, die sich ‚Heer und Haus' nannte. Es ging darum, den Wehrwillen der Truppe auf Dauer hochzuhalten. Als diese Organisation auf Drängen des Bundesrates in die Bundesverwaltung integriert werden sollte, setzten Guisan und sein Stab alles daran, sie unter ihrer Kontrolle zu behalten, was gelang.

Durchhalten

Guisan ordnete viele und im Laufe des Krieges immer länger dauernde Manöver in immer größer werdenden Szenarien an, die u. a. den Zweck hatten, das Durchhaltevermögen der Truppe herauszufordern, zu prüfen und durchzusetzen. Kameradschaft war kein leeres Wort. Die gemeinsam erbrachte Leistung wurde gewürdigt. Vielerorts entstanden Freundschaften, die die Militärdienstzeit weit überdauerten.

Alle drei Maximen hatten die Funktion, die moralisch-geistige Widerstandskraft des Volkes nachhaltig zu beeinflussen und zu fördern. Da diese militärischen Verhaltensweisen wie selbstverständlich in allen Landesteilen gleichermaßen gepflegt wurden, hatte die Armee den zusätzlichen Effekt, das Land zusammenzuhalten, was sie ganz selbstverständlich zu einer wichtigen und bejahten Institution machte. Nach dem Krieg wirkte dieser Geist lange Zeit nach.

Heute stelle ich fest, dass dieser Geist der gegenwärtigen Armee abhandengekommen ist. Dienen–Leben-Durchhalten sind zu Worthülsen verkommen oder haben mangels Masse keine nachhaltige Wirkung mehr. Eine Institution aber, der der Geist abhandengekommen ist, kann man nicht verändern, man kann sie höchstens verschlimmbessern (was in den vergangenen Jahren geschehen ist) oder aber radikal verändern. Meines Erachtens muss das heute mit der Schweizer Armee geschehen, soll sie denn in aktuellen und zukünftigen Bedrohungslagen des Landes bestehen können.

Mein Vorschlag ist: Nehmt den Fokus von der Armee weg und schafft ein neues Gebilde, von dem die Armee ein Teil ist. Schafft einen Dienst unter einem Dach für das Land, den ***alle*** jungen Menschen ohne Ausnahme leisten müssen. Besoldung, Dienstdauer und Disziplin sollen vergleichbaren Anforderungen genügen. Teile dieses Dienstes können die Armee, der Zivildienst, ein Katastrophen-Korps, ein international tätiges Swiss Peace Corps, ein nationaler Dienst für Alte und Gebrechliche usw. sein. Hört auf, diese landesnotwendigen, weil gemeinschaftsstiftenden Dienste herabzuwürdigen, in Frage zu stellen, zu umgehen, abzuschaffen. Lasst stattdessen den Satz ***‚Was tue ich für mein Land?‘*** zu einer neuen Selbstverständlichkeit werden. Lasst uns damit ***jetzt*** beginnen, damit wir in 30 Jahren sagen können, die Schweiz schaffte den nicht zu vermeidenden Paradigmenwechsel hin zu einer Identität, die von Hoffnung, Bescheidenheit und Durchhaltewillen geprägt ist. Die Soldaten unserer Armee aber könnten sich ganz auf jene Aufgabe vorbereiten, die auch heute jede ernst zu nehmende Armee tun muss, nämlich im Ernstfall zu töten und zu sterben.

Elmar Osswald, Basel

Elmar Osswald (1936) war Vorsteher des Instituts für Unterrichtsfragen und Lehrer*innenfortbildung (ULEF) des Kantons Basel-Stadt. Im Militärdienst war er Kdt a. i. Gren. Kp. 34 (1964-1966), Kdt. Gren. Kp. 34 (1966-1970), Kdt. Gren. Kp. I/8 (1973-1983).

Gren. heißt Grenadiere. Die Grenadiere sind die Elitetruppe der Schweizer Armee.

Dienen-Leben-Durchhalten, ASMZ, 18.12.14.

Lebenslauf/Nachruf für Niklaus Osswald, geb.21.03.1944, gest. 18.10.2005

Am 21. August dieses Jahres orientierte uns Chläus per E-Mail wie folgt über seinen Gesundheitszustand: „Meine Lieben. Vor ca. sechs Jahren erkrankte ich an der sehr seltenen Krankheit Morbus Whipple, von der ich mich nach Einnahme von Medikamenten eigentlich wieder sehr gut erholte. Seit März dieses Jahres zeigte sich wiederum eine komische Krankheitserscheinung bei mir, die sich in geschwollenen Wasserfüßen zeigte. Obwohl sich das Krankheitsbild ganz anders äußerte als das letzte Mal, wurde wiederum Morbus Whipple von zwei Ärzten diagnostiziert. Da ich aber andauernd starke Schmerzen hatte, wurde Prof. Krause vom Spital Münsterlingen in die Angelegenheit einbezogen. Vergangene Woche wurde ich einer sehr anstrengenden Daueruntersuchung unterzogen und für Prof. Krause war es am zweiten Tage schon klar, dass es sich nicht um einen Whipple handle bei mir. Nach einer Woche sehr mühsamer Untersuchungen kam schließlich der Hammer: Lungenkrebs. Mit diesem Schreiben beabsichtige ich, dass am Fest von Cyrill nicht ich zum Hauptthema werde."

Lieber Chläus, einige Tage nach dieser Mitteilung, am 28. August 200 feierten wir Cyrills 65. Geburtstag in Wilen, und Du warst mit Deiner ganzen Familie dabei. Wir haben viel ausgetauscht, gelacht, gegessen, einen Spaziergang gemacht. Deinen Wunsch haben wir respektiert. Du hast auf Deine Stille Art Anteil genommen. Du benahmst Dich wie immer an unseren Familienfesten, die ja meistens von Dir organisiert wurden.

Auf meinem Schreibtisch liegen zwei Fotos von Dir. Das eine zeigt Dich an besagtem Fest. Du sitzt auf einer Holzbank am Gartentisch und nimmst die letzten Korrekturen an der Schlussabrechnung vor für unser Geschenk an Cyrill, eine Handkreissäge. Dieses Geschenk hast Du zu einem Zeitpunkt besorgt, als Du von Deiner schweren Krankheit schon Kenntnis hattest. Dein Gesichtsausdruck ist voller Konzentration, liebevoll auch, ganz der anstehenden Aufgabe zugewandt. Das zweite Bild ist das älteste Bild, das ich von Dir habe, eine kleine Schwarz-Weiß-Fotografie, die unser Vater gemacht hat. Du bist etwa ein Jahr alt. Es ist Sommer 1945. Du sitzt im Sportwägelchen, umgeben von Deinen Brüdern. Die Gruppe steht auf der staubigen und völlig autofreien Landstraße, die von Gossau nach Bischofszell führt. Nur zwei Spaziergänger sind im Hintergrund knapp erkennbar. Überraschend ist, dass Du auch auf diesem Bild diesen konzentrierten, ein wenig in Dich gekehrten Blick hast, der Dir geblieben ist, ein Leben lang.

Irgendwann, wenn man 50 Jahre alt wird oder älter, stellt sich jedem Menschen die Frage: „Was habe ich aus meinem Leben gemacht?" Ich weiß, dass Du Dir diese Frage gestellt hast. Wir haben nicht darüber gesprochen. Da waren Dir Deine Frau und Deine Töchter die richtigen Gesprächspartnerinnen. Hier und jetzt versuche ich aber zu berichten, was wir sahen und hörten, und weshalb Du einen bleibenden Platz in unserem Herz gefunden hast.

Lieber Chläus, Du wurdest am 21. März 1944 in Gossau geboren. Es war Krieg. Unser Land war von Deutschland umstellt, was ich, der ich schon etwas älter war, als große Bedrohung wahrgenommen habe. Alliierte Bomberverbände überflogen die Ostschweiz fast täglich. Sie kamen von Italien her, bombardierten deutsche

Städte und flogen nach Italien zurück. In diese Welt wurdest Du hinein geboren. Du warst das sechste Kind einer Arbeiterfamilie.

Im Jahre 1968 heiratetest Du Margrit Fuchs aus Wängi. Der Ehe entsprossen zwei Mädchen, Sandra und Colette. Frau und Mann ergänzten sich in wunderbarer Weise, was wohl wesentlich zur Stabilität der glücklichen Beziehung beigetragen hat.

Nach der Volksschule absolviertest Du eine Lehre als Dreher. Von 1968–1988 arbeitetest Du bei Bühler Uzwil in der Mühlebauabteilung zunächst als Kontrolleur, dann als Chefkontrolleur. In dieser Zeit hast Du Dir viel Zusatzkönnen angeeignet, was die Firma in internen Schulungen ermöglichte. Du warst oft unterwegs in Europa, in Deutschland, Frankreich, Spanien, Dänemark, Holland. Manche Projekte dauerten bis zu drei Monate. Dir war die Endkontrolle einer neu errichteten Mühle aufgetragen. Diese anspruchsvolle Aufgabe entsprach Deinem Naturell, ohne viele Worte ganze Arbeit zu leisten, emotional stabil, freundlich und gewissenhaft. Du gingst gerne ins Ausland und Du kehrtest gerne nach Hause zurück. Wenn Deine Rückkehr auf den späten Abend fiel, blieben die beiden Mädchen wach in ihren Betten. Sie warteten auf Dich und Deine Geschenke, die Du jedes Mal mitgebracht hast.

*Als Du Dich mit der Absicht trugst, die Betriebsleitung der Firma Alinox in Eschlikon zu übernehmen, wollte Dich die Firma Bühler behalten, weil sie hochzufrieden war mit Deiner Arbeit. Trotzdem hast Du den Wechsel gewagt. Zehn Jahre später hast Du nochmals eine berufliche Veränderung vorgenommen. Du bist in die Firma Burtscher Metallbau in Schwarzenbach eingetreten und hast dort das Offertenwesen betreut. Das Betriebsklima in dieser Firma war angenehm und Du fühltest Dich wohl. Dein Verhältnis zu den Mitarbeitern und Mitarbeiterinnen war gut, und Deine Mitarbeiter*innen fanden Dich gut.*

Außerhalb dieser Tätigkeiten hast Du geholfen, Margrits Elternhaus in Wängi zu renovieren, das ihr dann im Jahr 1982 als Domizil bezogen habt. Du hast zwar ab und zu betont, immer ein

Wiler bleiben zu wollen, aber Wängi wurde Deine Heimat. Im Jahre 2002 schließlich hast Du das Waldstück ‚Im Grüt' kaufen können und viele Stunden mit Deinem Bruder Cyrill und weiteren Helfern dort verbracht. Zunächst galt es, den Verwüstungen des ‚Lothar', später dann des Borkenkäfers Herr zu werden. An Deinem 60. Geburtstag begann die Aufforstung. Die vielen Stunden, die Du in Deinem Wald und mit Literatur über den Wald verbracht hast, boten Dir einen willkommenen Ausgleich.

Lieber Chläus, wenn ich es genau bedenke, komme ich zum Schluss, dass Du das, was heute verlangt wird, in Deinem Leben praktiziert hast. Nämlich sich auf neue Situationen einstellen zu können und dabei dauernd weiterzulernen. Du warst ein Selbstlerner. Du hast vier der fünf Eigenschaften gelebt, die nach gängiger psychologischer Auffassung das geglückte Leben eines Menschen charakterisieren. Diese vier Eigenschaften lauten: 1. Emotionale Stabilität, 2. Offenheit für neue Erfahrungen, 3. Freundlichkeit, 4. Gewissenhaftigkeit. Weniger gegeben war Dir die fünfte Eigenschaft, die Extrovertiertheit, die Leichtigkeit des Kontaktnehmens mit anderen Menschen. Du warst eher in Dich gekehrt, eher introvertiert, was sich aber im Kontakt mit Deinen Kindern auf eigenartig subtile Weise ins Gegenteil veränderte. Den Kontakt zu Deiner Familie hattest Du allemal. Als Vater hast Du mich besonders beeindruckt. Ich fasse diesen Eindruck in das folgende abschließende Bild: Als die beiden Mädchen klein waren, habt ihr eure Ferien öfters auf der Petersalp bei Urnäsch verbracht. Die Alphütte beherbergte in ihrem Stall die Kühe und war im darüberliegenden Boden als Massenlager hergerichtet. Ihr habt dort im Stroh geschlafen. Wenn Colette in der Nacht aufs Plumpsklo musste, hast Du das kleine Mädchen an der Hand genommen, bist mit ihm die Stiege hinabgestiegen, hast das Kind durch den warmen Kuhstall geführt, hast e s nach erledigtem Geschäft wiederum an der Hand genommen, an den Kühen vorbeigeführt und, die Stiege hochsteigend, zum Strohlager zurückgebracht.

Lieber Chläus, dieses Bild, Deine dargebotene Hand, hat sich dem Kind unvergesslich eingeprägt. Es ist Dein Vermächtnis.

Was lässt ein Leben gelingen? Eine der wichtigsten Fragen

Mir scheint, dass zu einem geglückten Leben die Selbstfindung gehört, dass man die Person wird, die man in Wahrheit ist, den Versuchungen der reichlich vorhandenen Verführer und Verführungen nicht erliegt, authentisch ist und bleibt. Es geht darum, unterscheiden zu lernen zwischen Rollenanforderungen der Gesellschaft, um die niemand herumkommt und Chairmanship, d. h. der eigenen Wahrnehmung zu vertrauen, auf die innere Stimme zu achten, sich zu entscheiden und für sein Tun die Verantwortung zu übernehmen.

Eine Gesellschaft wie die nationalsozialistische versuchte Chairmanship auszuradieren. Sie wurde deshalb auf direktem Wege verlogen, hinterhältig, heuchlerisch.

„Wesentliche Merkmale der Heuchelei sind das Vortäuschen nicht vorhandener Gefühle oder Gemütszustände sowie das Fordern von Verhaltensformen, die selbst nicht eingehalten werden. Heuchelei in diesem Sinn wird auch als *Scheinheiligkeit* oder *Doppelmoral* bezeichnet; sie steht im Gegensatz zur persönlichen Integrität, da ein Widerspruch zwischen geäußerten und gelebten Werten besteht." (Wikipedia)

Hélène Berr, ein jüdisches Mädchen aus großbürgerlicher französischer Familie, hat bis zu ihrer Verhaftung und anschließenden Vernichtung in Auschwitz ein Tagebuch geführt, das 2009 bei Hanser unter dem Titel „Pariser Tagebuch 1942–1944" erschien. Sie schreibt (S. 278) über deutsche Soldaten: „Wahrscheinlich ist es auch so, dass sie nicht alles wissen. Das abscheuliche Merkmal dieses Regimes ist seine Heuchelei. Sie kennen nicht alle Einzelheiten dieser Verfolgungen, weil nur eine kleine Gruppe von Folterknechten und Gestapoleuten damit zu tun hat."

Dieses Vertuschen der Wahrheit hatte System. Die Wahrheit wurde systematisch ersetzt durch Heuchelei, sei es bei der gewaltigen Propagandamaschine Goebbels', der Sprache des Dritten Reiches (Klemperer), den Verlautbarungen der Medien, dem Verhalten der Systemgewaltigen, dem Privatleben der Nazieliten und deren Ehefrauen, dem Schönreden der militärischen Lage, den Urteilen der Justiz, dem Täuschen der Juden über ihr Schicksal, dem Vertuschen der Vernichtungsmaschinerie usw.

Welcher Schaden entsteht, wenn ein staatliches System auf Heuchelei baut, haben die Deutschen erlebt: die Zerstörung der meisten Großstädte, die Vertreibung aus den Ostgebieten, die Beeinträchtigung der Identität eines ganzen Volkes, die Schande, die psychischen Schäden der aus dem Krieg Heimgekehrten, aber auch der Kinder und Enkel der Täter.

Also nochmals die Eingangsfrage: Was lässt ein Leben gelingen? Um mir darüber Klarheit zu verschaffen, benütze ich als Denkschema das Wertequadrat. Positiv besetzt sind Authentizität und Liebe, negativ besetzt sind Egoismus und Heuchelei.

Ich vermute, dass ein gelingendes Leben ohne *Authentizität nicht möglich ist. Das Einzige, was der Mensch wirklich* verändern kann, ist, dass er sich selbst verändert. Man muss sich selbst auf die Schliche kommen, das werden, was man im Grunde ist. Schon Aristoteles formulierte, dass das Leben dann glücke, wenn der Mensch die Möglichkeiten verwirkliche, die in ihm angelegt seien.

Da alles Leben auf Balance beruht, braucht die Authentizität einen Gegenpol. Ich vermute, es ist die Liebe. Die Langzeitstudien von Vaillant an der Harvard-University belegen, dass zwei wesentliche Merkmale eines geglückten Lebens ‚generativity' (Ich bin, was ich bereit bin zu geben; Erikson) und ‚keeper of the meaning' (Sinnhüter) seien. Glück ist so gesehen hohe Lebenskunst. Wenn die Liebe fehlt, entartet Authentizität zu Egoismus, und wenn die Authentizität fehlt, entartet Liebe zu Heuchelei. Wenn beides fehlt, gehen Egoismus und Heuchelei einen unheiligen Bund ein. Sie können ein Leben zerstören. Wenn sich aber Authentizität und Liebe verbünden, kann Leben gelingen.

TZI (Themenzentrierte Interaktion, kurz zusammengefasst)

Scheinbar einfach, aber schwer zu lernen. Es geht nicht ‚auf die Schnelle'. Man muss sein LEBEN ändern. Wenn man das schafft, erlebt man etwas ganz Besonderes: Zufriedenheit, Lebensfreude, Tatendrang.

Besondere Tätigkeiten (alle nach 1981)

Im Anschluss an mein 1990 veröffentlichtes Buch „Gemeinsam statt einsam" wurde ich ein viel begehrter Referent und Kursleiter im In- und Ausland.

Großes Interesse fand die von mir vertretene These, dass die Schulkultur darüber entscheide, ob Schulentwicklung nachhaltig gelinge.

Ebenso interessant war meine Schilderung, dass es einer Amtsstelle (ULEF) möglich sei, die engen verwaltungsbedingten Fesseln zu sprengen und unternehmerisch tätig zu sein.

Übersicht meiner Vortragstätigkeit im Zeitraum 1993-2015 (vor zum Teil großen Gremien bis 3000 Teilnehmenden) und Schulentwicklungsseminare mit Schulkollegien der Primar-, Sekundar- I- und Sekundar- II–Stufe sowie Coaching für Schulleitungen

<u>In der Schweiz</u>:
Zürich, Bern, Luzern, Schwyz, Freiburg, Solothurn, Basel–Landschaft, Schaffhausen, Appenzell Ausserrhoden, St. Gallen, Aargau, Thurgau

<u>In Österreich</u>:
Burgenland, Kärnten, Niederösterreich, Steiermark, Tirol, Vorarlberg, Wien

In Deutschland:
Baden–Württemberg, Berlin, Bayern, Brandenburg, Bremen, Hamburg, Hessen, Mecklenburg–Vorpommern, Nordrhein–Westfalen, Rheinland–Pfalz, Saarland, Schleswig–Holstein, Thüringen

Ziel war, die individuelle Handlungsfähigkeit sicherzustellen (Chairmanship).

Schon 1989 war absehbar, dass es zu einem Paradigmenwechsel kommen würde, also zu einer Veränderung aller Lebensbereiche, auch der Schulen. Damals begann die Schulentwicklung in Basel.

CHARLIE CHAPLIN (1889-1977)

Boubou und ich nahmen den Zug nach Vevey. Ziel der Exkursion: Chaplin-Museum. Eine Freundin sagte uns, dass sich ein Besuch lohne. Seit meinen Kindertagen war Chaplin ein heimlicher Magnet, ohne dass ich mir sein Faszinosum erklären konnte. Dem wollte ich mich an diesem Tage annähern. Was geschah mit diesem Menschen, der aus der Gosse kam, in unendlicher Armut aufwuchs, weder Vater noch Mutter als wegleitende Stützen erlebte? Wer war dieser Mann, ein Mann mit seinem Spazierstöckchen, seinen unsäglichen Schuhen, seiner Melone und seinem verkommenen Outfit? Und seiner überwältigenden Wirkung auf sehr viel Menschen? Er war ein Menschenfreund, der nach drei Frauen sein Glück fand mit Oona O'Neill. Sie hatten acht gemeinsame Kinder.

Er war ein Kritiker der amerikanischen Konsumgesellschaft und ein Humanist. Zum Schaden, den diese Konsumgesellschaft anrichtete, sagte er: „The worst thing is what it has done to the children. They are being taught to admire and emulate stool pigeons, to betray and to hate – and all in a sickening atmosphere of religious hypocrisy." („Am schlimmsten aber sind die Auswirkungen auf Kinder. Ihnen wird beigebracht, die Spitzel zu bewundern und zu imitieren. Sie lernen zu betrügen und zu hassen – und das alles in einem verabscheuungswürdigen Klima religiöser Heuchelei.")

Wir verweilten etwa drei Stunden am Ort, durchstreiften den das Anwesen umgebenden Park, besichtigten das Landhaus, wo er mit seiner Frau und den gemeinsamen Kindern ab 1952 lebte – und nicht mehr wegging. Und wir hielten uns lange im Nebentrakt auf, wo seine Filme und Erinnerungsstücke in sehr ungewohnter Art im Gebäude in mehreren Etagen in die Tiefe steigend dargeboten werden. Mir schien, dass den Schöpfern dieser Anordnung wichtig war, die Besucher*innen ein bisschen in das Seelenleben dieses außergewöhnlichen Zeitgenossen blicken zu lassen. Zu zeigen, wie es möglich sein könnte, trotz äußerst ungünstigen Startbedingungen im Leben den Weg zu sich selbst zu finden und zu gehen und dabei die Erfahrung eines geglückten Lebens zu machen.

Reise in die Ukraine, Sommer 2005

In diesem Sommer waren Boubou und ich in der Ukraine. Es war eine Reise in ein unbekanntes Land. Die orange Revolution lockte uns. Was ist das für ein Volk, das ohne Blutvergießen wochenlang unter widrigsten klimatischen Bedingungen auf den Straßen und Plätzen von Kiew ausharrte, um einen Wechsel der politischen Verhältnisse zu erreichen, *Demokratie statt Diktatur, Transparenz statt Verlogenheit, Gerechtigkeit statt Korruption*? Wir wollten es wissen und buchten eine Schiffsreise, die uns auf dem Dnjepr von Kiew nach Jalta im Schwarzen Meer und zurück führte.

Unsere Reise begann schon zwei Monate vorher in der Schweiz. Wir beantragten die Visa auf der ukrainischen Botschaft in Bern und sandten die ausgefüllten Formulare samt den neuen Pässen eingeschrieben dorthin. Im Voraus bezahlten wir dafür CHF 130.-.

Nach etwa 14 Tagen kamen die Pässe und Formulare im von uns vorfrankierten Kuvert zurück. Die bearbeitende Stelle der Ukrainischen Botschaft verlangte mit einem formlosen und fehlerhaften Satz in deutscher Sprache den Nachweis, dass wir wirklich einbezahlt hätten. Ohne diesen Nachweis könne das Visum nicht erteilt werden. Ich rief die Ukrainische Botschaft an und verlangte die visaerteilende Stelle. Eine weibliche Stimme erklärte mir, dass alles kein Problem sei. In meinen Augen war das aber ein Problem. Ich verlangte den Chef. Dieser erklärte mir, dass das Geld an eine andere Stelle in der Botschaft überwiesen würde, mit der sie leider keinen ausreichenden Kontakt, zumal keine Einsichtnahme in die getätigten Einzahlungen, hätten. Deshalb hätten wir den Nachweis zu erbringen. Im Übrigen sei die Visaerteilung mittlerweile CHF 10.- teurer geworden. Wir sollten die Einzahlung dieser CHF 10.- doch mit gleicher Post erledigen. Das geschah. Wir sandten die Pässe und den Nachweis der Einzahlung und ein eingeschriebenes Rückantwortkuvert erneut eingeschrieben nach Bern.

Nach 14 Tagen kam alles unerledigt retour mit dem Vermerk, der Präsident der Ukraine, Viktor Juschtschenko, habe verfügt, dass Bürger der EU und der Schweiz vom 1. Mai bis 1. Sept. 2005 ohne Visa in die Ukraine einreisen dürften. Der einbezahlte Betrag würde zurückvergütet. Dazu hätten wir ein Postcheckkonto mitzuteilen. Auch das geschah.

Die Rückzahlung erfolgte prompt und rechtzeitig.

Gespannt waren wir nun auf den Flug und auf die Einreise. Wir wussten, dass wir mit einer ukrainischen Maschine fliegen würden, und der organisierende Reiseveranstalter hatte uns schriftlich Verhaltensmaßnahmen für die Einreise erteilt. Die Zollkontrollen seien ausgiebig und sehr sorgfältig. Man solle ohne Widerrede alles Verlangte tun. Ansonsten könne man mit Schwierigkeiten sowohl bei der Einreise als auch bei der Ausreise rechnen. Die Maschine in Kloten erreichten wir nach einem langen Weg durch beinahe leere Gänge und Räume, alles vollklimatisiert versteht sich. Der neueste Gag sind Raucherstützpunkte, kleine isolierte Gebilde. Dort können sich die Raucher wie die Affen im

Zoo bestaunen lassen. Kein Wunder, dass die Raucherstützpunkte samt und sonders unbenützt waren. Dafür war die Maschine berstend voll, beidseits der Gangway jeweils drei Plätze, bis auf den letzten Platz besetzt. Ruth und ich saßen zuhinterst, sie am Fenster, ich in der Mitte, rechts von mir eine junge Ukrainerin, die gut Deutsch sprach und mit einem Schweizer in der Bündner Herrschaft verheiratet war. Sie wollte vier Wochen zuhause bei ihren Eltern verbringen. Es war ein ziemliches Stimmengewirr, die gutturalen slawischen Laute überwogen, Schweizerdeutsch war nicht zu vernehmen. Wir fragten uns, ob wir wohl die einzigen Schweizer sein würden, die sich in die Ukraine verirrt hatten. Die Ansagen der Crew waren ukrainisch und englisch, der Pilot ließ sich erst kurz vor der Landung in Kiew vernehmen. Er sprach Ukrainisch. Der Flug war super, keine Turbulenzen, makellose Landung. Das stimmte mich zuversichtlich für die Einreise.

Der internationale Flughafen Kiew–Boryspil entpuppte sich kleiner, als ich erwartet hatte. Das Gelände ist zwar riesig, aber die Gebäude sind unansehnlich und bescheiden. Die Passagiere füllten zwei beim Flugzeug stehende Busse. Wir standen eng gedrängt, Kopf an Kopf. Eine Eingangshalle nahm uns auf. Im Hintergrund bemerkte ich etwa zehn kabinenähnliche Schalter, vor denen die Menschen in langen Kolonnen standen. Diese Kolonnen bewegten sich kaum. Mir kam das Bild eines ähnlichen Ortes, damals 1978, als Eva und ich in Berlin, Bahnhof Friedrichstraße in die DDR einreisten.

Wir bemerkten Passagiere, die um Säulen herumstanden und Zettel ausfüllten. Da wir wussten, dass auch wir solche Einreisezettel auszufüllen hatten, begaben wir uns dorthin. Es waren sogenannte ‚Immigration Cards', 9 cm x 14 cm groß, geteilt in zwei Teile mit jeweils elf Punkten, die zu beantworten waren. Die elf Punkte gaben in russischer, ukrainischer und englischer Schrift Auskunft über die gewünschten Angaben, die da zu tätigen waren. Die jeweils 1 mm großen Angaben überschritten mein Sehvermögen. Ich konnte die Schriftzeichen nicht entziffern. Da bemerkte ich große Tafeln, die in englischer, französischer und spanischer Sprache der ‚Immigration Card' nachgebildet waren und die man jetzt gut lesen und abschreiben konnte.

Wir reihten uns in eine Kolonne ein und bemerkten, dass vor uns ein Schweizer Paar stand. Wir kamen ins Gespräch. Sie kamen aus Zürich und wollten wie wir auf das Schiff, das irgendwo in Kiew vor Anker lag. Es waren Vielgereiste, die schon in der ganzen Welt Ferien gemacht hatten. Die beiden waren vor uns am Schalter. Der Beamte verlangte den Pass und die ‚Immigration Card', prüfte alles genau, tippte die Angaben des Passes in seinen PC ein und stempelte sowohl den Pass als auch die Karte, deren oberen Teil er für sich behielt. Das war's dann. Bei uns ging's genau gleich, und ohne ein Wort seitens des Beamten. Zufällig sahen wir ganz unten auf unserem Teil des Zettels die folgende Bemerkung: *This card must be presented together with passport to Ukraine border authorities when crossing the State border of and is kept for the whole period of stay in Ukraine.* Die Koffer lagen auf einem Haufen neben dem Rollband. Den von Boubou fand ich sofort, meinen entdeckte ich nach längerem Suchen unter einem Berg anderer Gepäckstücke.

Nun kam die Zollkontrolle. Es gab einen roten Weg für Passagiere, die etwas zu verzollen hatten, insbesondere mussten Devisen über 1000 € deklariert werden, sowie einen grünen Weg für alle anderen. Wir wählten den grünen Weg. Der Beamte guckte in die Pässe und auf die ‚Immigration Card'. Die Koffer würdigte er keines Blickes. Das war's dann. Wir waren durch – und erleichtert.

Übrigens: Die Ausreise gestaltete sich trotz großem Gedränge noch viel einfacher. Niemand interessierte sich weder für unsere Pässe und die sorgfältig aufbewahrte ‚Immigration Card' noch für unsere Koffer.

Am Ausgang standen die Leute von „Viking River Cruises" und führten uns zum bereitstehenden Bus. Es regnete in Strömen. Im Bus nahmen etwa zehn Personen Platz: wir, vier Schweizer*innen,

Deutsche und Amerikaner. Der Bus fuhr mit hoher Geschwindigkeit und bei starkem Regen auf der Autobahn Richtung Kiew. Wir bekamen einen ersten Eindruck vom Verkehrswesen dieses Landes. Die Fahrt dauerte etwa eine Stunde.

Als wir im Zentrum von Kiew zur Landestelle des Schiffes kamen, regnete es nicht mehr. Vor uns lag der Dnjepr, etwa so breit wie der Rhein in Düsseldorf.

Stromabwärts sahen wir die Teufelsbrücke mit ihren drei mächtigen Bogen. Es ist eine Fußgängerbrücke, die voller Menschen war. Massen, die hin- und herzogen, hinüber zu einer großen Insel mit kilometerweitem Badestrand, und herüber zur rechtsufrigen Altstadt mit ihren weltberühmten Kirchen: Sophienkathedrale, Andreaskathedrale, Maria Himmelfahrtskathedrale und dem dazugehörenden Höhlenkloster. Vor uns sahen wir die „General Lavrinenkov", ein vierstöckiges, etwa doppelt so großes Passagierschiff als vergleichbare auf dem Rhein.

Gleich neben dem Schiff legten unablässig und wie sich später herausstellte die halbe Nacht hindurch, Ausflugsschiffe an, die wartende Passagiere aufnahmen, meist Jugendliche, die dort zu Hardrock-Musik tanzend einen Sommerabend verbrachten. An diesem Tag feierte man in der Ukraine den Tag der Jugend. Ähnliches erlebten wir vor drei Jahren im Süden Frankreichs. Nur feierte man dort den Sommeranfang.

Wir gingen an Bord. Empfangen wurden wir mit Musik der Bordband und drei sehr schönen jungen Frauen in ukrainischer Nationaltracht, die uns Brot und Salz anboten. Wir bezogen unsere Kajüte im dritten Stock, ein etwa 18 m^2 großer Raum mit zwei Fenstern, die man öffnen konnte, einem Doppelbett, einem Diwan mit Klubtisch, Spiegelschrank und Kommode sowie einem Badezimmer mit Toilette, das Schweizer Standard erreichte. Darüber war ich froh, denn wir sahen später, wie viele Ukrainer*innen tatsächlich leben ohne fließend Wasser in den Hütten und mit einer Einrichtung, wie ich sie selbst noch erlebte nach dem Krieg, als meinen Eltern das Geld fehlte, um sieben Kinder ernähren zu können. Froh war ich auch deshalb, weil ich wegen meines Diabetes stabile Verhältnisse brauche, ansonsten könnte ich in einem solchen Land nicht mehr reisen.

Und diese stabilen Verhältnisse waren auf der „General Lavrinenkov“ gegeben. Das Schiff wurde von einem ukrainischen Kapitän, der schon unter den Sovjets seine Sporen abverdient hatte und manchen Orden an seiner Brust trug, sicher durch die Fährnisse dieses mächtigen Stroms geleitet. Für den Innendienst, die Betreuung der Gäste, die Mahlzeiten und die Veranstaltungen war eine Crewmanagerin zuständig, eine Schweizerin aus dem Bündnerland namens Eva Aliesch. Das Essen war vorzüglich. Auch hier führte eine Schweizerin das Szepter, der Koch Ladina, ebenfalls eine Bündnerin, die darauf Wert legte, ein Koch und nicht etwa eine Köchin zu sein. Vorher hatte sie in renommierten Zürcher Lokalen ihres Amtes gewaltet. Ihr zur Seite stand eine Küchenbrigade von etwa zehn Personen, zuvorderst eine Ukrainerin, die, in Abwechslung mit Ladina, welche der Französischen Küche den Vorzug gab, ausgezeichnete ukrainische Gerichte auf den Tisch zauberte. Die Bedienung bestand ausschließlich aus jungen ukrainischen Mädchen, die alle etwas Deutsch verstanden und oft auch gut Englisch sprachen. Sie bildeten wohl einen Querschnitt durch die Volksstämme dieses Landes, die breitgesichtigen Schwergewichte des Nordens, die feingliedrigen des Südens mit ihren hohen Backenknochen, schräg im Gesicht stehenden Mandelaugen, langen Beinen und schönen Figuren. Als wir beim ersten Abendessen unseren Tisch zugewiesen bekamen, saßen schon zwei Personen dort. Es war unsere Zürcher Bekanntschaft von vorhin, Rita und Turi Hossle aus Zürich–Schwamendingen, er Lokomotivführer und sie Leiterin eines Schmuckgeschäfts. Er ist leidenschaftlicher Fotograf und sie eine liebenswürdige Kommunikationsnudel. Wir hatten eine sehr gute Zeit zusammen und tranken neben Mineralwasser fast ausschließlich moldawischen Wein. Dieser Wein war der Beste im Angebot, besser als der französische und italienische, ganz zu schweigen vom ukrainischen Verschnitt. Dafür war er beinahe dreimal billiger, ca. 50 Griwna gegen 146 Griwna die Flasche.

Die Gäste setzten sich zu einer Hälfte aus Amerikanern, zur anderen Hälfte aus Deutschen zusammen. Dann gab es noch einige zugewandte Orte, z. B. wir vier Schweizer*innen, ein Ehepaar aus Chile, eines aus Holland, eines aus Norwegen, insgesamt etwa 160 Personen. Dieser Gästeschar stand eine Crew von etwa 100 Personen gegenüber. Die Amerikaner waren meist betagte, heruntergearbeitete, hagere Farmertypen. Fast alle hatten Gehschwierigkeiten. Das war ein Problem, weil das Schiff keinen Lift hatte, dafür steile Treppen. Es gab auch ein besonderes amerikanisches Ehepaar. Die Frau war im Rollstuhl. Der Mann umsorgte seine Frau liebevoll. Sie hatten wie wir eine Kajüte im dritten Stock. Das Eigenartige war, dass er sich nicht helfen lassen wollte. Er trug den Rollstuhl die Treppe hinunter und ging dann nachher mit seiner Frau denselben Weg. Am Ende der Reise, als es ans Bezahlen ging und sich im Gang eine Kolonne von Wartenden gebildet hatte, ging er an allen vorbei und drängte sich als Erster zur Abrechnung.

Der Dnjepr trennt die Westukraine von der Ostukraine. Die Westukraine stand immer und immer wieder unter polnischem Einfluss, die Ostukraine unter jenem der Russen. Der Strom war das beeindruckendste Erlebnis dieser Reise. Eigentlich wollte ich ja nicht nur der Menschen wegen dorthin. Ich hatte auch geschichtliche Interessen. Im Zweiten Weltkrieg hat dieser Fluss eine große Rolle gespielt, vor allem dort, wo die Übergänge sind, in Kiew, Tscherkassy, Kremenchuk, Dnjepropetrowsks, Saporoshje, Cherson. Hier wurde im Frühjahr/Sommer 1942 der deutsche Angriff über den Fluss in die Steppen des Don getragen, und hier vollzog sich 1944 das Gegenteil, als die Gardearmeen der 2. Ukrainischen Front den Dnjeprbogen zurückeroberten.

Diese Städte haben meist auch große Kraftwerke, eine der großen Leistungen der Sovjets. Lenins Devise nach dem Ersten Weltkrieg und nach erfolgter Oktoberevolution war ganz einfach: *Sozialismus = Sovjetmacht + Elektrizität.* Erst die Elektrizität ermöglichte die Großindustrie und die Modernisierung des Eisenbahnnetzes. So kommt es, dass der Dnjepr oberhalb der großen Schleusen jeweils eine Breite von mehreren Kilometern erreicht. Und darauf kam man sich vor wie in einem riesigen Meditationsraum, zumal wir oft stundenlang ganz allein waren, weit und breit kein Schiffsverkehr, nur dieser träge und breite Strom, ab und zu eine Insel, Baumbestände am Horizont und ein riesiger Himmel. Wer mit sich selbst nichts anfangen kann, wer nicht Einkehr halten kann, wäre hier wohl am falschen Platz. Ich aber habe diesen Fluss genossen. Er war wohltuend.

Ukraine, Sommer 2005

Die Menschen? Am auffälligsten waren die jungen Frauen, schöne lange Beine, schlanke Körper, die Haare meist straff nach hinten gekämmt, hohe Backenknochen, häufig mongolischer Einschlag, elegante Erscheinungen in High Heels, tanzfreudig und musikbegabt. Die Männer schwerfälliger und unansehnlicher, dafür autoverliebt und verwegen. Die Abstammung von den Kosaken ist meist unübersehbar, stolz, gerade auf, blitzende Augen, selbstbewusst. Die Autos spielen eine zentrale Rolle. Man sieht alles, verrostete Schrotthaufen, denen man eigentlich kein Fortkommen mehr zutrauen würde, neben all den erworbenen und gestohlenen Occasionen des Westens, die den Weg nach der Staatsgründung 1991 ins Land gefunden hatten. Schließlich gibt es da auch Boliden teuerster Bauart. Allen gemeinsam ist, dass mit großer Rücksichtslosigkeit drauflosgefahren wird, links und rechts überholend, ohne Beachtung der Fußgängerstreifen, über Schlaglöcher und Randsteine wegblochend ohne Rücksicht auf Mitmenschen und die Verfassung der Fahrzeuge. Es scheint, dass sich die neu erworbene Freiheit an diesen Vehikeln festmacht, aber auch an anderen Besonderheiten falsch verstandener Freiheit. Die Autofahrausweise z. B. können gekauft werden.

Ich habe keine einzige Autoreperaturwerkstätte gesehen, dafür immer wieder geöffnete Motorhauben am Wegrand und in den Eingeweiden der Motoren hantierende Männerrücken.

Der westliche Konsumklamauk hat die Städte erreicht. Überall gibt es Lichtreklamen, die Luxusprodukte anpreisen, neue Autos, Uhren, Schmuck, die sich aber nur eine verschwindende Minderheit leisten kann. 10 % der 47 Millionen gelten als schwer reich, 37 % als arm, d. h. sie haben weniger als 100 € im Monat zu ihrer Verfügung. Es gibt darüber hinaus 17 % Bettler, tragische Figuren, die sich dort einfinden, wo die Touristen hingeführt werden. Am Eingang des Kulturhauses in Nova Kosovska, wo wir an einer Vorstellung der Jugend teilnehmen konnten, stand z. B. ein stattlicher Mann ohne Arme. Solche Menschen sind auf Gaben angewiesen, weil das soziale Netz fehlt.

In Saporoshje sahen wir einen Neubau am Dnjepr-Strand, wunderbar gelegen, mit bester Aussicht auf den Strom. Der Rohbau gestattete einen tiefen Einblick in großzügig gebaute Appartements. Wir erfuhren, dass die Bauherren im Voraus alle Wohnungen als Eigentumswohnungen verkauft hatten und dann mit dem Geld verschwanden. Sie hinterließen eine Bauruine und niemand weiß, wohin sie entschwunden sind. Es gibt keine Rechtssicherheit und die Korruption ist überall.

Wir sahen einen Knaben etwa eine Viertelstunde neben unserem Schiff, das mit etwa zwölf Knoten die Schleuse von Saporoshje ansteuerte, mit spielerischer Leichtigkeit auf unwegsamem Gelände einherrennen. Ab und zu pfiff er laut durch die Finger und machte uns so auf sich aufmerksam. Ihm voran lief ein Hund, einer jener unzähligen Bastarde, die wild die Städte bevölkern und meist niemandem gehören. Der Dauerlauf endete an der Schleuse von Saporoshje. Dort war für ihn kein Weiterkommen mehr, weil der Zutritt verboten war. Leider konnte er unsere Anerkennung nicht entgegennehmen, weil uns zu viel Wasser trennte. Das habe ich bedauert, weil sich in ihm der langsam entstehende Unternehmergeist dieses Volkes deutlich abzeichnete.

Was bleibt mir noch zu sagen? Die außergewöhnliche Musikalität dieses Volkes. Wir besuchten mehrere Konzerte. Es war einfach großartig, ob es sich um Kinder, Erwachsene, Künstler oder den Matrosenchor der Schwarzmeerflotte handelte.

Boubou und ich beschlossen, dass wir in einem Jahr mit einem Schiff von Moskau nach Petersburg fahren wollen.

„Das ist nun mein Weg. Wo ist der eure?" – Den eigenen Weg suchen und gehen

„Das Projekt einer Philosophie als ‚persönlicher Diät in Allem' setzt die Bestimmung der eigenen Individualität voraus. Nietzsche zufolge eine der höchsten Aufgaben jedes Einzelnen. Diese Bestimmung kann jedoch nicht nur analytisch vollzogen werden – so als fänden wir, was uns eigentümlich ist, schon in uns vor und müssten es nur erkennen. Nietzsche begreift die Aneignung unserer Eigentümlichkeit als schöpferischen Akt fortgesetzter Selbstformung. Dieser erfordert viel Mut und Widerstandskraft, weil er sich gegen eine Vielzahl von Anpassungszwängen zu behaupten hat, die jedem Menschen sofort spürbar werden, sobald er versucht, sein Dasein selbst zu verantworten.

Allzu viele aber erliegen ihrer Faulheit oder Feigheit. Sie verzichten schließlich darauf, anerzogene Lebensmuster und Wertvorstellungen zu hinterfragen, verstecken sich hinter einer gesellschaftlichen Rolle, z.B. einem Beruf – hinter Masken, die dann mit der Zeit zum eigenen Gesicht, zur eigenen Natur werden.

Der Mensch neigt dazu, den Ansprüchen auszuweichen, die an ihn gestellt werden, sobald er es einmal versuchen wollte, Egoist zu sein. Für Nietzsche bezeichnet dieses Wort einen Menschen, der sein Ego zu ergründen oder besser herauszubilden entschlossen ist, der sich der Verantwortung stellt, die im Wissen begründet liegt, als ein unwiederholbares und deshalb kostbares Unikum auf der Welt zu sein. Unermüdlich prüft er die Bedingungen seines bisherigen Lebens darauf hin, ob sie selbstgewollt oder fremdbestimmt sind, besinnt sich auf seine echten Bedürfnisse und lässt sich in seinem Handeln von ihnen leiten. Die Mühen dieses Weges sind zahlreich: Nicht nur, dass man ihn ohne Wegweiser gehen muss, dass er zudem den Widerstand all derer provoziert, die selbst nicht genug Mut oder Kraft für ihren eigenen Weg gefunden haben. Es ist auch ein Weg der Einsamkeit, und wer ihre Früchte genießen will, muss lange warten können."

Die Germanisten Mirella Carbone und Joachim Jung führen seit 1991 das Nietzsche-Haus in Sils-Maria (Engadin). Sie schrieben als Herausgeber dieses Vorwort zum 8. Kapitel des Buches Friedrich Nietzsche, Langsame Curen, Ansichten zur Kunst der Gesundheit, Herder Spektrum, Freiburg-Basel-Wien, 2000/2.

Brief an Frau Dr. M., Stadtspital Triemli, Zürich

Liebe Frau Dr. M.,
Sie kriegen diesen Brief und die Beilagen, weil Sie mich einmal fragten, ob Sie meine Daten in Ihrer Forschungsarbeit verwenden dürften. Mir scheint, dass DIABETES eine ganz spezielle Krankheit ist. Sie ist unheilbar, sie macht Schwierigkeiten und sie hilft, ein erfülltes Leben zu leben, sofern man sie

akzeptiert, sie nicht verleugnet, nicht kleinredet, sondern ernst nimmt und sich mit ihr verbündet. Das habe ich getan. Und weil ich es in meinem nunmehr 84-jährigen Leben immer wieder mit Lernen zu tun hatte, weiß ich auch, wovon ich schreibe. Lernen ist zunächst ein kognitiver Akt, dann aber auch eine emotionale Fähigkeit. Wenn sich Kognition und Emotion die Hand reichen, geschieht etwas Wunderbares. Die Angst schwindet, Schamgefühle lösen sich auf, Schuldgefühle verduften. Der Diabetiker wird lebendig und klar im Kopf. Er wird produktiv. So geschehen in meinem Leben innerhalb von gut einmal 40 Jahren.

Mit lieben Grüßen und großem Dank für Ihre vorzügliche Betreuung meiner unheilbaren Krankheit,

Elmar Osswald

GRENZEN

Grenzübergang Bad Harzburg

GRENZÜBERGANG BAD HARZBURG, HERBST 1975

Grenzen faszinierten mich schon immer, insbesondere jene Grenzen, die nicht überschritten werden durften. Ich wusste viele Jahre nicht, woher diese Faszination kam. Heute habe ich eine für mich gültige Erklärung gefunden. Ich habe die willkürlichen Grenzsetzungen in meinem Leben (Kath. Kirche, SCHULEN) immer als einengend empfunden, weil sie dem Finden des eigenen Lebensweges im Wege standen.

Diese mir unerklärliche Angst, Grenzen zu überschreiten, musste ich mühsam überwinden. Die Erfahrung, dass das Wagniseingehen nicht den Tod, sondern das **LEBEN**, das Lebendigwerden und das Lebendigsein brachten, war überwältigend. So teile ich denn das Postulat mancher Philosophen: „Werde, der du bist!"

Ich habe auch eine Ahnung, was Freiheit bedeuten könnte: ohne Angst, Schuldgefühle und krankhafte Scham den sich stellenden Problemen in die Augen blicken und schauen, was sich machen lässt. Und dann das ändern, was ich ändern kann, das hinnehmen, was ich nicht ändern kann und das eine vom anderen unterscheiden.

FREIHEIT heißt für mich BESCHEIDENHEIT, LEBENSFREUDE, GELASSENHEIT.

Neuester Ukas zur Notengebung aus dem Erziehungsdepartement des Kantons Basel-Stadt, 2020

Der Mensch ist ein eigenartiges Wesen. Er ist außerordentlich lernbegabt, aber jeder Mensch lernt anders. Die einen gehen logisch-analytisch ans Werk, andere praktisch-synthetisch. Am besten sind jene Schüler*innen, die so lernen, wie die Lehrperson lehrt. Wer sich dessen nicht bewusst ist, erreicht, egal an welcher Schulstufe er unterrichtet, nur einen Teil aller Schüler*innen. Dieses Problem verkompliziert die Aufgabe der Lehrperson enorm. Sie muss über ein breites Methoderpertoire verfügen, das sie situationsgerecht anwenden kann.

Das staatliche Schulwesen folgt der Annahme, dass der Mensch zu Beginn seiner Lernlaufbahn praktisch-synthetisch am besten vorankomme, später dann, wenn die Anforderungen abstrakter werden, logisch-systematisch. Dahinter steckt die Überzeugung, dass diese Annahme selbstverständlich richtig sei. Es gehe darum, diesen Lehrweg zu beschreiten, damit höchste Lernleistungen analytischer Art jenen Lebensstandard möglich machen, den wir heute in der Schweiz haben. Dieser Zugang geschieht auf Kosten jener, die anders lernen als das Schulwesen vorsieht und tötet die Lernfreude, die die Voraussetzung für lebenslanges Lernen ist. Kann das die Zielsetzung eines staatlichen Schulwesens in Zeiten eines nie dagewesenen Paradigmenwechsels sein?

Das Ziel eines staatlichen zukunftsorientierten Schulwesens sollte sein, dass jeder Mensch die höchste ihm mögliche Lernleistung erreicht, sich zu diesem Zwecke selbst finden und seinem Wesen gerecht lernen darf. Ein staatliches Schulwesen hätte somit eine doppelte Zielsetzung zu verfolgen. Einerseits ginge es um die Interessen der Lernenden, anderseits um die Interessen des Gemeinwesens. Das Lernklima ist dort gut, wo es gelingt, die zwei Interessen angemessen zu balancieren. Fordern und Fördern ist das Geheimnis und die große Kunst aller, die sich mit Schule befassen müssen und befassen dürfen. Das wurde in Basel mit der Orientierungsschule angestrebt. Es ging um die Chancengerechtigkeit und die Chancenverteilung.

Nun hat der Wind gedreht. Es scheint, man vertraue wieder mehr dem Paukermodell des 19. Jahrhunderts. Man könne die Chancenverteilung verordnen. Man kann die Chancenverteilung in einem Schulsystem nicht verordnen. Sie folgt ihrer eigenen Dynamik. Zentrale Person im Geschehen ist der RUDELFÜHRER, und das ist nunmal die Lehrperson, unabhängig von der zu unterrichtenden Stufe und dem zu unterrichtenden Fach. So gesehen ist die Notengebung in erster Linie eine Frage von Sachverstand, glauben an sich selbst und Einfühlungsvermögen der Lehrperson, und nicht eine auf die Kommastelle genaue mathematische Übung, die eine vorgesetzte Stelle vorgibt.

Die Notengebung ist wohl die schwierigste Anforderung an eine Lehrperson, weil sie einen Balanceakt zwischen Fordern und Fördern verlangt, den die Lehrperson sowohl bei sich selbst als auch bei jedem einzelnen jungen Menschen, der ihr anvertraut ist, immer wieder aufs Neue zu vollziehen hat.

Damit dieser Balanceakt nicht in eine rigide Testerei ausartet, ist seitens des Arbeitgebers eine mutmachende und nicht angstfördernde Haltung nötig, die man angesichts der Herausforderungen, die die Zukunft stellen wird, als Handlungsgrundsatz wie folgt formulieren könnte:

Ich werde gesehen. Ich werde gehört. Ich werde gebraucht.

Mein lieber Boubou

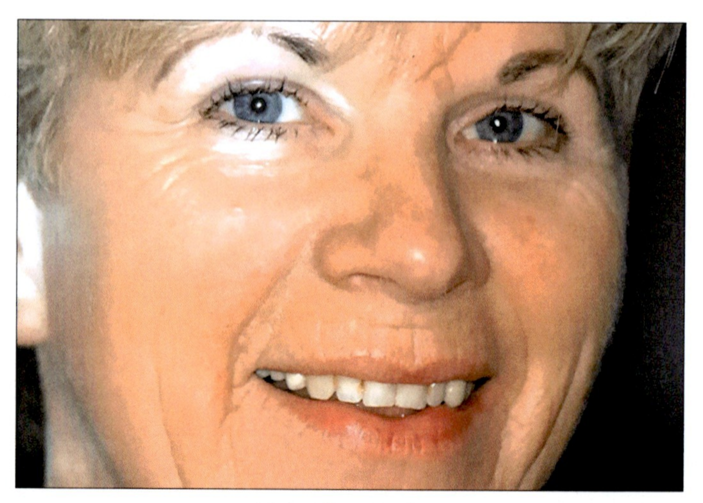

Meine Frau Boubou

Es ist 1:15 Uhr, mitten in der Nacht. Ein Traum ließ mich aufwachen. Du hattest Geburtstag, und ich vergaß, Dir einen Brief zu schreiben. Ein Gedankensturm überkam mich. Nun sitze ich da und schreibe!

Du wirst morgen 67 Jahre alt. Mir wird warm ums Herz, wenn ich bedenke, wie reich an Glück unser Leben in letzter Zeit war.

Da hatten wir kürzlich einen Dorsch zum Nachtessen, geheimnisvoll eingebettet in ein Gemüsebouquet aus Rüben, Gurken und was weiß ich sonst noch alles, an einer trefflichen Sauce. Der Fisch war wie das Gemüse zart, sorgfältig angerichtet und wohlschmeckend. Dazu gab es eine Schale weißen Reis, kein bisschen verkocht. Das Nachtessen war ein Kunstwerk.

Oder: die Sache mit einem Spielfilm, der im Kino-Atelier lief, und den du ausgesucht hast. Zunächst schlugst du drei Filme vor. Ich hatte aber keine Lust, die Rezensionen zu lesen. Dann sagtest du: „Soll ich dir einfach einen Film vorschlagen?" Das kam mir gelegen. Ich vertraute darauf, dass uns dein Sinn für spezielle Filmkunst auch diesmal Genuss bescheren würde.

Der Film hiess BARBARA. Er spielte in Küstennähe des Landes Mecklenburg in der (ehemaligen) DDR. Schon von Beginn weg war er beklemmend. Gezeigt wurde das einem Lattenzaun vergleichbare System der Nötigung, Manipulation, Einengung, Kontrolle, Ängstigung, Strafe und Beschämung dieses Unrechtsstaates am Beispiel einer ganz einfachen Geschichte. Eine junge Ärztin, strafversetzt von der Hauptstadt aufs Land, trifft auf den (ebenfalls jungen) Leiter des Kreisspitals. Dabei will sie ja fliehen, ins ‚Paradies des Westens' (!) entkommen.

In diesem bizarren LATTENZAUN entwickelt sich in den ZWISCHENRÄUMEN, die bekanntlich den GEIST ausmachen, eine Atmosphäre der Einsamkeit, des Misstrauens, der Angst, der Beklemmung und Vorsicht – Gefühlsstau der Menschen in einer grauen Welt. Wäre da nicht diese zart aufkeimende Liebe zwischen der schönen Ärztin und dem ärztlichen Leiter des DDR-Kreisspitals. Und wäre da nicht diese ärztliche HILFSBEREITSCHAFT, wie wir sie noch kannten in den 40er-Jahren des letzten Jahrhunderts, wo ein Hausarzt ohne weiteres eine halbe Nacht an einem Krankenbett verbringen konnte, wenn die Lage es erforderte. Leider verschwand sie bei uns im Zuge der sogenannten Professionalisierung vieler Lebensbereiche fast gänzlich.

Ein wunderbarer Film, den ich ohne dich wahrscheinlich nicht angeschaut hätte, mich aber meine Sehnsucht nach einem sinnvollen und erfüllten LEBEN deutlich spüren ließ.

An diesen zwei Beispielen (Dorsch und Barbara) wird mir erneut klar, welchen Schatz ich ‚besitze'. Du bist der Schatz, eine große Kostbarkeit, zu der ich Sorge tragen will, solange wir leben und leben dürfen.

Mein lieber Boubou. Ich wünsche Dir zu deinem Geburtstag nur das Beste. Mir wünsche ich, dass ich noch lange mit Dir sein darf – im Gespräch nachdenkend, nachts deine Nähe spürend, Musik genießend, in den Landschaften rund um Basel wandernd und im auch uns bekannten Gefühlsstau streitend,

Dein Jogy

Störende Kinder – gestörte Schule!

(Eine öffentliche Veranstaltung der Pädagogischen Hochschule FHNW am 31. Mai 2017, 19:30-21:30 in Basel)

Am Abend ‚Störende Kinder – gestörte Schule', eine Veranstaltung der Pädagogischen Hochschule FHNW in der Aula der Leonhardschule. Der Saal ist voll, viele junge Frauen. Erfahre nichts Neues, Musik von vorne, langweilig, am Schluss drei dürre Wortmeldungen aus dem Plenum. Vor 30 Jahren übten wir in solchen Plenen ‚die lebendige Schule'. Jetzt werden die armen Lehrkräfte wieder mit Expertenwissen zugemüllt. Wann werden auch die Experten begreifen, dass wir in einem globalen Paradigmenwechsel stehen, der vor den Schulen nicht Halt macht? „Während im 19. Jahrhundert der Kampf gegen die Armut und das Elend in der Schweiz und andernorts von der Idee der Selbstbefreiung durch das WISSEN inspiriert war, von der großen Erziehungsidee Pestalozzis" (1), geht es heute – im Zeitalter der Massen und der Massenkommunikation in einer globalisierten Welt – um Selbstbefreiung durch WACHSTUM. Wer also den Lehrkräften wirklich helfen will, wie sie mit ihrem realen Problem der störenden Kinder hilfreich umgehen können, muss eine Veranstaltung so organisieren, dass DIE TEILNEHMENDEN und nicht die störenden Kinder ins Zentrum des Interesses rücken. Man könnte etwa das Plenum in kleine Gesprächsgruppen umfunktionieren und ein Gesprächsthema vorgeben, das den Teilnehmenden ermöglicht, ihre aktuelle Problemlage in ihrem

Unterricht auszudrücken. Die Teilnehmenden könnten so erleben, dass sie und die anderen Fragen haben, die sie nicht auf Anhieb beantworten können und dass dies keine Schande ist, sondern den Anfang von LEBENDIGWERDEN und wachsendem Interesse am eigenen Problem darstellt. Also keine Vorträge und keine Podiumsdiskussion, sondern SELBSTBEFREIUNG DURCH WACHSTUM der eigenen Problemlösefähigkeit in Kombination mit sparsamem Theorie-Input am Schluss der Veranstaltung.

Schön wäre, wenn die Einsicht Platz nähme, dass die von Schulleitung und Kollegium vorgelebte SCHULKULTUR im Guten wie im Schlechten einen großen Einfluss auf Kinder und Jugendliche hat und die Frage „Was machen WIR falsch, dass wir dieses Problem haben?“ an Bedeutung gewänne.

(Elmar Osswald, von 1981 bis 2001 Vorsteher des Instituts für Unterrichtsfragen und Lehrer*innenfortbildung des Kantons Basel-Stadt, ULEF)

(1) Karl R. Popper, Alles Leben ist Problemlösen, Über Erkenntnis, Geschichte und Politik, Wissenschaftliche Buchgesellschaft, Darmstadt, 1994.

John Hattie

Die Qualität des Lehrens

Die Qualität des LEHRENS entscheidet darüber, ob und wie nachhaltig gelernt wird in Schulen und anderswo. Der neue Stern am Pädagogikhimmel, Prof. John Hattie, formuliert es so:

„Eine Sache, die mich in Schulen stark bewegt, ist unser Horizont, wenn es darum geht, was wir aus unserem Schulsystem machen möchten. Zurzeit haben wir eine Politik, die besagt: Der Horizont besteht darin, nationale Standards für Lese- und

Rechenfähigkeit einzuführen. Und während die meisten von uns sich darüber aufregen, ist es ein sehr wünschenswerter Horizont. Manchmal gibt es aber einen Horizont, der dahinter liegt. Und dieser dahinterliegende Horizont ist die QUALITÄT von LEHREN und LERNEN in UNSEREN SCHULEN – in Bezug auf all das, was wir in Schulen tun und all das, was wir tun, damit sich unsere Kinder entwickeln.

Ich hoffe einfach, dass wir uns in den Diskussionen der nächsten Monate und Jahre daran erinnern, dass der kurzfristige Horizont – die Verbesserung der Lese- und Rechenfähigkeit – gemessen wird durch den Erfolg unseres langfristigen Horizonts – die Verbesserung der Qualität des Lehrens und Lernens – und niemals anders herum."

„Unsere grundlegende Rolle ist die eines ‚Change Agent' – eines Betreibers des Wandels. Wir sind angestellt, um die Schüler zu verändern. Und das unterstreicht absolut die Wichtigkeit und den Wert dessen, was wir verändern und schafft eine andauernde Debatte darüber, ob wir die richtigen Dinge in der richtigen Art und Weise ändern."

(John Hattie, Professor für Bildungswissenschaften an der Universität Auckland, Neuseeland)

Wie ich lebe und lerne

Wenn ich meine eigene Lebens-/Lernbiografie betrachte, stelle ich fest, dass ich alle existentiell wichtigen *ENTSCHEIDUNGEN* in meinem Leben alleine getroffen habe, weitgehend unabhängig von Fremdmeinungen: meine Berufswahl; mein Austritt aus der Katholischen Kirche; meine ‚Karriere' in der Schweizer Armee; meine Arbeit als Methodiklehrer am Lehrerseminar Liestal; meine politische Arbeit in der SP; die Trennung von meiner ersten Frau und meinen drei Kindern; das Zusammenleben mit meiner großen Liebe (Boubou); meine Arbeit als Vorsteher am ULEF*; meine Arbeit als Schulentwickler in der Schweiz, in Österreich und in Deutschland; und mein jetziges Dasein.

Einige Entscheidungen traf ich aufgrund großer innerer Auseinandersetzungen und Ängste, keinesfalls analytisch-systematisch, stets der *eigenen Melodie* und nicht irgendwie Angelerntem vertrauend. Ich ging durch den Feuerofen.

Und ich konnte sogenanntes Scheitern regelmäßig in einen Gewinn verwandeln. Ich verhielt mich so, wie ich *vorausahnte*, dass es gut werden würde für mich. „Sokrates ging beispielsweise von einer inneren Stimme aus, dem *Daimonion*, die einem einflüstert, wie man sich zu verhalten hat. Dieses Gefühl hielt der Grieche für mächtiger als den Verstand.“ (Das Böse im Guten, DER SPIEGEL Nr. 31, 30.07.07)

Mir jedenfalls ging und geht es genauso, es ist meine Lebenserfahrung.

Mittlerweile bin ich 85 Jahre alt geworden. Ich habe weder studiert noch habe ich einen wissenschaftlichen Abschluss. Nicht das war mir wichtig in meinem Leben. Ich wollte Ganzheit, Lebendigkeit, Authentizität, alles Qualitäten, die unser Schulsystem nicht gerade fördert.

Ohne Lebendigkeit kein lebenslanges Lernen. Ohne lebenslanges Lernen kein Frieden der Seele. Deshalb:

- „Achte gut auf deine Gedanken, denn sie werden Worte.
- Achte gut auf deine Worte, denn sie werden Taten.
- Achte gut auf deine Taten, denn sie werden Gewohnheiten.
- Achte gut auf deine Gewohnheiten, denn sie werden dein Charakter.
- Achte gut auf deinen Charakter, denn er wird dein Schicksal.“ (aus dem Talmud)

* ULEF (Institut für Unterrichtsfragen und Lehrer*innenfortbildung des Kantons Basel-Stadt)

Brief von Dr. Harro Raster, Direktor ‚Dominicus-von-Linprun-Gymnasium' Viechtach, Niederbayern, 19.12.1994

Sehr geehrter, lieber Herr Osswald,

HARRO RASTER

Herzlichen Dank für die Protokollnotizen und die erinnerungsstarken Fotos von den Teilnehmern an Ihrem Seminar „Führen, statt verwalten", das mir weiterhin sehr positiv–nachhaltig präsent ist! Das waren sehr fruchtbare und schöne Tage vom 26. bis 29. September 1994 in Traunkirchen!

Ihre kreative Gelöstheit, die Sie auf uns allesamt zu übertragen vermochten, und die konsequente thematische Zielsetzung haben mich sehr beeindruckt.

Anlässlich des nahen Festes von Christi Geburt und des Jahreswechsels verbinde ich meine Erinnerung mit den besten Wünschen für Sie und Ihre Angehörigen. Frohe, gesegnete Weihnachten, gute Gesundheit und viel Schaffensfreude auch 1995!

Ihr Harro Raster

(Viechtach, Niederbayern, 19.XII.1994)

Tod von Wolfgang

Liebe Inge, *Basel, 14. März 2022*

Boubou hat mir mitgeteilt, dass Wolfgang sterben konnte. Endlich konnte er loslassen und hinüberwechseln in ein Reich, das voller Licht ist. Gerne hoffe ich, Du könnest ihn gehen lassen und in Dein Leben zurückfinden.

Wolfgang und ich hatten eine eigenartige Beziehung, die sich immer wieder um den Grundwert Freiheit' rankte, den wir sehr verschieden interpretierten. Der Ausgangspunkt aber war uns beiden gleichermaßen wichtig: „Führen, statt verwalten". An meinem Arbeitsplatz in Basel durfte ich dieser Maxime folgen, er an seinem Arbeitsplatz durfte das nicht. Er war Beamter und als solcher an eine besondere Treuepflicht gegenüber dem Arbeitgeber gebunden. Ich wurde von einem Gremium bestehend aus 18 Lehrkräften des Kantons Basel-Stadt gewählt, von unserer Kantonsregierung bestätigt und war als solcher viel freier in der Art und Weise der Institutsführung. Das brachte Wolfgang in einen Zwiespalt. Einerseits schränkte der Beamtenstatus sein Handeln stark ein, andrerseits genoss er diesen Status,

die Fürsorgepflicht des Arbeitgebers während des aktiven Dienstes bei Krankheit und Invalidität und im Ruhestand sowie für einen angemessenen Lebensunterhalt bis zum Tode. Ich selbst hatte und habe all dies in dieser Form nicht.
Frei zu sein und sich frei zu fühlen ist allerdings in beiden Lebensformen nicht einfach gegeben. Freisein muss man werden wollen, ist ein mühsamer individueller Lebensprozess und keinem Menschen einfach in die Wiege gelegt. Ich stellte mich diesem Prozess, Wolfgang ließ es sein. Meines Erachtens fanden Wolfgang und ich keinen Ausweg aus diesem Dilemma, ausgenommen vielleicht in Frankreich, wo er ‚sein Haus' mit Dir gemeinsam gebaut hat, umweht vom Geist der Freiheit, das dieses atmet.
Dir liebe Inge wünsche ich eine gute, Dich stärkende Zeit der Trauer und viel Freude am Leben in der nachfolgenden Zeit. Gerne hoffe ich, Du findest auf dem Weg von oder nach Frankreich Zeit, um bei uns vorbeizuschauen. Du bist mir jederzeit herzlich willkommen und Ruth bist du es sowieso!

Elmar

Mein Vermächtnis

Meine Geburt war schwierig. Ich lag mit den Beinchen voran im Mutterleib und meine Mama war voller Angst. Das erste Kind, das sie zur Welt brachte, starb schon einige Tage nach der Geburt. Der Dorfarzt von Gossau musste mich mit der Geburtszange auf die Welt zerren. In der Folge rannte ich jahrelang vor jedem weißen Kittel, sei es jener des Doktors, jener des Zahnarztes oder jener des Coiffeurs davon.

In der zweiten Hälfte der 40er-Jahre des letzten Jahrhunderts lebten wir in Wil (SG). Ich lernte früh, mich zu entscheiden. Mein Vater war mir dabei eine große Hilfe. Immer nach dem Sonntagsgottesdienst besuchten wir gemeinsam ein Café. Wichtiger als das Getränk war das Gespräch. Mein Vater war ein prima Zuhörer. Wenn das Gespräch stockte, sagte er nach einer längeren Pause: „Ich sehe die und die Möglichkeiten. Jetzt entscheide dich." Er akzeptierte regelmäßig meinen Entscheid, auch dann, wenn dieser mit seiner Intention nicht übereinstimmte. **ENTSCHEIDEN** wurde so existentiell wichtig für mich. Mein ganzes Leben war und ist bestimmt von diesem Grundsatz. Manches fiel mir leicht und war schnell erledigt. Anderes war mit großen Ängsten, Schuld- und Schamgefühlen verbunden.

Was mein Leben anbelangt, habe ich wohl eine seherische Begabung. Ich entwickelte ein Gefühl für anstehende Probleme, meist lange bevor ich bewusst wahrnahm, worum es eigentlich ging. Deshalb traf ich Entscheidungen, die andere vielleicht als Scheitern erleben, ich aber als wichtige Entwicklungsschritte, als Befreiung, als Neuanfang, als Gesundbrunnen und als ganz wichtige Wegmarken in meinem Leben: Austritt aus der Katholischen Kirche; Verzicht auf eine militärische Karriere; Trennung von Frau und Kind; Scheidung; Abbruch der politischen Karriere; Verzicht, mich als Schulinspektor des Kantons Basel-Landschaft zu bewerben; Kündigung der Stelle am Lehrerseminar Liestal; Weigerung, als ULEF-Vorsteher die obligatorische Fortbildung der Lehrkräfte der Weiterbildungsschule (Anschlussschule der Orientierungsschule) zu leiten, weil sich dort jene Lehrkräfte vereinten, die sich als sogenannt ‚Studierte' der von mir konzipierten Weiterbildung verweigerten. Meiner Meinung nach wird die Schule des 21. Jahrhunderts eine „Problemelöseschule" sein. Das ist tatsächlich etwas anderes als die „wissenhortende Schule" des 19. Jahrhunderts.

Bei einigen dieser Weichenstellungen spielten Träume eine entscheidende Rolle. Dazu ein Beispiel: Als ich als Nachfolger des Sozialdemokraten Paul J., der in den Regierungsrat des Kantons Basel-Landschaft gewählt worden war, Schulinspektor werden sollte, machte ich mich in mehreren Gesprächen kundig, was das für mich bedeuten würde. Dann träumte ich, wie ich mir bei der Morgentoilette im Badezimmer mit dem Kamm durch die Haare fuhr. Ich schaute auf den Kamm und erschrak. Er war voller Haare. Ich schaute in den Spiegel. Mein

Kopf war kahl. Ich erwachte und wusste, dass ich nicht Schulinspektor werden wollte.

Ich war immer ein Vielleser und lernte gern und schnell. Meine Bibliothek ist umfangreich. Gegen 2500 Bücher zu den Sparten Pädagogik, Didaktik, Psychologie, Philosophie, Führung, Organisationsentwicklung, Schulentwicklung, Soziologie, Kunst, Geschichte, NATIONALSOZIALISMUS und Belletristik in Deutsch, Französisch und Englisch füllen meine Büchergestelle. *Dabei stand nicht die systematische Aneignung von Wissensbeständen, sondern die Verknüpfung von Sachverhalten zu neuen Lösungsansätzen im Zentrum meines Interesses.* Ich war ein guter Schüler, doch das meiste in meinem Leben brachte ich mir selbst bei. Spiritualität, wie ich sie verstehe, war für mich ein sehr wichtiges Lernfeld. „Spiritualität heißt, sich selbst auf die Schliche kommen, das werden, was man im Grunde ist. Spiritualität ist mehr als Wellness. Es ist die harte Arbeit der mitleidlosen Selbstbeobachtung.“ (1) Diese Form von Spiritualität begleitet mich seit den 80er-Jahren.

Schon im Kindergarten wusste ich, dass ich einmal LEHRER werden wollte. Mein Schulsack blieb aber bescheiden, weil ich mich von Schulen meist sehr eingeengt fühlte. Mein einziges Diplom ist jenes zum Primarlehrer des Lehreseminars Rorschach. Ironischerweise habe ich gerade im Staatsschulwesen, diesem Ausbund an statusverteilender, statusrechtfertigender und qualitätssichernder Funktionsgläubigkeit eine Art Karriere gemacht. Eigentlich wollte ich nie eine Karriere machen. Die Stellen auf meinem beruflichen Weg (Primarlehrer, Oberstufenlehrer, Methodiklehrer, Lehrer für Allgemeine Didaktik und Lehrverhaltenstraining am Lehrerseminar Liestal, Vorsteher ULEF, Schulberater in Deutschland, Österreich und der Schweiz) fielen mir zu. ***Etwas zu BEWIRKEN war mir wichtiger als etwas zu ERREICHEN.***

1989 hielt ich mich längere Zeit in Paris auf. Es war Herbst. Le soleil sur Paris. L’été indien. Die Nachrichten berichteten jeden

Morgen über die Vorkommnisse in der DDR. An einen Satz erinnere ich mich genau: „La réunion du comité central avait été houleuse". Honecker wurde noch am gleichen Tag als Partei- und Staatschef abgewählt. Die Umwälzungen in der Sowjetunion und in Polen waren schon früher erfolgt. Der Ostblock löste sich auf. Im gleichen Jahr entstand das World Wide Web als Projekt am CERN in Genf. Federführend war Timothy Berners-Lee, ein genialer britischer Physiker am Massachusetts Institute of Technology (MIT). Ein Jahr später war es im Netz. Beide Vorkommnisse veränderten die Welt grundlegend. Schon damals war absehbar, dass es zu einem PARADIGMENWECHSEL kommen würde, also zu einer Veränderung aller Lebensbereiche, auch der Schulen.

Als Vorsteher des Instituts für Unterrichtsfragen und Lehrer*innenfortbildung (ULEF) des Kantons Basel-Stadt war ich in den Jahren 1988–1996 maßgebend an der Einführung der ungegliederten ORIENTIERUNGSSCHULE (Sek. I) beteiligt. Später wurde ich ein gefragter Referent und Berater im deutschsprachigen In- und Ausland. Nie fragte jemand nach meiner beruflichen Qualifikation. Dabei blieb ich dem dauernden beruflichen und persönlichen Weiterlernen verpflichtet. Als Hobbys praktizierte ich mit einigem Geschick Aquarellieren, Fotografieren und Schreiben --- und, nach meiner Diabetes-Diagnose 1980, Laufen in den Wäldern rund um Basel, später Nordic Walking, diszipliniert und beinahe täglich.

Noch mit 68 Jahren begann ich im Cambridge Institut Basel Englisch zu lernen, eine Sprache, die ich mittlerweile leidlich beherrsche, weil auch hier mein Lernen dauernd weitergeht. Ich lernte mehr als die Sprache. Ich lernte die Mentalität der Angelsachsen ein bisschen kennen und schätzen: ‚Remember, you're on your own!' und ‚Never surrender!'

Und es gab Lebensabschnittsbegleiter, wichtige Vorbilder: WERNER HÖRLER, ein großartiger Lehrer in St. Gallen-St. Georgen und noble Persönlichkeit; KARL GREUTER, ein außerordentlich belesener Sozialist in Basel und weiser Mann;

DR. KONRAD WOLFF, Psychiater und erstpraktizierender Gruppentherapeut in Basel, auch er ein weiser Mann; Dr. hc Dr. hc RUTH C. COHN auf dem Hasliberg (CH), die Erfinderin der ‚Themenzentrierten Interaktion', die für mein Leben ein verlässlicher Kompass wurde. Alle sind sie mittlerweile gestorben. Last but not least DR. HARTMUT VON HENTIG, Professor der Pädagogik und bestens bekannt durch die Brillanz, Originalität und Geschmeidigkeit seiner Bücher und Texte, mit dem ich immer noch korrespondiere.

Meine Beziehung zu Menschen blieb distanziert, wenn auch höflich. Bei Begegnungen lauerte hintergründig und fast immer der beängstigende Gedanke: ‚Werden sie mir schaden?' Es gab und gibt nur einen Menschen, dem ich mich ganz öffnen konnte, BOUBOU, meine große Liebe. Spät in meinem Leben wurde mir am Beispiel unserer afghanischen ‚Großkinder' Aryana und Somaira das Geheimnis des Lernens kleiner Kinder bewusst. Sie lernen alles, wenn man sie nur lässt. Dabei spielt die LIEBE eine große Rolle.

CHAIRMANSHIP, dieser weise Lebensgrundsatz Ruth Cohns, diente mir je länger je mehr als Wegweiser auf dem Weg zu mir selbst. LEBEN wurde und blieb mein wichtigster Grundwert. Im Alter war ich Rousseau folgend davon überzeugt, dass der einzige glückliche Zustand des Menschen die Übereinstimmung mit sich selbst ist.

Eine der wichtigsten Fragen „Was lässt ein Leben gelingen?" fasste ich gemäß meiner Lebenserfahrung in einen Satz: „Das BÖSE ist ein Vakuum, das dauernd aufgefüllt werden muss, das GUTE genügt sich selbst." (2)

(1) Notker Wolf, Abtprimas des Benediktinerordens, In: Abtprimas Notker Wolf, Schwester Enrica Rosanna, Die Kunst Menschen zu führen, Rowohlt Taschenbuchverlag, Hamburg, 2007.

(2) Rubner, slowakischer Dichter, In: Malte Rudin, 2 oder 3 Dinge, die ich von ihm weiß, Dokumentarfilm, www.2oder3dinge.de

EPILOG

Die Kunst der List
In einer Welt der Scheinheiligkeit und Heuchelei ist
Ehrlichkeit eine wirksame List.

Respice finem. Bedenke das Ende.
Die gesellschaftliche Stellung ist nicht so wichtig im Leben.
Wichtig ist, dass man sich innerlich frei fühlt.

DER TOD
WIE GEHE ICH MIT IHM UM?
Realistisch, denn er ist der Feind meines Lebens
Mutig, denn er ist der Freund meiner Angst
Respektvoll, denn er ist das große Geheimnis meiner Existenz

10. Dezember 2021, 4:27 Uhr

Boubou und Jogy auf Sitzbank

Basel, 16.12.2021
vor dem Waisenhaus am Rhein
Aufnahme durch eine uns nicht bekannte Frau

Der Autor

Elmar Osswald wurde 1936 als ältestes von sieben Kindern in Gossau/CH geboren.
Neben einer Karriere beim Militär umfasst sein berufliches Œuvre:

- Lehrerseminar – Ausbildung zum Primarlehrer
- Primarlehrer: 1956–1960
- Sekundarlehrer: 1960–1972
- Seminarlehrer: 1972–1981
- Vorsteher des ULEF Basel-Stadt: 1981–2001

Seit 2001 ist Elmar Osswald in Pension, in der er seinen Lieblingsaktivitäten Lesen, Malen und Wandern nachgehen kann.
Bisher veröffentlicht wurden: „Gemeinsam statt einsam“, „Stilwandel – Weg zur Schule der Zukunft“ und „In der Balance liegt die Chance“.
Osswald hat drei Kinder aus erster Ehe. Er ist in zweiter Ehe verheiratet.